今注本二十四史

金史

元 脱脱等 撰

张博泉 程妮娜 主持校注

中国社会科学出版社

一 纪〔一〕

圖書在版編目（CIP） 數據

金史／張博泉，程妮娜主持校注．—北京：中國社會科學出版社，2020.7
（今注本二十四史）
ISBN 978-7-5203-5018-1

Ⅰ.①金⋯ Ⅱ.①張⋯ ②程⋯ Ⅲ.①中國歷史—金代—紀傳體
②《金史》—注釋 Ⅳ.①K246.404.2

中國版本圖書館 CIP 數據核字（2019）第 200643 號

出 版 人　趙劍英
項目統籌　王　茵
責任編輯　顧世寶　徐林平　宋燕鵬　鄭　彤　韓國茹
特約編輯　張沛林　常文相　紀雪娟　宋　月
責任校對　李凱凱　劉艷强　王思桐
封面設計　蔡易達
責任印製　王　超

出　　版　中國社會科學出版社
社　　址　北京鼓樓西大街甲 158 號　　郵　　編　100720
網　　址　http://www.csspw.cn
發 行 部　010-84083685　　　　門 市 部　010-84029450
經　　銷　新華書店及其他書店　　印刷裝訂　三河弘翰印務有限公司
版　　次　2020 年 7 月第 1 版　　印　　次　2020 年 7 月第 1 次印刷
開　　本　1/16　　　　　　　　成品尺寸　228mm×152mm
印　　張　369.25　　　　　　　字　　數　4490 千字
定　　價　1490.00 元（全 18 冊）

《今注本二十四史》工作委員會

《今注本二十四史》編纂委員會

《今注本二十四史》編輯部

《今注本二十四史·金史》項目組

主　持　人　　張博泉　程妮娜

成　　　　員（按姓氏筆畫排列）

王可賓　王榮彬　都興智　張沛林　張博泉

陳久金　程妮娜　楊　軍　趙連賞　趙永春

韓世明　蘇　木

《今注本二十四史》出版説明

　　二十四史，是中國古代二十四部史書的統稱，包括《史記》《漢書》《後漢書》《三國志》《晋書》《宋書》《南齊書》《梁書》《陳書》《南史》《魏書》《北齊書》《周書》《北史》《隋書》《舊唐書》《新唐書》《舊五代史》《新五代史》《宋史》《遼史》《金史》《元史》和《明史》。其成書時間自公元前二世紀下半葉至十八世紀中葉，前後相距約兩千年，總卷帙（不含複卷）達 3213 卷，共 4000 餘萬字。它們采用本紀、列傳、表、志等形式，構成了一個完整地記述清朝以前中國古代社會的著作體系。二十四史上起傳説時代的黄帝，下迄明朝滅亡，包容了我國古代的政治、軍事、經濟、思想、文化、天文、地理、民風、民俗等廣闊的社會内容，形成了一套展現中華民族起源和發展的最重要的核心典籍，被後人稱爲“正史”。世界上没有任何一個國家有如此内容涵蓋宏富、時間接續綿延、體例基本統一的歷史記載。

　　共同的歷史文化是一個民族賴以整體維繫的基本條件之一。而對歷史著作的不斷整合和續修，顯然有利於促進國家的統一、民族的團結、社會的進步。從《史記》到《明史》，不同地位、不同民族的史家和政治家，以同一體例連續不斷地編纂我們祖國發展演進的歷史，本質上反映了我國人民尋求構建多民族國家共同歷史的強烈願望。歷史上隨時把正史歸爲“三史”“十三史”“十七史”“廿一史”“廿二史”“廿四史”，不僅反映了人們對正史的認同，更重要的是反映了對共同歷史文化的認同，即民族的認同。而對正史進行大規模的整理，在另一個層面上，更有利於妥善保存民族文化遺產，豐富民族文化内涵，陶鑄民族文化精神，從而强化民族的尊嚴與自信心，提升國家的榮譽和國人對國家的歸屬感。

　　對二十四史進行整理，在此次之前規模較大的有三次。第一次是清朝乾隆年間，其成果是殿本；第二次是二十世紀三十年代張元濟先生組織的整理，其成果是百衲本；第三次即毛澤東同志倡議，由中華書局出面進行的整理，其成果是中華書局標點本。這一次是由張政烺先生等史學家倡議，由中華文化促進會主持編纂的今注，其成果是《今注本二十四史》。應當充分地注意到，這四次整理的發動，都有與其所處時代社會歷史息息相關的背景。乾隆朝的武英殿大量刊刻文化典籍，尤其是對二十四史的選本、校勘都經“欽定”，絶不是僅僅要製造盛世氣象；張元濟先生奔走於國難深重的二十世紀初的中國，“當中華文化存亡絶續之交”，有更深刻的原動力；毛澤東同志指示標點正史，倡議於中華人民共和國成立、百廢待舉之初；而我們如今正在進行的今注，則發軔於改革開放、萬象更新之時。這絶不是歷史的偶然。可以説，每每針對二十四史的重大舉措，都是應社會對具有主體性的統一的歷史文化需求而展開的。

當今世界，文化的融合過程逐漸加快，在共生的基礎上融合，在融合中保持共生，互補互融直至趨一。因此，各種文化都面臨着選擇。面臨選擇，充分展示本民族的歷史文化是學者們義不容辭的職責。而作爲歷史文化直接守護者的歷史學者，有責任爲世界提供對本民族歷史文化文本的正確詮釋，有責任努力爲民衆爭取對民族歷史文化解讀的話語權。

《今注本二十四史》1994 年 8 月由中華人民共和國文化部批准立項，2005 年被中華人民共和國新聞出版總署列入"十一五"期間（2006—2010）"國家重點圖書出版規劃"。自 1994 年起，迄今已經進行了二十餘年。

《今注本二十四史》總編纂張政烺先生爲本書做了奠基性的工作。在他學術生命的最後時期，不僅親自審訂了最初的《今注本二十四史編纂總則》，還逐一遴選了各史主編。

《今注本二十四史》編纂委員會主要由各史主編與相關同仁組成。張政烺先生逝世後，根據多位主編的建議，我們陸續邀請了何兹全、林甘泉、伍傑、陳高華、陳祖武、卜憲群、趙劍英七位編委成立領導小組，全面指導編纂出版工作。他們爲本項目的編纂出版，付出了大量心血與智慧，没有他們的支持，本項目難以玉成。

本項目動員了全國三十餘所科研機構和高等學府的中

國古史專家共襄其事。全書設總編纂一人，執行總編纂二人，各史設主編一人或二人；某些特殊的"志（書）"如律曆、天文、五行（靈徵）等歸類單列，各設主編一人。各史主編自選作者，全書作者總計約三百人。多年來，他們薄利求義、任勞任怨、兢兢翼翼，惟敬業畢功是務，繼承和發揚了我國史學家捨身務實的優良傳統，爲本書的完成做出了不可磨滅的貢獻！

本項目啓動之初，老一輩的歷史學家王玉哲、王毓銓、陳可畏、張博泉、萬繩楠、楊志玖、楊翼驤、漆俠、薄樹人、韓國磐等先生不僅從道義上給予全力支援，而且主動承擔各史（志）主編。何玆全、林甘泉先生更是不厭其煩，爲編纂工作提出具體建議，爲項目立項奔走呼籲。執行總編纂賴長揚先生鞠躬盡瘁，承擔了大量繁雜的組織工作。現在，雖然以上先生已經辭世，但他們學術生涯的最後抉擇所表現出的對民族、對國家的崇高責任感，永遠值得我們銘記和學習！

本項目自動議始就得到了中華文化促進會及社會各界的回應與傾力支持。中華文化促進會主席王石先生、副主席段先念先生及前任領導人蕭秋先生在本項目立項、推動、經費籌措等方面辛勤奔走，起到了關鍵作用。

香港企業家黃丕通、劉國平先生在項目前期曾給予慷慨資助。

國家出版基金與中國社會科學院也給予本項目一定的出版資助。

四川省出版集團及巴蜀書社曾在編纂和出版方面起了重要的推動作用，已出版今注本《三國志》《梁書》。

《今注本二十四史》編纂出版工作，自 1994 年立項以來，一波三折、幾經沉浮。2017 年深圳華僑城集團予以鼎力襄助，全面解決了編纂出版經費拮据的問題，編纂出版工作方步入正軌。在此，編委會全體成員向深圳華僑城集團謹表達深深敬意和感謝！

鑒古知今，學史明智。中國社會科學出版社歷來重視歷史學及中國古代典籍的整理與出版工作，爲本項目組織專門團隊，秉持專業、嚴謹、高效的原則，爲項目整體的最終出版提供了重要保障。中國社會科學出版社將與各相關單位通力協作，努力將《今注本二十四史》打造成一部具有思想穿透力與廣泛影響力的精品力作，從而爲講好中國歷史、推動中國歷史研究做出貢獻。

謹以本書紀念爲弘揚中華文化而做出貢獻的歷史學家們！
謹以本書感謝爲傳承中華文化而支援和幫助我們的人們！

《今注本二十四史》編纂委員會

中國社會科學出版社

2020 年 6 月

凡　例

　　《今注本二十四史》在編纂過程中一共産生了四個總體規範性質的文件。這就是：《今注本二十四史編纂總則》（1995 年，2005 年 4 月修改，2017 年 8 月修訂）、《關於〈編纂總則〉的修改和補充意見》（2006 年 3 月）、《關於編纂工作若干問題的決定》（2007 年 1 月）、《關於〈今注本二十四史編纂總則〉幾點重要的補充説明》（2017 年 10 月）。它們確定了全書編纂的目的、特點及其具體操作規則。綜其要概述如下。

　　本書的基本特點是史家注史。工作主要集中在三個方面：版本的改誤糾謬；史實的正義疏通；史料的補充增益。由各史主編撰寫《前言》，扼要介紹該史所涉及的時代背景、作者生平、寫作過程、著作特點、史料價值、在史學史上的地位和研究概況。

　　本書的學術目標有兩個。一個是通過校勘，得到一套善本；一個是通過今注，得到一套最佳的注釋本。即完成由史家校勘並加以注釋的二十四史的新校勘新注釋本。它從史家的角度出發，集數百年以來學界的研究成果，采取有圖有文的注釋形式，力圖以新的角度、新的内容、新的形式，爲二十四史創造出一整套代表當代學術水準的、權威的現代善本。

一　校勘

1. 底本：原則上以商務印書館百衲本爲底本；因百衲本並非善本的另行確定底本。

2. 校勘：充分吸收包括中華書局標點本在内的前人的校勘成果，全面參校，以形成一個全新的校勘本。

各史采用的底本和參校本，在各史序言中寫出全稱和簡稱。整套書統一規定的簡稱有六個：武英殿本簡稱"殿本"；國子監本，相應簡稱"南監本""北監本"；毛氏汲古閣本簡稱"汲古閣本"；同治五書局本簡稱"局本"；商務印書館百衲本簡稱"百衲本"。

校勘成果反映在原文中，即依據有充分把握的校勘結果，將底本中的衍、脱、誤、倒之處全部改正；刊正底本的理由，全部在相應注釋中加以説明。對無十分把握之處，不改原文，祇出校勘記質疑。

采用中華書局標點本爲工作本的史書，不録入原校勘記。直接吸收其校勘成果者則加以説明，對其提出商榷者在相應注釋中加以辨證。

二　注釋

1. 對有古注並已與原書集合行世的前四史，原則上保留古注，視同原文並加注。

2. 注釋程度：以幫助具有大專文化水準以上的讀者讀懂爲限；以給研究者提供簡要索隱爲限。注文力求做到：準確、質樸、簡練、嚴謹、規範。

3. 出注（除一些專志外）以卷（篇）爲單位。即對應當加注者，在每卷（篇）第一次出現時加注。此後即使該卷（篇）中再出現，如意義完全等同者，不再加注；而在別卷（篇）再出現時，仍另行加注。有多卷的同類志書出注時視爲同卷，即同類志書對應當加注者在首次出現時加注，其後再現如意義完全等同，亦不再加注。

4. 注釋範圍：冷僻的字音、字義、詞義，成語典故；不易理解的名物制度、地名、人名、別號、謚號、廟號；有爭議或原作記述有歧誤的史實等。

（1）字音、字義、詞義的注釋祇限於生僻字、異體字、避諱字、破讀和易生歧義及晦澀難懂的語辭。對多音字，在文中必讀某音的，以漢語拼音出注。避諱字的注文應説明避諱原因，原文原則上不改，出注。字音標注采用漢語拼音。

（2）對原文中的古體、通假、異體字的處理：古體、通假字不作改動，對其中罕見或疑難者，在注中説明其今體或正體字。全書原文和古注保留異體字，今注除人名、地名、書名和職官（署）名之外，原則上不使用異體字。

（3）成語典故，出注祇限於冷僻的成語典故，注文僅簡單説明成語典故來源、内容和意義。常見的詞語一般不出注，包括常見的古漢語虚詞與實詞，但某些不注會産生歧義者除外。

（4）人名、别號、謚號等，凡係本部書中没有專傳（或紀）的人物一般出注説明係何時、何地之人，姓、氏、名、字一般不出注，有特殊來源者，可出注。常見的歷史人物名號與某些不注無礙於全文理解者不必出注；對暫不可考者則説明未詳。

（5）地名注釋：一般僅注明今地；如須説明沿革方可解讀者，則簡述其沿革。本史有《地理志》者，地名出注從簡；若古今地名相同，所治地區大致相同者，則不出注。

（6）官名、官署名及職官制度和爵位制度名稱出注，遵循以下三個原則：常見者（如丞相、太尉、太守、縣令等），若其意義與通常理解無顯著變化，一般不出注；不常見者（如太阿、決曹、次等司等），應説明品秩、職掌範圍，需叙述沿革等方能理解原文意義者，則説明沿革變化、上下級關係、置廢時間；若本史有相應專志者，此類出注即從簡略；無相應專志者，可稍詳盡。

（7）原文與史實不符處，前後文不符處，則予以辯明。考證力求言之有據，簡明扼要。

（8）紀、傳注文以疏通原文爲目的，一般不采取補注、匯注形式。力求不枝不蔓，緊扣原文。各志（書）注文可采取補注、匯注形式，以求内容豐富、全面。

（9）對有争議的問題，客觀公允地羅列諸説，反映歧見；同時指出帶傾向性的意見。盡量不作價值評論性質的分析。

（10）今注出注各有重點：“紀”（“世家”“載記”）着重歷史事件；“傳”着重人物事迹及人際關係；“志”着重制度内容及沿革；“表”着重疏理時序。除《史記》外，注文内容貫徹詳本朝略前代的原則。

（11）注釋以段爲單位，統一順次編碼。出注（校）標碼與注文標碼一致，均采用［1］［2］［3］標示。

校注側重學術性，努力吸收前人的研究成果，尤其是現代學者的研究成果，充分準確地反映當代二十四史學術研究現狀；爲相關專業的學者提供足資利用的準確原文和内容索引，亦爲一般文史讀者搭建起提高水準的階梯。

《今注本二十四史》編纂委員會
2017 年 10 月

目　録

前　言···（ 1 ）

例　言···（ 1 ）

主要參考文獻···（ 1 ）

卷一　本紀第一

　世紀

　　始祖_{函普} ·······································（ 4 ）

　　德帝_{烏魯} ·······································（ 7 ）

　　安帝_{跋海} ·······································（ 7 ）

　　獻祖_{綏可} ·······································（ 7 ）

　　昭祖_{石魯} ·······································（ 8 ）

　　景祖_{烏古迺}·······································（ 10 ）

　　世祖_{劾里鉢}·······································（ 16 ）

　　　　肅宗顏剌淑 ·················· （ 23 ）

　　　　穆宗盈歌 ·················· （ 26 ）

　　　　康宗烏雅束 ·················· （ 32 ）

　卷二　本紀第二

　　　　太祖阿骨打 ·················· （ 37 ）

　卷三　本紀第三

　　　　太宗晟 ·················· （ 97 ）

　卷四　本紀第四

　　　　熙宗亶 ·················· （ 151 ）

　卷五　本紀第五

　　　　海陵亮 ·················· （ 209 ）

　卷六　本紀第六

　　　　世宗雍上 ·················· （ 285 ）

　卷七　本紀第七

　　　　世宗中 ·················· （ 355 ）

　卷八　本紀第八

　　　　世宗下 ·················· （ 403 ）

卷九　本紀第九

　　章宗_璟一 ……………………………………………… （ 455 ）

卷一〇　本紀第十

　　章宗二 ……………………………………………………… （ 497 ）

卷一一　本紀第十一

　　章宗三 ……………………………………………………… （ 539 ）

卷一二　本紀第十二

　　章宗四 ……………………………………………………… （ 577 ）

卷一三　本紀第十三

　　衛紹王_{永濟} ……………………………………………… （ 627 ）

卷一四　本紀第十四

　　宣宗_珣上 ………………………………………………… （ 655 ）

卷一五　本紀第十五

　　宣宗中 ……………………………………………………… （ 715 ）

卷一六　本紀第十六

　　宣宗下 ……………………………………………………… （ 779 ）

卷一七　本紀第十七

　　哀宗守緒上 ……………………………………………（ 831 ）

卷一八　本紀第十八

　　哀宗下 ………………………………………………（ 881 ）

卷一九　本紀第十九

　　世紀補

　　　景宣皇帝宗峻 ………………………………（ 915 ）

　　　睿宗宗堯 …………………………………………（ 917 ）

　　　顯宗允恭 …………………………………………（ 924 ）

卷二〇　志第一

　　天文

　　　日薄食輝珥雲氣 …………………………………（ 943 ）

　　　月五星凌犯及星變 ………………………………（ 954 ）

卷二一　志第二

　　曆上

　　　步氣朔 ……………………………………………（ 977 ）

　　　步卦候 ……………………………………………（ 982 ）

　　　步日躔 ……………………………………………（ 986 ）

　　　步晷漏 ……………………………………………（ 1001 ）

卷二二　志第三
　　曆下
　　　步月離……………………………………（1013）
　　　步交會……………………………………（1029）
　　　步五星……………………………………（1042）
　　　渾象………………………………………（1065）

卷二三　志第四
　　五行…………………………………………（1075）

卷二四　志第五
　　地理上
　　　上京路……………………………………（1110）
　　　咸平路……………………………………（1123）
　　　東京路……………………………………（1125）
　　　北京路……………………………………（1132）
　　　西京路……………………………………（1148）
　　　中都路……………………………………（1168）

卷二五　志第六
　　地理中
　　　南京路……………………………………（1181）
　　　河北東路…………………………………（1220）
　　　河北西路…………………………………（1229）

山東東路……………………………………（1243）

山東西路……………………………………（1257）

卷二六　志第七

　地理下

　　大名府路…………………………………（1271）

　　河東北路…………………………………（1278）

　　河東南路…………………………………（1291）

　　京兆府路…………………………………（1308）

　　鳳翔路……………………………………（1318）

　　鄜延路……………………………………（1327）

　　慶原路……………………………………（1334）

　　臨洮路……………………………………（1341）

卷二七　志第八

　河渠

　　黄河………………………………………（1347）

　　漕渠………………………………………（1376）

　　盧溝河……………………………………（1387）

　　滹沱河……………………………………（1390）

　　漳河………………………………………（1391）

卷二八　志第九

　禮一

　　郊……………………………………………（1393）

卷二九　　志第十
　禮二
　　方丘儀…………………………………………（1443）
　　朝日夕月儀……………………………………（1471）
　　高禖……………………………………………（1474）

卷三〇　　志第十一
　禮三
　　宗廟……………………………………………（1477）
　　禘祫……………………………………………（1490）
　　朝享儀…………………………………………（1492）
　　時享儀…………………………………………（1520）

卷三一　　志第十二
　禮四
　　奏告儀…………………………………………（1529）
　　皇帝恭謝儀……………………………………（1539）
　　皇后恭謝儀……………………………………（1550）
　　皇太子恭謝儀…………………………………（1552）
　　薦新……………………………………………（1553）
　　功臣配享………………………………………（1555）
　　陳設寶玉………………………………………（1564）

雜儀……………………………………………（1569）

卷三二　志第十三
　禮五
　　上尊謚…………………………………………（1577）

卷三三　志第十四
　禮六
　　原廟……………………………………………（1609）
　　朝謁儀…………………………………………（1622）
　　朝拜儀…………………………………………（1625）
　　別廟……………………………………………（1629）

卷三四　志第十五
　禮七
　　社稷……………………………………………（1643）
　　風雨雷師………………………………………（1661）
　　嶽鎮海瀆………………………………………（1663）

卷三五　志第十六
　禮八
　　宣聖廟…………………………………………（1671）
　　武成王廟………………………………………（1682）
　　諸前代帝王……………………………………（1684）

長白山等諸神雜祠⋯⋯⋯⋯⋯⋯⋯⋯⋯⋯（1688）

祈禜⋯⋯⋯⋯⋯⋯⋯⋯⋯⋯⋯⋯⋯⋯⋯⋯（1700）

拜天⋯⋯⋯⋯⋯⋯⋯⋯⋯⋯⋯⋯⋯⋯⋯⋯（1701）

本國拜儀⋯⋯⋯⋯⋯⋯⋯⋯⋯⋯⋯⋯⋯⋯（1704）

卷三六　志第十七

禮九

國初即位儀⋯⋯⋯⋯⋯⋯⋯⋯⋯⋯⋯⋯⋯（1707）

受尊號儀⋯⋯⋯⋯⋯⋯⋯⋯⋯⋯⋯⋯⋯⋯（1708）

元日、聖誕上壽儀⋯⋯⋯⋯⋯⋯⋯⋯⋯⋯（1727）

朝參、常朝儀⋯⋯⋯⋯⋯⋯⋯⋯⋯⋯⋯⋯（1730）

肆赦儀⋯⋯⋯⋯⋯⋯⋯⋯⋯⋯⋯⋯⋯⋯⋯（1735）

臣下拜赦詔儀⋯⋯⋯⋯⋯⋯⋯⋯⋯⋯⋯⋯（1741）

卷三七　志第十八

禮十

册皇后儀⋯⋯⋯⋯⋯⋯⋯⋯⋯⋯⋯⋯⋯⋯（1745）

奉册皇太后儀⋯⋯⋯⋯⋯⋯⋯⋯⋯⋯⋯⋯（1758）

册皇太子儀⋯⋯⋯⋯⋯⋯⋯⋯⋯⋯⋯⋯⋯（1764）

正旦、生日皇太子受賀儀⋯⋯⋯⋯⋯⋯⋯（1770）

皇太子與百官相見儀⋯⋯⋯⋯⋯⋯⋯⋯⋯（1772）

卷三八　志第十九

禮十一

外國使入見儀…………………………………（1775）

曲宴儀…………………………………………（1779）

朝辭儀…………………………………………（1780）

新定夏使儀注…………………………………（1787）

卷三九　志第二十
　樂上
　　雅樂……………………………………………（1806）

　　散樂……………………………………………（1820）

　　鼓吹樂…………………………………………（1821）

　　本朝樂曲………………………………………（1822）

　　郊祀樂歌………………………………………（1824）

　　方丘樂歌………………………………………（1827）

卷四〇　志第二十一
　樂下
　　宗廟樂歌………………………………………（1829）

　　殿庭樂歌………………………………………（1842）

　　鼓吹導引曲……………………………………（1849）

　　采茨曲…………………………………………（1850）

卷四一　志第二十二
　儀衛上
　　常朝儀衛………………………………………（1853）

　内外立仗……………………………………………（1856）

　行仗…………………………………………………（1865）

　法駕…………………………………………………（1866）

　黄麾仗………………………………………………（1875）

卷四二　志第二十三

儀衛下

　大駕鹵簿……………………………………………（1897）

　皇太后、皇后鹵簿…………………………………（1908）

　皇太子鹵簿…………………………………………（1913）

　親王儀從……………………………………………（1917）

　諸妃嬪導從…………………………………………（1917）

　百官儀從……………………………………………（1918）

卷四三　志第二十四

輿服上

　天子車輅……………………………………………（1937）

　皇后妃嬪車輦………………………………………（1945）

　皇太子車制…………………………………………（1949）

　王公以下車制及鞍勒飾……………………………（1950）

輿服中

　王子袞冕……………………………………………（1957）

　視朝之服……………………………………………（1961）

　皇后冠服……………………………………………（1962）

皇太子冠服······························（1964）

宗室及外戚并一品命婦服用·············（1966）

臣下朝服································（1966）

祭服·····································（1968）

公服·····································（1970）

輿服下

　衣服通制·······························（1972）

卷四四　志第二十五

兵

兵制·····································（1981）

禁軍之制·································（2015）

大將府治之稱號·························（2018）

諸群牧馬政·······························（2026）

養兵之法·································（2029）

卷四五　志第二十六

刑···（2037）

卷四六　志第二十七

食貨一

戶口·····································（2061）

通檢推排·································（2088）

卷四七　志第二十八

　食貨二

　　田制 …………………………………………………（2097）

　　租賦 …………………………………………………（2123）

　　牛頭稅 ………………………………………………（2137）

卷四八　志第二十九

　食貨三

　　錢幣 …………………………………………………（2141）

卷四九　志第三十

　食貨四

　　鹽 ……………………………………………………（2183）

　　酒 ……………………………………………………（2213）

　　醋稅 …………………………………………………（2217）

　　茶 ……………………………………………………（2217）

　　諸征商稅 ……………………………………………（2219）

　　金銀之稅 ……………………………………………（2221）

卷五〇　志第三十一

　食貨五

　　榷場 …………………………………………………（2223）

　　和糴 …………………………………………………（2233）

　　常平倉 ………………………………………………（2240）

水田………………………………………（2243）

區田之法…………………………………（2246）

入粟、鬻度牒……………………………（2248）

卷五一　卷第三十二
　　選舉一

進士諸科…………………………………（2253）

律科………………………………………（2256）

經童科……………………………………（2256）

制舉………………………………………（2256）

武舉………………………………………（2299）

試學士院官………………………………（2301）

司天醫學試科……………………………（2301）

卷五二　志第三十三
　　選舉二

文武選……………………………………（2303）

卷五三　志第三十四
　　選舉三

右職吏員雜選……………………………（2335）

卷五四　志第三十五
　　選舉四

部選…………………………………………（2369）

省選…………………………………………（2379）

廉察…………………………………………（2389）

薦舉…………………………………………（2396）

功酬虧永……………………………………（2405）

卷五五　志第三十六

百官一

三師…………………………………………（2415）

三公…………………………………………（2415）

尚書省………………………………………（2415）

吏部………………………………………（2420）

戶部………………………………………（2444）

禮部………………………………………（2445）

兵部………………………………………（2446）

刑部………………………………………（2448）

工部………………………………………（2448）

都元帥府……………………………………（2449）

樞密院………………………………………（2451）

大宗正府……………………………………（2453）

御史臺………………………………………（2455）

宣撫司………………………………………（2457）

勸農使司……………………………………（2459）

司農司………………………………………（2459）

三司………………………………………………（2459）

國史院………………………………………………（2460）

翰林學士院…………………………………………（2461）

審官院………………………………………………（2462）

太常寺………………………………………………（2462）

卷五六　志第三十七
百官二

殿前都點檢司………………………………………（2467）

宣徽院………………………………………………（2472）

秘書監………………………………………………（2484）

國子監………………………………………………（2486）

太府監………………………………………………（2487）

少府監………………………………………………（2489）

軍器監………………………………………………（2491）

都水監………………………………………………（2492）

諫院…………………………………………………（2495）

大理寺………………………………………………（2496）

弘文院………………………………………………（2496）

登聞鼓院……………………………………………（2497）

登聞檢院……………………………………………（2497）

記注院………………………………………………（2497）

集賢院………………………………………………（2498）

益政院………………………………………………（2498）

武衛軍都指揮使司……………………………（2498）

衛尉司………………………………………………（2499）

六部所轄諸司………………………………………（2501）

三路檢察司及外路倉庫圍牧等職……………（2506）

卷五七　志第三十八

百官三

内命婦品……………………………………………（2509）

宮人女官……………………………………………（2510）

皇后位下女職………………………………………（2513）

東宮官………………………………………………（2514）

親王府屬官…………………………………………（2516）

太后兩宮官屬………………………………………（2518）

大興府………………………………………………（2519）

諸京留守司及諸京城宮苑提舉都監等職……（2521）

按察司………………………………………………（2523）

諸路總管府…………………………………………（2526）

諸節鎮防禦刺史縣鎮等職………………………（2528）

諸轉運泉穀等職…………………………………（2535）

諸府鎮兵馬、巡檢、關津、邊將等職………（2544）

諸猛安部族及群牧等職…………………………（2553）

卷五八　志第三十九

百官四

符制……………………………………………（2555）

印制……………………………………………（2558）

鐵券……………………………………………（2561）

官誥……………………………………………（2562）

百官俸給………………………………………（2564）

　　宮闈歲給…………………………………（2578）

　　百司承應俸給……………………………（2580）

　　諸使司都監食直等………………………（2585）

卷五九　表第一

宗室表…………………………………………（2599）

卷六〇　表第二

交聘表上………………………………………（2643）

卷六一　表第三

交聘表中………………………………………（2721）

卷六二　表第四

交聘表下………………………………………（2799）

卷六三　列傳第一

后妃上

始祖明懿皇后…………………………………（2873）

德帝思皇后···（2874）

安帝節皇后···（2874）

獻祖恭靖皇后··（2874）

昭祖威順皇后··（2875）

景祖昭肅皇后··（2875）

世祖翼簡皇后··（2878）

肅宗靖宣皇后··（2879）

穆宗貞惠皇后··（2879）

康宗敬僖皇后··（2879）

太祖聖穆皇后··（2879）

　光懿皇后··（2880）

　欽憲皇后··（2880）

　宣獻皇后··（2881）

　崇妃蕭氏··（2881）

太宗欽仁皇后··（2882）

熙宗悼平皇后··（2883）

海陵嫡母徒單氏···（2886）

　母大氏···（2892）

　后徒單氏···（2893）

　昭妃阿里虎等諸嬖···（2895）

卷六四　列傳第二

　后妃下

　　睿宗欽慈皇后··（2907）

貞懿皇后……………………………………（2909）

世宗昭德皇后………………………………（2912）

元妃張氏……………………………………（2918）

元妃李氏……………………………………（2920）

顯宗孝懿皇后………………………………（2922）

昭聖皇后……………………………………（2926）

章宗欽懷皇后………………………………（2927）

元妃李氏……………………………………（2929）

衛紹王后徒單氏……………………………（2938）

宣宗皇后王氏………………………………（2939）

明惠皇后……………………………………（2942）

哀宗皇后徒單氏……………………………（2944）

卷六五　列傳第三
始祖以下諸子
始祖子
斡魯………………………………………（2947）
德帝子
輩魯………………………………………（2948）
_{重孫}劾者　……………………………………（2948）
安帝子
謝庫德　謝夷保…………………………（2949）
_{庫德孫}拔達　_{夷保子}盆納……………………（2949）
謝里忽……………………………………（2952）

獻祖六子……………………………………（2954）

昭祖子

　烏古出……………………………………（2954）

　跋黑………………………………………（2955）

　　曾孫崇成僕灰 …………………………（2956）

景祖子

　劾孫………………………………………（2958）

　子蒲家奴 ………………………………（2958）

　麻頗………………………………………（2962）

　子謾都本 ………………………………（2962）

　謾都訶……………………………………（2964）

　姪蠻覩 …………………………………（2965）

　姪玄孫惟鎔………………………………（2965）

世祖子

　斡帶………………………………………（2967）

　斡賽………………………………………（2969）

　子宗永 …………………………………（2971）

　斡者………………………………………（2972）

　孫璋 ……………………………………（2973）

　昂吾都補…………………………………（2984）

　子鄭家 …………………………………（2985）

卷六六　列傳第四

　始祖以下諸子

勗_{烏野} ……………………………………（ 2987 ）

　　子宗秀_{厮里忽} …………………………（ 2995 ）

隈可 ………………………………………（ 2997 ）

宗室

胡十門 ……………………………………（ 2999 ）

合住 ………………………………………（ 3001 ）

　　曾孫布輝 ………………………………（ 3002 ）

摑保 ………………………………………（ 3004 ）

衷_{醜漢} ……………………………………（ 3005 ）

齊_{掃合} ……………………………………（ 3006 ）

术魯 ………………………………………（ 3009 ）

胡石改 ……………………………………（ 3010 ）

宗賢_{阿魯} …………………………………（ 3012 ）

撻懶 ………………………………………（ 3014 ）

卞_{吾母} ……………………………………（ 3016 ）

膏_{阿里剌} …………………………………（ 3017 ）

弈_{三寶} ……………………………………（ 3019 ）

阿喜 ………………………………………（ 3020 ）

卷六七　列傳第五

石顯 ………………………………………（ 3023 ）

桓赧　散達 ………………………………（ 3026 ）

烏春 ………………………………………（ 3026 ）

　　溫敦蒲剌 ……………………………（ 3037 ）

臘醅　麻産······································（3038）

鈍恩···（3042）

留可···（3043）

阿踈···（3045）

奚王回离保······································（3050）

卷六八　列傳第六

　　歡都···（3055）

　　　子謀演·····································（3063）

　　冶訶···（3064）

　　　子阿魯補···································（3065）

　　　骨棘·······································（3072）

　　　訛古乃·····································（3074）

　　　孫蒲查·····································（3076）

卷六九　列傳第七

　　太祖諸子

　　宗雋訛魯觀···································（3081）

　　宗傑没里野···································（3082）

　　宗强阿魯·····································（3083）

　　　子爽阿鄰···································（3083）

　　　可喜·······································（3087）

　　　阿瑣·······································（3090）

　　宗敏阿魯補···································（3092）

宗峻子元常勝 ························· （3094）

卷七〇　列傳第八

撒改 ······························· （3099）

　　子宗憲阿懶 ························· （3105）

習不失 ····························· （3110）

　　子宗亨撻不也 ······················· （3114）

　　宗賢賽里 ························· （3116）

石土門一作神徒門 ······················ （3120）

弟完顏忠迪古廼 ······················· （3122）

　　子習室 ························· （3125）

　　思敬撒改 ························· （3127）

卷七一　列傳第九

斡魯 ······························· （3135）

斡魯古勃菫 ·························· （3146）

婆盧火 ····························· （3152）

　　孫吾扎忽 ························· （3156）

闍母 ······························· （3159）

　　子宗叙德壽 ························· （3167）

卷七二　列傳第十

婁室 ······························· （3175）

　　子活女 ························· （3190）

謀衍·······················（3192）

仲石古廼·······················（3197）

族子海里 ·······················（3200）

銀术可·······················（3202）

子戩英撻懶·······················（3207）

麻吉·······················（3216）

子沃側 ·······················（3216）

拔离速·······················（3217）

習古廼亦作實古廼 ·······················（3219）

卷七三　列傳第十一

阿離合懣·······················（3223）

子晏斡論·······················（3226）

孫宗尹阿里罕 ·······················（3230）

宗寧阿土古·······················（3236）

宗道八十 ·······················（3238）

宗雄謀良虎·······················（3241）

子阿鄰 ·······················（3249）

按荅海·······················（3250）

完顏希尹谷神 ·······················（3253）

孫守貞左廂·······················（3259）

守能胡剌·······················（3268）

卷七四　列傳第十二

宗翰 粘罕 ……………………………………（3271）

　孫斜哥 ……………………………………（3289）

宗望 斡魯補 ………………………………（3291）

　子齊 受速 …………………………………（3306）

　京 忽魯 ……………………………………（3308）

　文 胡剌 ……………………………………（3312）

卷七五　列傳第十三

盧彥倫 …………………………………………（3319）

　子璣 ………………………………………（3323）

　孫亨嗣 ……………………………………（3325）

毛子廉 八十 …………………………………（3327）

李三錫 …………………………………………（3329）

孔敬宗 …………………………………………（3331）

李師夔 …………………………………………（3332）

沈璋 ……………………………………………（3334）

左企弓 …………………………………………（3337）

虞仲文 …………………………………………（3341）

　曹勇義 ……………………………………（3343）

　康公弼 ……………………………………（3344）

左泌 ……………………………………………（3345）

弟淵 ……………………………………………（3346）

　姪光慶 ……………………………………（3347）

卷七六　列傳第十四

太宗儲子

宗磐蒲魯虎 ……………………………………（3352）

宗固胡魯 ………………………………………（3354）

宗本阿魯 ………………………………………（3357）

蕭玉 ……………………………………………（3359）

杲斜也 …………………………………………（3368）

子宗義孛吉 ……………………………………（3377）

宗幹幹本 ………………………………………（3379）

子充神土懣 ……………………………………（3384）

孫檀奴 …………………………………………（3385）

永元元奴 ………………………………………（3386）

子兖梧桐 ………………………………………（3388）

襄永慶 …………………………………………（3390）

袞蒲甲 …………………………………………（3392）

卷七七　列傳第十五

宗弼兀术 ………………………………………（3395）

子亨孛迭 ………………………………………（3410）

張邦昌 …………………………………………（3414）

劉豫 ……………………………………………（3415）

子麟 ……………………………………………（3421）

昌撻懶 …………………………………………（3423）

卷七八　列傳第十六

劉彥宗……………………………………………（ 3431 ）

子蕚……………………………………………（ 3435 ）

筈………………………………………………（ 3437 ）

孫仲誨…………………………………………（ 3442 ）

族人劉頀………………………………………（ 3446 ）

時立愛……………………………………………（ 3448 ）

韓企先……………………………………………（ 3451 ）

子鐸……………………………………………（ 3454 ）

卷七九　列傳第十七

酈瓊………………………………………………（ 3457 ）

李成………………………………………………（ 3461 ）

孔彥舟……………………………………………（ 3462 ）

徐文………………………………………………（ 3465 ）

施宜生……………………………………………（ 3470 ）

張中孚……………………………………………（ 3473 ）

張中彥……………………………………………（ 3476 ）

宇文虛中…………………………………………（ 3482 ）

王倫………………………………………………（ 3487 ）

卷八〇　列傳第十八

熙宗二子

濟安………………………………………………（ 3494 ）

道濟 ································· （3495）

斜卯阿里 ··························· （3496）

突合速 ····························· （3505）

烏延蒲盧渾 ························· （3509）

赤盞暉 ····························· （3514）

大臭_{撻不野} ······················· （3520）

　子磐_{蒲速越} ····················· （3525）

阿离補 ····························· （3527）

　子方 ····························· （3530）

卷八一　列傳第十九

鶻謀琶 ····························· （3533）

迪姑迭 ····························· （3535）

阿徒罕 ····························· （3537）

夾谷謝奴 ··························· （3538）

阿勒根没都魯 ······················· （3541）

黄摑敵古本 ························· （3542）

蒲察胡盞 ··························· （3544）

夾谷吾里補 ························· （3545）

王伯龍 ····························· （3548）

高彪_{召和失} ······················· （3554）

温迪罕蒲里特 ······················· （3559）

伯德特离補 ························· （3561）

耶律懷義_{字选} ··················· （3564）

蕭王家奴······（3567）

田顥······（3569）

趙隩······（3570）

卷八二　列傳第二十

郭藥師······（3575）

子安國······（3578）

耶律塗山······（3581）

烏延胡里改······（3583）

烏延吾里補······（3587）

蕭恭······（3590）

完顏習不主······（3593）

紇石烈胡剌······（3595）

耶律恕糵里······（3596）

郭企忠······（3598）

烏孫訛論······（3600）

顏盞門都······（3602）

僕散渾坦······（3606）

鄭建充······（3608）

烏古論三合······（3611）

移剌溫阿撒······（3612）

蕭仲恭术里者······（3614）

子拱迪輦阿不······（3618）

弟仲宣野里補······（3619）

高松_{檀朶} ·················· （3620）

海陵諸子·················· （3622）

　光英_{阿魯補}··············· （3622）

　元壽················· （3627）

　矧思阿補··············· （3627）

　廣陽················· （3629）

卷八三　列傳第二十一

　張通古·················· （3631）

　張浩·················· （3638）

　　子_{汝霖}··············· （3646）

　張玄素················· （3654）

　　姪_{汝弼}··············· （3656）

　耶律安禮_{納合}··············· （3660）

　納合椿年_{烏野}··············· （3662）

　祁宰················· （3665）

卷八四　列傳第二十二

　杲_{撒離喝}················· （3669）

　耨盌温敦思忠_{乙剌補}··············· （3678）

　　子謙_{乙迭}··············· （3685）

　　姪兀帶··············· （3687）

　昂_{奔睹}················· （3689）

　高楨·················· （3698）

白彦敬遙設 ……………………………………（3701）

張景仁………………………………………………（3706）

卷八五　列傳第二十三

世宗諸子

永中實魯剌 ……………………………………（3712）

永蹈銀朮可 ……………………………………（3720）

永功宋葛 ………………………………………（3722）

　　子璹壽孫 ……………………………………（3728）

永德訛出 ………………………………………（3730）

永成鶴野 ………………………………………（3731）

永升斜不出 ……………………………………（3734）

卷八六　列傳第二十四

李石………………………………………………（3737）

　　子獻可 ………………………………………（3748）

完顏福壽…………………………………………（3749）

獨吉義鶻魯補 …………………………………（3751）

烏延蒲离黑………………………………………（3756）

烏延蒲轄奴………………………………………（3758）

　　子查剌 ………………………………………（3759）

李師雄……………………………………………（3762）

尼厖古鈔兀………………………………………（3764）

孛朮魯定方阿海 ………………………………（3768）

夾谷胡剌………………………………………（3770）

蒲察斡論………………………………………（3772）

夾谷查剌………………………………………（3773）

卷八七　列傳第二十五

紇石烈志寧_{撒曷輦}…………………………（3777）

僕散忠義_{烏者}　……………………………（3793）

徒單合喜………………………………………（3808）

卷八八　列傳第二十六

紇石烈良弼_{婁室}……………………………（3819）

完顏守道_{習尼列}……………………………（3836）

石琚………………………………………………（3840）

唐括安禮_{斡魯古}……………………………（3849）

移剌道_{趙三}…………………………………（3856）

　子光祖_{幼名八狗}…………………………（3862）

卷八九　列傳第二十七

蘇保衡………………………………………（3865）

翟永固………………………………………（3871）

魏子平………………………………………（3875）

孟浩　田毅…………………………………（3881）

梁肅………………………………………（3887）

移剌愷_{移敵列}………………………………（3897）

移剌子敬屋骨朵魯 ……………………………………（3899）

卷九〇　列傳第二十八

趙元 ……………………………………………………（3907）

移剌道按 ………………………………………………（3911）

高德基 …………………………………………………（3916）

馬諷 ……………………………………………………（3922）

完顏兀不喝 ……………………………………………（3924）

劉徽柔 …………………………………………………（3926）

賈少冲 …………………………………………………（3927）

　　子益 ………………………………………………（3930）

移剌斡里朵八斤 ………………………………………（3933）

阿勒根彥忠窊合山 ……………………………………（3935）

張九思 …………………………………………………（3937）

高衎 ……………………………………………………（3941）

楊邦基 …………………………………………………（3944）

丁暐仁 …………………………………………………（3947）

卷九一　列傳第二十九

完顏撒改 ………………………………………………（3951）

龐迪 ……………………………………………………（3955）

溫迪罕移室懣 …………………………………………（3959）

神土懣 …………………………………………………（3963）

移剌成落兀 ……………………………………………（3965）

結什角 …………………………………………（3968）

石抹卞 阿魯古列 …………………………………（3971）

楊仲武 …………………………………………（3974）

蒲察世傑 阿撒 ……………………………………（3976）

蕭懷忠 好胡 ……………………………………（3982）

移剌按荅 …………………………………………（3983）

孛术魯阿魯罕 ……………………………………（3985）

趙興祥 …………………………………………（3989）

石抹榮 …………………………………………（3992）

敬嗣暉 …………………………………………（3995）

卷九二　列傳第三十

毛碩 …………………………………………（3999）

李上達 …………………………………………（4003）

曹望之 …………………………………………（4005）

大懷貞 …………………………………………（4018）

盧孝儉 …………………………………………（4020）

盧庸 …………………………………………（4021）

李偲 …………………………………………（4024）

徒單克寧 習顯 ……………………………………（4026）

卷九三　列傳第三十一

顯宗諸子

琮 承慶 …………………………………………（4048）

瓛 桓篤 ……………………………………（4049）

從彝 阿憐 …………………………………（4050）

從憲 吾里不 ………………………………（4051）

玠 謀良虎 …………………………………（4052）

章宗諸子

洪裕 ………………………………………（4053）

洪靖 阿虎懶 ………………………………（4054）

洪熙 訛魯不 ………………………………（4054）

洪衍 撒改 …………………………………（4054）

洪輝 訛論 …………………………………（4055）

忒鄰 ………………………………………（4055）

衛紹王子

按辰　從恪 ………………………………（4056）

宣宗三子

莊獻太子 守忠 …………………………（4058）

玄齡 ………………………………………（4060）

守純 盤都 …………………………………（4060）

獨吉思忠 千家奴 ………………………（4065）

承裕 胡沙 ………………………………（4069）

僕散揆 臨喜 ……………………………（4075）

抹撚史挖搭 ……………………………（4084）

宗浩 老 …………………………………（4086）

卷九四　列傳第三十二

　　夾谷清臣_{阿不沙}·······························（4103）

　　襄··（4111）

　　夾谷衡_{阿里不}·······························（4125）

　　完顏安國_{闍母}·······························（4128）

　　瑤里孛迭··（4131）

卷九五　列傳第三十三

　　移剌履···（4135）

　　張萬公···（4141）

　　蒲察通_{蒲魯渾}·······························（4150）

　　粘割斡特剌··（4155）

　　程輝···（4160）

　　劉瑋···（4162）

　　董師中···（4166）

　　王蔚···（4173）

　　馬惠迪···（4174）

　　馬琪···（4175）

　　楊伯通···（4177）

　　尼厖古鑑_{外留}·······························（4178）

卷九六　列傳第三十四

　　黃久約···（4181）

　　李晏···（4185）

　　子仲略 ……………………………………（4191）

李愈 ………………………………………………（4194）

王賁 ………………………………………………（4199）

弟質 ………………………………………………（4201）

許安仁 ……………………………………………（4202）

梁襄 ………………………………………………（4204）

路伯達 ……………………………………………（4213）

卷九七　列傳第三十五

裴滿亨河西 ………………………………………（4219）

斡勒忠宋浦 ………………………………………（4222）

張大節 ……………………………………………（4224）

　　子巖叟 …………………………………………（4229）

張亨 ………………………………………………（4231）

韓錫 ………………………………………………（4234）

鄧儼 ………………………………………………（4236）

巨構 ………………………………………………（4238）

賀揚庭 ……………………………………………（4239）

閻公貞 ……………………………………………（4242）

焦旭 ………………………………………………（4242）

劉仲洙 ……………………………………………（4245）

李完 ………………………………………………（4247）

馬百禄 ……………………………………………（4248）

楊伯元 ……………………………………………（4250）

劉璣 ……………………………………………（4251）

兄珫 ……………………………………………（4252）

康元弼 …………………………………………（4255）

移剌益 特末阿不 ……………………………（4256）

卷九八　列傳第三十六

完顏匡 撒速 …………………………………（4261）

完顏綱 元奴 …………………………………（4286）

弟定奴 …………………………………………（4304）

卷九九　列傳第三十七

徒單鎰 按出 …………………………………（4307）

賈鉉 ……………………………………………（4323）

孫鐸 ……………………………………………（4327）

孫即康 …………………………………………（4333）

李革 ……………………………………………（4337）

卷一○○　列傳第三十八

孟鑄 ……………………………………………（4343）

宗端脩 …………………………………………（4350）

完顏閭山 ………………………………………（4352）

路鐸 ……………………………………………（4354）

完顏伯嘉 ………………………………………（4362）

术虎筠壽 ………………………………………（4374）

張煒……………………………………………（4375）

高竑……………………………………………（4379）

李復亨…………………………………………（4380）

卷一〇一　列傳第三十九

承暉福興 ……………………………………（4387）

抹撚盡忠象多 ………………………………（4399）

僕散端七斤 …………………………………（4405）

　子納坦出 …………………………………（4413）

耿端義…………………………………………（4414）

李英……………………………………………（4416）

孛术魯德裕蒲剌都……………………………（4420）

烏古論慶壽……………………………………（4422）

卷一〇二　列傳第四十

僕散安貞阿海 ………………………………（4427）

田琢……………………………………………（4441）

完顏弼達吉不…………………………………（4450）

蒙古綱胡里綱…………………………………（4456）

必蘭阿魯帶……………………………………（4466）

卷一〇三　列傳第四十一

完顏仲元………………………………………（4471）

完顏阿鄰………………………………………（4478）

完顏霆……………………………………（4483）

烏古論長壽………………………………（4487）

完顏佐　完顏鈔住………………………（4491）

石抹仲温 老斡 ……………………………（4492）

烏古論禮 六斤 …………………………（4494）

蒲察阿里…………………………………（4495）

奧屯襄 添壽 ………………………………（4497）

完顏蒲剌都………………………………（4499）

夾谷石里哥………………………………（4501）

术甲臣嘉…………………………………（4502）

紇石烈桓端………………………………（4504）

完顏阿里不孫……………………………（4510）

完顏鐵哥…………………………………（4513）

納蘭胡魯剌………………………………（4515）

卷一〇四　列傳第四十二

納坦謀嘉…………………………………（4519）

鄒谷………………………………………（4524）

高霖………………………………………（4526）

孟奎………………………………………（4530）

烏林荅與 合住 ……………………………（4533）

郭俣………………………………………（4534）

温迪罕達 謀古魯 …………………………（4537）

王擴………………………………………（4541）

移剌福僧·························（4545）

奥屯忠孝牙哥 ················（4549）

蒲察思忠畏也 ················（4552）

紇石烈胡失門·················（4554）

完顔寓訛出 ···················（4555）

斡勒合打·······················（4558）

蒲察移剌都·····················（4559）

卷一〇五　列傳第四十三

程寀·····························（4563）

任熊祥·························（4569）

孔璠·····························（4572）

　子拯 ··························（4573）

　捴······························（4574）

　孫元措 ·······················（4574）

范拱·····························（4575）

張用直·························（4579）

劉樞·····························（4580）

王翛·····························（4583）

楊伯雄·························（4586）

族兄伯淵 ·······················（4591）

蕭貢·····························（4592）

温迪罕締達·····················（4596）

　子二十 ·······················（4597）

張翰…………………………………………（4598）

任天寵…………………………………………（4601）

卷一〇六　列傳第四十四

張暐…………………………………………（4605）

　子行簡………………………………………（4612）

賈益謙…………………………………………（4622）

劉炳…………………………………………（4629）

术虎高琪或作高乞……………………………（4633）

移剌塔不也……………………………………（4648）

卷一〇七　列傳第四十五

高汝礪…………………………………………（4653）

張行信…………………………………………（4676）

卷一〇八　列傳第四十六

胥鼎…………………………………………（4695）

侯摯…………………………………………（4716）

把胡魯…………………………………………（4730）

師安石…………………………………………（4737）

卷一〇九　列傳第四十七

完顏素蘭翼……………………………………（4741）

陳規…………………………………………（4753）

　許古 ……………………………………………………………………………………（ 4772 ）

　　陳岢 ……………………………………………………………………………………（ 4784 ）

卷一一〇　列傳第四十八

　楊雲翼 ………………………………………………………………………………（ 4787 ）

　趙秉文 ………………………………………………………………………………（ 4799 ）

　韓玉 …………………………………………………………………………………（ 4810 ）

　馮璧 …………………………………………………………………………………（ 4813 ）

　李獻甫 ………………………………………………………………………………（ 4822 ）

　雷淵 …………………………………………………………………………………（ 4825 ）

　程震 …………………………………………………………………………………（ 4828 ）

卷一一一　列傳第四十九

　古里甲石倫 …………………………………………………………………………（ 4831 ）

　　仝周暉 ………………………………………………………………………………（ 4844 ）

　　蘇椿 …………………………………………………………………………………（ 4845 ）

　完顏訛可 ……………………………………………………………………………（ 4845 ）

　撒合輦 ………………………………………………………………………………（ 4850 ）

　强伸 …………………………………………………………………………………（ 4855 ）

　烏林荅胡土 …………………………………………………………………………（ 4859 ）

　思烈 …………………………………………………………………………………（ 4863 ）

　　王渥 …………………………………………………………………………………（ 4865 ）

　紇石烈牙吾塔志 ……………………………………………………………………（ 4866 ）

　　康錫 …………………………………………………………………………………（ 4876 ）

卷一一二　列傳第五十

　　完顏合達_瞻 ······················· （ 4879 ）

　　移剌蒲阿························· （ 4897 ）

卷一一三　列傳第五十一

　　完顏賽不························· （ 4909 ）

　　　子按春······················· （ 4923 ）

　　白撒_{承裔} ······················· （ 4924 ）

　　赤盞合喜······················· （ 4942 ）

卷一一四　列傳第五十二

　　白華························· （ 4957 ）

　　　用吉_{字術魯久住} ·················· （ 4980 ）

　　斜卯愛實······················· （ 4981 ）

　　　合周_{永錫} ······················· （ 4987 ）

　　石抹世勣······················· （ 4988 ）

卷一一五　列傳第五十三

　　完顏奴申······················· （ 4995 ）

　　崔立························· （ 5006 ）

　　聶天驥························· （ 5015 ）

　　赤盞尉忻······················· （ 5018 ）

卷一一六　列傳第五十四

徒單兀典…………………………………………………（5021）

石盞女魯歡十六……………………………………………（5032）

蒲察官奴…………………………………………………（5041）

承立慶山奴…………………………………………………（5051）

卷一一七　列傳第五十五

徒單益都…………………………………………………（5059）

粘哥荆山…………………………………………………（5063）

　　劉堅…………………………………………………（5065）

　　劉均…………………………………………………（5066）

王賓………………………………………………………（5067）

　　王進…………………………………………………（5070）

李喜住……………………………………………………（5070）

國用安咬兒………………………………………………（5072）

時青………………………………………………………（5082）

卷一一八　列傳第五十六

苗道潤……………………………………………………（5089）

王福………………………………………………………（5098）

移剌衆家奴………………………………………………（5101）

武仙………………………………………………………（5103）

張甫　張進………………………………………………（5116）

靖安民……………………………………………………（5118）

郭文振……………………………………（5121）

胡天作……………………………………（5127）

張開………………………………………（5130）

燕寧………………………………………（5134）

卷一一九　列傳第五十七

粘葛奴申…………………………………（5137）

　劉天起…………………………………（5142）

完顔婁室三人……………………………（5142）

烏古論鎬栲栲……………………………（5149）

　烏古論先生……………………………（5154）

張天綱……………………………………（5156）

完顔仲德忽斜虎…………………………（5160）

卷一二〇　列傳第五十八

世戚

石家奴……………………………………（5174）

裴滿達忽撻………………………………（5178）

　子忽覩…………………………………（5180）

徒單恭斜也………………………………（5181）

烏古論蒲魯虎……………………………（5185）

唐括德温阿里……………………………（5186）

烏古論粘没曷……………………………（5189）

蒲察阿虎迭………………………………（5190）

烏林荅暉_{謀良虎}……………………………（ 5192 ）

蒲察鼎壽_{和尚}……………………………（ 5193 ）

徒單思忠_{寧慶}……………………………（ 5195 ）

徒單繹_{术輦}………………………………（ 5197 ）

烏林荅復_{阿里剌}…………………………（ 5198 ）

烏古論元忠_{訛里也}………………………（ 5199 ）

　子誼_{雄名}………………………………（ 5203 ）

唐括貢_{達哥}………………………………（ 5205 ）

烏林荅琳_{留住}……………………………（ 5207 ）

徒單公弼_{習烈}……………………………（ 5207 ）

徒單銘………………………………………（ 5209 ）

徒單四喜……………………………………（ 5212 ）

卷一二一　　列傳第五十九

　忠義一

胡沙補…………………………………………（ 5218 ）

特虎……………………………………………（ 5220 ）

僕忽得…………………………………………（ 5221 ）

　酬斡…………………………………………（ 5223 ）

粘割韓奴………………………………………（ 5224 ）

曹珪……………………………………………（ 5229 ）

温迪罕蒲覿……………………………………（ 5229 ）

　鶴壽_{吾都不}……………………………（ 5231 ）

訛里也…………………………………………（ 5232 ）

納蘭綽赤···································（ 5232 ）

魏全　徒單義等························（ 5233 ）

鄙陽　完顔石古乃····················（ 5235 ）

夾谷守中_{阿土古}··························（ 5236 ）

石抹元毅_{神思}·····························（ 5239 ）

伯德梅和尚·····························（ 5241 ）

烏古孫兀屯·····························（ 5243 ）

高守約··································（ 5247 ）

和速嘉安禮_酌·························（ 5247 ）

王維翰··································（ 5248 ）

移剌古與涅·····························（ 5251 ）

宋宸····································（ 5252 ）

烏古論榮祖_{福興}·····················（ 5254 ）

烏古論仲温_{胡剌}·····················（ 5255 ）

九住　唐括字果速····················（ 5256 ）

李演····································（ 5257 ）

劉德基··································（ 5257 ）

王毅····································（ 5258 ）

王晦····································（ 5258 ）

齊鷹揚等三人··························（ 5260 ）

术甲法心等四人·······················（ 5261 ）

高錫····································（ 5262 ）

卷一二二　列傳第六十

忠義二

吳僧哥……………………………………（5266）

烏古論德升六斤 ………………………（5268）

張順………………………………………（5271）

馬驤………………………………………（5272）

伯德窊哥…………………………………（5273）

奧屯醜和尚………………………………（5274）

從坦………………………………………（5274）

孛术魯福壽………………………………（5280）

吳邦傑……………………………………（5280）

納合蒲剌都………………………………（5281）

女奚烈斡出………………………………（5283）

時茂先……………………………………（5284）

溫迪罕老兒………………………………（5284）

梁持勝詢誼 ……………………………（5285）

賈邦獻……………………………………（5287）

移剌阿里合………………………………（5288）

完顏六斤…………………………………（5288）

紇石烈鶴壽………………………………（5289）

蒲察婁室…………………………………（5293）

女奚烈資禄………………………………（5295）

趙益………………………………………（5296）

侯小叔……………………………………（5297）

王佐 …………………………………………（5300）

黄摑九住 …………………………………………（5301）

烏林答乞住 …………………………………………（5302）

陀滿斜烈 …………………………………………（5303）

尼厖古蒲魯虎 …………………………………………（5304）

兀顔畏可 …………………………………………（5305）

兀顔訛出虎 …………………………………………（5306）

粘割貞抄合 …………………………………………（5307）

卷一二三　列傳第六十一

忠義三

徒單航張僧 …………………………………………（5309）

完顔陳和尚彝 …………………………………………（5311）

　斜烈鼎 …………………………………………（5317）

楊沃衍斡烈 …………………………………………（5318）

　劉興哥 …………………………………………（5324）

烏古論黑漢 …………………………………………（5324）

陀滿胡土門 …………………………………………（5327）

姬汝作 …………………………………………（5330）

愛申忙哥 …………………………………………（5334）

　馬肩龍 …………………………………………（5335）

禹顯 …………………………………………（5336）

　張邦憲 …………………………………………（5338）

　劉全 …………………………………………（5338）

卷一二四　列傳第六十二

　　忠義四

　　　馬慶祥 習禮吉思 ……………………………………（5339）

　　　商衡 ………………………………………………………（5342）

　　　术甲脱魯灰 ………………………………………………（5346）

　　　楊達夫 ……………………………………………………（5351）

　　　馮延登 ……………………………………………………（5352）

　　　烏古孫仲端 卜吉 ………………………………………（5354）

　　　烏古孫奴申 ………………………………………………（5358）

　　　蒲察琦 阿憐 ……………………………………………（5359）

　　　蔡八兒 ……………………………………………………（5361）

　　　毛佺　閻忠　郝乙等 …………………………………（5362）

　　　温敦昌孫 …………………………………………………（5364）

　　　完顏絳山 …………………………………………………（5364）

　　　畢資倫 ……………………………………………………（5366）

　　　郭蝦蟆 ……………………………………………………（5369）

卷一二五　列傳第六十三

　　文藝上

　　　韓昉 ………………………………………………………（5376）

　　　蔡松年 ……………………………………………………（5380）

　　　　子珪 ……………………………………………………（5386）

　　　吳激 ………………………………………………………（5390）

　　　馬定國 ……………………………………………………（5390）

任詢 …………………………………………（5391）

趙可 …………………………………………（5392）

郭長倩 ………………………………………（5393）

蕭永祺 蒲烈 …………………………………（5393）

胡礪 …………………………………………（5395）

王競 …………………………………………（5397）

楊伯仁 ………………………………………（5400）

鄭子聃 ………………………………………（5404）

党懷英 ………………………………………（5406）

卷一二六　列傳第六十四

文藝下

趙渢 …………………………………………（5411）

周昂 …………………………………………（5412）

王庭筠 ………………………………………（5415）

劉昂 …………………………………………（5419）

李經 …………………………………………（5420）

劉從益 ………………………………………（5420）

呂中孚　張建 ………………………………（5422）

李純甫 ………………………………………（5423）

王鬱 …………………………………………（5425）

宋九嘉 ………………………………………（5426）

龐鑄 …………………………………………（5426）

李獻能 ………………………………………（5427）

王若虛……………………………………………（5429）

王元節……………………………………………（5432）

　孫國綱 ………………………………………（5433）

麻九疇……………………………………………（5434）

李汾………………………………………………（5436）

元德明……………………………………………（5438）

　子好問 ………………………………………（5438）

卷一二七　列傳第六十五

孝友

溫迪罕斡魯補……………………………………（5444）

陳顏………………………………………………（5445）

劉瑜………………………………………………（5446）

孟興………………………………………………（5446）

王震………………………………………………（5446）

劉政………………………………………………（5447）

隱逸

褚承亮……………………………………………（5448）

王去非……………………………………………（5450）

趙質………………………………………………（5451）

杜時昇……………………………………………（5451）

郝天挺……………………………………………（5453）

薛繼先……………………………………………（5454）

高仲振……………………………………………（5455）

張潛································（ 5455 ）

王汝梅······························（ 5456 ）

宋可································（ 5456 ）

辛愿································（ 5457 ）

王予可······························（ 5459 ）

卷一二八　列傳第六十六
循吏

盧克忠····························（ 5464 ）

牛德昌····························（ 5466 ）

范承吉····························（ 5468 ）

王政_{南撒里}·····················（ 5471 ）

張奕································（ 5474 ）

李瞻································（ 5476 ）

劉敏行····························（ 5478 ）

傅慎微····························（ 5479 ）

劉焕································（ 5481 ）

高昌福····························（ 5484 ）

孫德淵····························（ 5487 ）

趙鑑································（ 5489 ）

蒲察鄭留··························（ 5492 ）

女奚烈守愚_{胡里改門}··············（ 5494 ）

石抹元····························（ 5497 ）

張轂································（ 5499 ）

趙重福……………………………………………（5500）

武都………………………………………………（5502）

紇石烈德…………………………………………（5505）

張特立……………………………………………（5508）

王浩………………………………………………（5510）

卷一二九　列傳第六十七

酷吏

高閭山……………………………………………（5514）

蒲察合住…………………………………………（5516）

佞幸

蕭肄………………………………………………（5519）

張仲軻幼名牛兒……………………………………（5520）

李通………………………………………………（5526）

馬欽幼名韓哥………………………………………（5540）

高懷貞……………………………………………（5541）

蕭裕遙折……………………………………………（5542）

胥持國……………………………………………（5549）

卷一三〇　列傳第六十八

列女

阿鄰妻沙里質……………………………………（5556）

李寶信妻…………………………………………（5557）

韓慶民妻…………………………………………（5557）

雷婦師氏………………………………（5558）

康住住………………………………（5558）

李文妻………………………………（5558）

李英妻………………………………（5559）

相琪妻………………………………（5559）

阿魯真………………………………（5560）

獨吉氏………………………………（5562）

許古妻………………………………（5563）

馮妙真………………………………（5564）

蒲察氏………………………………（5564）

烏古論氏……………………………（5565）

完顔素蘭妻…………………………（5566）

温特罕氏……………………………（5566）

尹氏…………………………………（5567）

白氏…………………………………（5567）

聶舜英………………………………（5568）

完顔仲德妻…………………………（5569）

哀宗寶符李氏………………………（5569）

　張鳳奴……………………………（5570）

卷一三一　列傳第六十九

宦者

　梁琕………………………………（5572）

　宋珪乞奴…………………………（5574）

潘守恒 …………………………………………………（5576）

方伎

劉完素 …………………………………………………（5578）

張從正 …………………………………………………（5579）

李慶嗣 …………………………………………………（5579）

紀天錫 …………………………………………………（5580）

張元素 …………………………………………………（5580）

馬貴中 …………………………………………………（5581）

武禎 ……………………………………………………（5583）

　子亢 …………………………………………………（5584）

李懋 ……………………………………………………（5585）

胡德新 …………………………………………………（5586）

卷一三二　列傳第七十

逆臣

秉德乙辛 ………………………………………………（5589）

唐括辯斡骨剌 …………………………………………（5595）

言烏帶 …………………………………………………（5598）

大興國 …………………………………………………（5601）

徒單阿里出虎 …………………………………………（5603）

僕散師恭忽土 …………………………………………（5606）

徒單貞特思 ……………………………………………（5609）

李老僧 …………………………………………………（5615）

完顏元宜阿列 …………………………………………（5617）

紇石烈執中_{胡沙虎}······（5624）

卷一三三　列傳第七十一
　叛臣
　　張覺······（5643）
　　　子僅言_{幼名元奴}······（5648）
　　耶律余覩······（5651）
　　移剌窩斡······（5659）

卷一三四　列傳第七十二
　外國上
　　西夏······（5687）

卷一三五　列傳第七十三
　外國下
　　高麗······（5717）

金國語解
　官稱······（5737）
　人事······（5741）
　物象······（5749）
　物類······（5752）
　姓氏······（5753）

附録
　進金史表……………………………………………（5757）
　修史官員……………………………………………（5760）
　金史公文……………………………………………（5763）

前　言

張博泉

　　《金史》135 卷，計本紀 19 卷，志 39 卷，表 4 卷，列傳 73 卷，記述了自公元 1115 年（金太祖收國元年）阿骨打稱帝至 1234 年（哀宗天興三年）蒙古滅金，共 120 年的歷史。

　　金朝是 12 世紀到 13 世紀女真族建立的北方王朝。當時我國歷史正處於封建社會後期之初，時代發生着與封建社會前期不同的變化，從全國的區域與民族結構看，出現了以“後南北朝”爲主的多王朝、列國、列部並存的前中華一體時期。由過去以漢族爲主在中原建立政權和王朝，發展爲以少數民族爲主在中原建立政權和王朝，政治上北朝佔據盟主地位，南朝臣附北朝。中國由過去分華夷、分中外的多種社會並存下的多種經濟、政治與文化類型，逐漸地變革爲不分華夷、不分中外的社會統一的多種經濟、政治與文化類型，與其相伴隨的是在思想和觀念上發生了重大的變化。當時中國正在孕育着朝向統一的多民族"中華一體"的國家推移，金在滅亡遼及北宋後，在這方面做出了突出貢獻和佔有重要地位。時代是瞭解金史的基礎，但由於封建舊史學傳統觀念的束縛和影響，金朝歷史長時期受到不公正的曲解。從實際出發，還歷史的本來面貌，樹立統一的多民族爲一體的史觀，在對金史有全面、系統地瞭解的基礎上，探求它的"是"，也就是金史中的事物與問題的"質"或"規律"，使由女真族建立的中原北朝的"多元一體和一體多元"的歷史，展示出那個時代和那個社會在諸多矛盾中的進步和提升，特別是這個王朝在穩定中所取得的成功及其特點。

一

　　《金史》是由元代史學家撰寫的一部金朝興亡歷史的書，它在二十四史佔有其應有的地位。我國進入封建社會後期之初，中國内部各王朝和各民族的力量與關係發生的變化，給金朝的發展增添了時代的内容和特點，對《金史》的編寫也提出了新問題。當時是由分華夷、分中外的天下一體發展爲不分華夷、不分中外的前中華一體，而且南朝臣附北朝。首先碰到的一個問題就是究竟以誰爲中原王朝承嗣系統的爭論，是以春秋大一統的"華夷正閏論"確定嗣統，還是以時代發生了新變化的中國大一統確定諸王朝的嗣統，也就是説是以宋爲正統，還是不分民族視諸王朝皆爲正統，便成爲修遼、宋、金三史必爭的一個重大問題。從理論上講即所謂"德運""正閏"之爭。

（一）"德運""正閏"之爭與元修《金史》

"德運"源於戰國鄒衍的"五德終始説"，用"五行相勝"解釋朝代的興亡，即"五德行爲帝王受命之符"的封建繼統理論，此種理論與"正閏""正統"觀念合在一起，成爲排斥異姓和少數民族政權或王朝爲正統的"華夷正閏論"。從金初起，女真統治者就反對傳統的正閏、正統的舊觀念，金太宗"弔民伐罪"，"正統天下"。金世宗稱"我國家紬遼、宋主，據天下之正"。到金章宗時女真族封建化已經完成，開始對金朝嗣統問題提出討論，其提出的原因是"金俗尚白"，德運當承前朝哪家。章宗本人"欲跨遼、宋而比迹於漢、唐"，但他在德運問題上卻不主張繼唐，而主張繼宋爲土德，即承認繼宋而爲正統。爲確定金朝的德運，章宗明昌四年（1181）十二月敕旨召集省、臺、寺、監七品以上官員討論。承安四年（1186）十二月，又選朝官十餘人討論。五年二月二十日，再敕旨選漢人進士和知典故官員討論。

泰和元年將討論的內容類編爲六册。綜合討論內容主要有四種意見：刑部尚書李愈、翰林學士承旨党懷英，主張尚白，宜爲金德，遵太祖聖訓，有自然之符，不必牽強附會德運。户部尚書孫鐸、侍讀學士張行簡、太常卿廷筠等，主張繼唐爲金德，尚白，也主遵太祖聖訓，有自然之符。秘書郎吕貞幹、校書郎趙沁，主張繼遼爲木德，尚青。太常丞孫人傑，主張繼宋爲土德，尚黄。大理卿完顏薩剌、直學士温特赫、大興府應奉完顏烏楚、宏文校理珠嘉敦等均以爲應繼宋運爲土德。這四種意見可歸納爲三種：第一、第二種意見，反映金朝以女真爲本的思想，反對繼遼和繼宋；第三種意見主張以遼爲正統，反對以女真爲本和繼宋；第四種意見主張繼宋爲土德，除孫鐸外都是女真人主此説。章宗最後敕旨："太祖聖訓，即是分別白黑之性，非關五行之敘。皇朝滅宋，俘其二主，火德已絶。我承其後，趙構假江表與司馬睿何異？"德運之爭是與反"華夷正閏之辨"聯繫着的。同時也與當時修《遼史》有關，核心問題是確定女真王朝在中原爲正統的合法地位。這個爭論一直延續到元朝，元修遼、宋、金三史究竟以誰爲正統和用什麽體例編書，意見不統一。一種主張仿《晋書》體例，遼、宋、金合編在一本中，以宋爲正統立本紀，將遼、金寫入載記。另一種主張可仿《南史》《北史》體例，遼爲北史，北宋爲南史；金爲北史，南宋爲南史。最後定爲三史分修，"各予正統"。

首先宣導修《金史》者是元好問。他"晚年尤以著作自任，以金源氏有天下，典章法度幾及漢、唐，國亡史作，已（己）所當任"。他曾建議當時藏《金實録》的張柔上奏，"願爲著述。奏可。方開館，爲武安樂夔所沮而止"。於是元好問在家鄉構築野史亭，積百餘萬言，爲後來修《金史》在資料上做了大量的工作。元朝第一個擔起修《金史》重任者爲王鶚。王鶚是金正大元年（1224）進士，元攻陷蔡州時被俘，因得張柔解救，館於保州。元世祖即位，授王鶚爲翰林學士承旨。中統二年（1261），張柔以實録並秘府圖書獻上，建議設局附修三史。經王鶚推薦參加修史者有郝經、李昶、李治、雷膺、王惲、王磐等人。

王惲《玉堂嘉話》至今保有王鶚的《金史》目録。至元十六年（1276），南宋滅亡，複命修三史，因爲德運之爭未定，遲延甚久，没能成書。到元順帝至正三年（1343），始再修《金史》，以當時丞相脱脱爲都總裁，決定"三史各與正統，各系其年號"，《金史》纔正式列爲正史。四年十一月成書，時脱脱已罷相位，由丞相阿魯圖繼任爲都總裁，並上《進金史表》。《金史》實際修訂人是歐陽玄，他爲三史總裁官。"發凡舉例，俾論撰者有所依據，史官中有悻悻露才、議論不公者，玄不以口舌争，俟其呈稿，援筆竄定之，系統自正。至於論、贊、表奏，皆玄屬筆。"因脱脱首主其事，故稱《金史》爲脱脱撰。

（二）《金史》史料與來源

王鶚《金史》主要依據實録而成，阿魯圖《進金史表》説："於時張柔歸金史於其先，王鶚輯金事於其後。"金毓黻《中國史學史》亦説："金史之修創於王鶚，考其初稿，即據實録。"金朝實録可考者有《先朝實録》三卷，天會六年（1128）完顔勗、耶律迪越奉詔撰，皇統元年成書。採摭遺言舊事，載始祖以下十帝事迹。孫德謙《金史藝文志》云，始祖以下十帝實録三卷，"明陳第連江世善堂書目有金實録抄三本，則勗所著在明時猶見完帙也"。《太祖實録》二十卷，完顔宗弼撰，皇統八年（1141）八月進。《太宗實録》，紇石烈良弼等撰，大定七年八月進。《熙宗實録》，鄭子聃撰。《海陵實録》，鄭子聃撰。《睿宗實録》，紇石烈良弼撰，大定十一年（1167）十月進。《世宗實録》，國史院撰，明昌四年八月進。《顯宗實録》，不見記載，《金史》卷一一《章宗紀》泰和三年（1191）十月"庚申，尚書左丞完顔匡等進世宗實錄"。錢大昕《補元史藝文志》、施國祁《金史詳校》皆以爲完顔匡等所進爲《顯宗實錄》。《章宗實錄》，高汝礪、張行簡撰，興定四年九月進。《宣宗實錄》，正大五年十一月國史王若虛進。金實錄祇缺衛紹王及哀宗兩朝，衛紹王有《衛王事迹》，興定五年（1221）進。蘇天爵謂"衛王實錄，竟不及爲"。宣宗南渡，實錄被攜至汴京，汴京陷落時張柔"於金帛一無所取，獨入史館，取金實錄並秘府圖書"，實錄盡入柔家中收藏。蘇天爵《滋溪文稿》卷二十五《三史質疑》則説："當時已闕太宗、熙宗實錄。"據史之所載，此説似屬可疑。元好問晚年立志修金史，他説："惟有實錄一件，祇消親去順天府一遭，破三數月功披節，每朝終始及大政事、大善惡，繫廢興存亡者爲一體，大安及正大事則略補之。"可見他當時所知者惟缺衛紹王和哀宗兩朝實錄，因實錄闕如，所以欲補而成之。元王惲《玉堂嘉話》載有王鶚所擬金史大綱，備有太祖、太宗、熙宗、海陵庶人、世宗、章宗、衛紹王（實錄闕）、宣宗、哀宗（實錄闕）九帝紀。也未曾言及太宗、熙宗實錄闕的問題。王鶚爲張柔府中上客，中統二年柔"以實錄獻諸朝"，鶚建議修遼、金二史，如時太宗、熙宗實錄已闕，當見載於其所擬之金史大綱。

王鶚爲修金史，曾廣泛搜集和採訪資料。王惲《烏臺筆補·論收訪野史事狀》："伏見國家自中統二年立國史院，令學士安藏收訪其事（野史傳聞），數年以來，所得無幾。"《金史》卷一三《衛紹王紀》"贊"載，衛紹王"記注亡失，南遷後不復記載"。王鶚修金史時所採集的有楊雲翼日録四十條、陳老日録三十條、故金部令史竇祥年八十九歲所記舊事二十餘條、司天提點張正之寫灾異十六條、張承旨家手本載舊事五條，而其中重複者三之二。

王鶚修金史時，是否採用《壬辰雜編》和《歸潛志》，史無明文記載。歐陽玄《送振先宗丈歸祖庭詩序》："近年奉詔修三史，一日於翰林故府捃金人遺書，得元遺山裕之寫壬辰雜編一帙。"在歐陽玄參加修金史時祇有手本，尚未刊行。此書何時收入翰林故府亦未言及。元遺山死後，王鶚在《遺山集後引》中説："國初將新一代實録，附修遼、金二史，而吾子榮膺是選，無何恩命未下，哀訃遽聞，使雄文鉅筆不得馳騁於數千百年之間，籲可悲夫。東平嚴侯弟忠傑，富貴而好禮者也。即其家購求遺稿，損金鳩匠刻梓以壽其傳，屬余爲引。"王鶚與遺山關係至密，"餘與子同庚甲，又同在史館者三曆春秋，義深契厚"。當時所購求的遺稿，即《遺山文集》。王惲謂中統二年立國史院時收訪野史傳聞，王士俱《歸潛志序》："開元史局，搜羅掌故，京叔、裕之書皆上，史館捃摭爲多焉。"據此，《壬辰雜編》當是元立史局時搜羅所得，王鶚不可能沒看到。《壬辰雜編》約至明中葉已佚，或謂清朝尚有收藏之者，亦謂王筠曾得到此書的部分殘稿。

劉祁《歸潛志》成書時間大體可定。王惲《渾源劉氏世德碑銘》云："壬辰（1232）北還鄉里，躬耕自給，築室牓曰歸潛。"劉祁《自序》云："遭值金亡，干戈流落，由魏過齊入燕，凡二千里。甲午歲（1234）復於鄉……獨念昔所與交遊，皆一代偉人，今雖物故，其言論談笑，想之猶在目。且其所聞所見，可以勸戒規鑒者，不可使湮没無傳。因暇日記憶，隨得隨書，題曰歸潛志。"推定《歸潛志》成書時間在 1235 年。元至大間，孫和伯曾梓行之，歷爲藏書家珍秘，僅有傳本，或海內尚未盡見其書。今傳本書十四卷。據王士禛《歸潛志序》此書與《壬辰雜編》於元開史局時皆搜羅上史館，王鶚當見此書。

金毓黻《中國史學史》謂："好問既於順天張萬户家，得見金實録，則壬辰雜編所記載者，必多出於實録。"《静修先生文集》卷五《金太子允恭墨竹》詩自注："汴亡，張蔡公以金實録歸，遺山嘗就公謄寫"。元好問看抄過金實録似無可疑，但《壬辰雜編》記金末喪亂之事無實録可供資取。主要應是"往來四方，採摭遺逸雜録近世近百餘萬言"中的資料。

施國祁以爲《金源君臣言行録》即《壬辰雜編》若干卷，《金史藝文略》又以爲野史百餘萬言即《金源君臣言行録》，不是《壬辰雜編》。所謂《金源君臣言行録》蓋本於"凡金源君臣遺言往行，採摭所聞，有所得輒以寸紙細字爲記録，至百餘萬言"。此當是野史的原材料，並未成書，而《中州集》中人物小傳及《壬辰雜編》可能據此部分材料整理而成。

元脱脱《金史》的史料來源主要據實録、國史和王鶚《金史》底本。實録及國史本紀部分爲《金史》本紀所本；王鶚《金史》爲百官志、食貨志、地理志、天文志、禮樂志、刑志、兵志等所本；張暐《大金集禮》四十卷爲《金史》禮志、儀衛志、輿服志等所本；趙知微《大明曆》爲《金史》曆志所本，而兼考渾象之存亡；國史之功臣列傳、元好問《中州集》及劉祁《歸潛志》小傳以及金代人物傳記、碑銘等，爲《金史》列傳所本，並參用李純甫《故人外傳》等著作；《壬辰雜編》《歸潛志》《汝南遺事》爲《金史》哀宗後紀事所本。

《金史》所據資料較爲豐富，既有實録、國史，復有王鶚的《金史》底本，元好問、劉祁生前即有意識搶救史料和著述，均爲金史的編寫奠定良好的基礎。清顧炎武《日知録》卷二十六云，"金史大抵出劉祁、元好問二君之筆"，至非衷於情實，應當説是多人長久經營的結果。《金史》之成書，初有實録、國史，益以劉祁、元好問所紀，王鶚盡瘁開創，最後經歐陽玄諸人的總結，卒成此書。

（三）撰寫與評價

金是在當時特定歷史條件下形成的"多元一體和一體多元"結構的統一的北方王朝，由於對《金史》的撰寫已確定金爲中華正統，由此而發生的體例與内容的變化則更富有與以前史書不同的特點。《金史》體例多仿《新唐書》，其創例處是在本紀前列世紀，本紀後復有世紀補（宗峻、宗輔、允恭三人皆進尊爲帝）。世紀當是仿《魏書》的帝紀序而創例。《金史》撰寫已不嚴格遵守帝紀編纂的要求，如宗幹已被封爲帝，廟號德宗，而不入世紀補，放於列傳之中。海陵雖被廢爲庶人，但仍因襲國史入本紀。《新唐書》將羈縻州列入志中，《遼史·地理志》於總序中謂有"部族五十有二，屬國六十"，然均列京、府、州、縣。而《金史·地理志》序中不言部族，而於西京路列部族節度使八處、詳穩九處、群牧十二處。這打破了祇以京府州縣爲地理志内容的傳統觀念。兵志、選舉志、儀衛志、表等皆首出於《新唐書》，《新唐書》有宰相、方鎮、宗室世系和宰相世系四表，《金史》衹有宗室表，另增交聘表。《金史》外國傳先西夏，後高麗，合一體内與一體外兩種不同性質藩附之序次。《金史·文藝傳》無女真人，金後期著名文人楊雲翼、趙秉文不入文藝傳，而放入列傳。韓昉雖爲熙宗時定策人物之一，卻入文藝傳。《金史》列傳遺載人物亦多。

　　金在唐、北宋與元、明、清間是個重要環節，"典章法度幾及漢、唐"。《金史》的成書也有良好的基礎，一是"制度典章，彬彬爲盛，徵文考獻，具有所資"。二是在正式修史之前，已有不少人做過大量工作，創造修《金史》必備的條件和基礎，"相繼纂述，復不乏人"。三是在最後成書時有歐陽玄諸人編纂的功力。《金史》記載以女真人爲統治民族，包括漢人、契丹人、渤海人、兀惹人等多民族的歷史。各民族以多元的來源而結合爲一體，又在一體中存多元，以中原華夏文化爲主，多民族融合和提升爲一個整體的金朝文化，開創了被稱爲"小康"致治社會的大定、明昌一個時代，因此它與封建社會前期和與它同時代的南宋相比，有着明顯的特點。金繼遼、北宋後的發展變化，是一個時代的發展變化，《金史》是這一發展變化的金朝歷史的綜合，從《金史》記載的内容看，可以概括爲以下諸點。

　　其一，同華、同夏與同漢的觀念。同華是就族而言，同夏是就中國而言，同漢是就中國朝代而言，三者是聯繫在一起的。在封建社會前期華夏與漢皆指中原，四海邊境地區稱夷狄。其初是由較單一的華夏（漢）組成中原，後來由多民族與政權組成中原。到封建社會後期，南北朝爲一家兩國華夏，與之並存的王朝、列國、列部均視爲與中國相伴的中國王朝、列國、列部。華夏觀念由人禽觀念發展爲人與人的觀念，而漢的含義一是指中國王朝；二是指漢族人。趙秉文曾説："有公天下之心者宜稱曰漢。"從此歷史進入各民族同爲華夏、同屬漢，其人物不分中外、不分華夷，有著同一的道統、文脉，同是中州人物的時期，在金統一行政設置統轄下的各族人皆是"國人"。

其二，同經籍、同文脉和同爲正統。在遼、宋、西夏、金時，各王朝已是同經籍、同文脉和同爲正統。中原經籍是金各族人共同的經籍，衹是又把它譯成女真文字等，供女真人等學習。出現同經籍而不同文的學校和科舉制。各族人同經籍，特別是同道統與同文脉，把各民族統一爲同是中州人物一個準則和標識。金從開國後就以正統自稱，認爲凡能統一天下者皆爲正統，原來的種族觀念的正統觀被道德觀念的正統觀所代替。

其三，同籍貫、同編户和同國人。同籍貫的觀念與不分中外、不分華夷，同爲國家的一體編户相關。唐太宗視華夷同爲赤子，爲一家内的關係，視州縣和羈縻府州人户皆爲編户，促進了中華一體關係的孕育。遼金用五京、道或路制統一全國，漢與契丹、漢與女真皆爲一家，同是國人。在一個統一的王朝中不分中原與邊境，不分漢與他民族，同是一家，皆爲國人，這一觀念的確立是民族、地區同華的標誌，它已成爲統一的中國、中華民族所能共同接受的思想。

其四，同風、同文、同倫。同風原指中原九州内的同風，後來隨着歷史的發展纔是九州與四海同風。由同風達到同文，即"車書一家"。同風、同倫經過了不同時期和不同發展層次的變夷從夏的過程：先是接受華風的影響傳播，慕華風；後來變夷俗爲華風。同倫是指各族在朝著同華的發展道路中表現出的心理狀態變化。一般地講，在政治上，少數民族發展到一定的歷史時期，爲取得中原中華的資格，既承認本族及其先世祖先，又從中原先帝先王中附會出其祖先，稱是歷史上某先帝先王之後。華是高於全國各民族之上的共稱，在全華中存各族。到了金朝，女真人對自己的先世祖先不再作這樣的附會，但同樣的尊崇中原先帝先王，自視是中原王朝正統繼承者。

其五，同君、同軌、同宇。在封建社會前期統一的多民族的天下一體時，皇帝既是中國九州的皇帝，又是邊境四夷的天子。到封建社會後期之初的中國各王朝，金朝將其國各民族統一於中央集權統治之下，行政設置又因族而有不同，實現了全國同軌於一個統一的疆域中。

各民族歷史的發展過程不是一種模式，是由多元的"同不同"合在一個國家整體中，即在國家整體的同中存不同。在封建社會前期表現爲"家、國、天下同體"，到封建社會後期則表現爲"家、國同體"。這一變化引起金朝的多元一體和一體多元格局變化，即集中地表現在以上五個方面，這些新變化也就成爲《金史》豐富多彩的內容中所含有的時代特點。

《金史》編寫在三史中號稱最善。趙翼《廿二史劄記》卷二十七："《金史》敘事最詳核，文筆亦極老潔，迥出宋、元二史之上。說者謂多取《歸潛志》、元好問《壬辰雜編》以成書，故稱良書。"《四部備要書目提要》："是元人之於此書，經營已久，與宋、遼二史取辦倉卒者不同。故其首尾完密，條例整齊，約而不疏，贍而不蕪，在三史之中，獨爲最善。"施國祁《金史詳校》序："金源一代，年紀不及契丹，輿地不及蒙古，文采風流不及南宋。然考其史載大體，文筆甚簡，非《宋史》之繁蕪；《元史》之僞謬。"獨李慈銘《荀學齋日記》異於他説，稱《金史》"乃絕不見史載佳處，至多不成句讀，蓋當時記載，皆俚俗之詞，無能爲之潤色也"。

《金史》多有可嘉處，但也存在許多缺點，如敘事自相矛盾、内容重複、史事訛誤，氏名、官名、地名前後互異，女真語譯詞不一，傳與志遺漏，等等。對此清顧炎武、錢大昕、趙翼等多有論列。

《金史》是一部記載多民族融合薈萃的史書，其史料價值十分重要。若從一般性的理解上，主要是因爲金代史籍亡失甚衆，著作保留下來的不多，因而《金史》的價值更爲突出地表現出來。但從金朝所處的時代着眼，更爲重要的是金在北方乃至全國地位的提高，金朝典章制度、民族關係以及民族意識的重大變化，使中國歷史的發展進程與面貌出現了新的情況，《金史》的史料價值就顯得更爲重要。

二

編寫《金史》的思想是儒家思想，其思想主要體現於《金史》編寫的各卷中，嚴格地講它同有金一代統治者以儒學爲治國指導思想是分不開的。金朝接受儒學的影響應當很早，國初，習中國事的渤海人等幫助女真建國。金太宗滅遼及北宋後，加快了對儒學思想應用的步伐。到熙宗時謂"孔子雖無位，其道可尊，使萬世景仰"，把孔子抬到至高的地位，成爲金朝所奉行的治國指導思想。

（一）《金史》中儒家思想的淵源

《金史》中的儒家思想是對過去儒家思想的繼承和發展，具有時代的特點。儒家在其發展史上前後變化很大，它不斷地應時代統治的變化而增補內容，甚至因不同時代的解釋不同，在某種程度上出現思想系統的變化。元編《金史》就特別重視金代的治國思想，在《進金史表》中強調："非武元之英略，不足以開九帝之業；非大定之仁政，不足以鞏百年之基。"即強調金朝是用武力取得天下，靠儒家思想穩定發展，實際上這一思想從金初就已經在應用。儒家思想從孔子，經孟子、荀子到董仲舒，又由董仲舒發展爲王通的新儒學，再以王通的新儒學爲起點，進一步發展爲兩宋理學和遼金北方儒學。《金史》中儒家思想的淵源主要有以下四個方面。

其一，金朝是由女真族在我國北方建立的王朝，它直接繼承的是北方十六國和北朝的經學。由於北方諸民族在中原建立地主割據政權和北朝，要行中國之制，首先必須培養本民族學習、掌握經學的儒士，他們學習經學是從學習文字開始讀經，強調經學的實用。其次，這些民族爲在中原建立統治，必須取得與華夏同等資格，他們繼承西周以來"天命不常"思想，從孟子那裏找到文王爲西夷亦可爲聖的依據，主張天德說，提出天命賦予有德者的思想，認爲少數民族同樣可以行中原之制爲中原皇帝，從而打破了少數民族衹能爲臣，不能爲君的舊觀念的束縛。最後，進入中原地區的少數民族政權和王朝爲穩定社會秩序，恢復和發展社會經濟，吸取歷代王朝的經驗，提倡仁政，以中道治國。隋唐之後，北方契丹族建立的遼朝基本繼承了十六國、北朝的經學。金朝繼遼更加發展，並形成儒學思想的一個體系和結構。

其二，金朝國家是以漢、唐爲規模而求治發展的，《金史·章宗紀·贊》："蓋欲跨遼、宋而比跡於漢、唐，亦可謂有志於治者矣。"金朝儒學也直接繼承了漢、唐儒家治國思想和經驗。漢文景之治與唐貞觀之治的思想和經驗被金朝視爲國家安定的兩大文治楷模，文治的主要內容就是仁政和中道。金世宗贊許漢文帝、唐太宗的思想即本於此。

其三，金朝的儒家思想還有本族及當時一些少數民族思想的淵源。金朝將這種非漢族思想的本源提升到與儒家思想同樣的高度，採取將兩種思想糅爲一體的辦法，以存本族故俗。《金史》卷七《世宗紀》："女直舊風最爲純直，雖不知書，然其祭天地，敬親戚，尊耆老，接賓客，信朋友，禮意曲款，皆出自然，其善與古書所載無異。汝輩當習學之，舊風不可忘也。"世宗把本族的純直舊風，看作女真人繼承和學習儒家經典、提高本族素質的有利條件，這成爲金代儒學發展中所體現出的新特點。

其四，王通新儒學是金朝儒家思想的一個重要淵源。經十六國、北朝儒家思想的新變化後，到隋朝王通時期，正是封建社會前期之末向封建社會後期之初轉變之始，王通思想吸納了時代的新內容，對少數民族進入中原建立的封建割據政權和北朝，同視爲先帝先王的國家，他在天人關係中，對人的地位作用給予了肯定。唐以後，後南北朝出現，王通的思想分爲南北兩大支發展，即宋之理學（又稱道學）和遼金儒學（又稱經學）。中華書局點校本《金史》《宋史》前言中，以天命、王道、仁政作爲《金史》成書的主要思想，以道學作爲《宋史》成書的主要思想，便是對這一事實的符合實際的概括。

金朝儒學繼承了王通以來的新儒學，形成了由天命、德運、王道、仁政、中庸爲主的治世思想，以及反對重華夏、輕夷狄的思想。金代儒家代表有趙秉文，著有《文中子類説》。董文甫，金承安中進士，於心學有得，兼取佛老二家，以習静爲業。《中州集》卷九收其《文中子續經》詩一首，元好問注："予嘗以王氏（王通）六經爲問，先生云：'王氏六經，是權道設教，雖孔子亦然，但後人不能知之耳。'"權道設教，權，在《春秋》曰權衡；《易》二五；《書》爲皇極；《禮》爲中庸。王通《元經》（六經）中，將常與變、道與適、義與權，看作是對立統一的，即中道，反對不變的穩定，主張惟變所適，即王通六經的"權道"。金代另一思想家王若虚，在反"華夷正閏之論"方面的努力，也與王通思想是相通的。由此可見，王通以來的新儒學應是《金史》中儒家思想的主題。

（二）《金史》中的儒家思想與特點

編寫《金史》以及《金史》中的儒家思想，是在繼承新儒學的基礎上有所發展而形成的。金朝儒學對天命、德，即天理不曾深究，祇是承認客觀存在著對立統一的矛盾事物，重在把握事物對立方面的中和點，即德，因而強調德治。認爲有德者不分民族皆可爲中原主，有德則得天下，失德則失天下，由有德者取代之。從此出發，金朝中期統治者在德治思想的指導下，主要講求中道，不偏不倚實行王道、仁政，即在對立統一的社會中，如何以中道穩定在質的基礎上，求得發展進步，達到所謂的"堯舜太平致治"的社會，換句話説就是保持封建社會秩序的穩定。

金朝是由女真族建立的多民族、多制並存的統一中央集權的北方封建王朝，無論是與過去的，還是與其並存的王朝相比，金朝儒學的發展都有其顯著的特點。

其一，金代儒學是經史並重，博實並重。以儒學經典爲理論準則，以史爲鑒，特別重視司馬光的通鑑學。在金代儒學中對社會政治、經濟、文化以及人與人的關係，都貫穿著"中"的思想，反對"過"和"不及"，反對"暴"和"過寬"，主張以"仁"易"暴"。在對外關係上，反對戰爭，主張加強安邊保民的措施，在穩定中求"和"，對外戰爭以防禦性反攻戰爲重點。治理國家提倡博實，求社會安定進步。

其二，金朝學習儒學經典强調學與用的結合，經世致用，重在於行。《金史》卷七《世宗紀》："經籍之興，其來久矣，垂教後世，無不盡善。今之學者，既能誦之，必須行之。然知不能行者多矣，苟不能行，誦之何益。"金之重行和用，是與當時形成的博實觀念相聯繫的，認爲祇有博學和務實纔能致用。至於理與行的關係，北朝（金）與南朝（南宋）各走一端，北方經學重行，南方道學重理。理從行中來，而行的提升又離不開理的提升，行與理是辯證關係。正因爲兩者是辯證關係，在不同時期可各有所重，但不能過偏於一方，而忽視另一方。應是行與理並重，各有側重。金朝儒學重於行，發展了政治和民族思想，後來南宋理學傳入金朝，纔引起一些人對理學的重視。

其三，金代儒學直接源於王通的新儒學，王通三教合一的思想到金朝發展爲儒、佛、道三教在各以其爲主的基礎上，實現三教合一的新局面。儒家涉佛、道，道家相容儒、佛，佛家融入儒、道成分，但這種發展還基本保留在致用的層面上，沒有出現一個時代的理論大家。元好問是儒生，出入佛、道二教，他在文學研究上取得了重要的新貢獻，在政治上提出"中州一體"的思想，成爲一位跨越朝代的宗工，但在理的研究方面仍未有新的突破。金代儒學的三教合一，是在思想領域內以儒爲主，吸收佛、道，爲儒所用。

其四，金代儒學更爲突出的方面是在新的條件下發展了儒家思想。孔子思想是建立在尊尊、親親之上，對於一體內的華夷，以人禽、內外的觀點加以區別。進入封建社會，初期儒學繼承了這種陳舊的觀點，堅持以華夷分內外。但由於被視爲夷狄的少數民族進入中原做了皇帝，政權成爲中原政權，人户成爲中國人，人們的觀念開始發生變化。大約至北朝，漢作爲一個單一族稱與在中原的他族在名稱上對等，華夏成爲中原各族人統一的共稱。後來，在中原以外地區出現了與中原同類型的政權，特別是遼、宋、西夏、金成爲與中原並存的王朝，極大地推動了當時民族關係的變化。宋人司馬光反對傳統的"華夷正閏論"，提出不宜以"僭僞"稱少數民族政權，而應統視爲一國內的"列國"。金王朝提出"華夷一體"，女真與漢、金與宋皆爲一家，從而使王通的新儒學民族觀在新條件下更加發展，過去的"人禽觀"變成民族間人與人的觀念，在一個中國內的宋、金同是國人，不分民族、地區同是"中州人物"。思想觀念的發展，促進了經濟、制度、文化的發展，民族關係的融合，更促進了多民族一體關係的形成與鞏固。

金代儒學在繼承以往儒學的基礎上取得的很大發展，爲歷史提供了新的内容和資料。金代儒學與宋代儒學不同的方面，不在於哲理、道德，而在於政治、民族思想的發展，開北方儒學的一代新風。

三

《金史》成書後經過多次刻印和校勘，實際上校勘和研究是同時進行的，相互爲用，相互促進。校勘爲當時金史研究提供了好的可行版本，研究成果也爲校勘《金史》提供了新的内容。《金史》的校勘與研究，每一時期所取得的成果，無不與時代的進步聯繫在一起，從其發展過程看，還是近百年的事。

（一）《金史》的版本與校勘

《金史》有元初刻本八十卷與後來元覆刻本五十五卷。明朝於南京和北京國子監刻印經史，分南監本與北監本兩種。嘉靖八年（1529）有南監本，萬曆三十四年（1606）有北監本。清朝順治十五年（1658）增補明嘉靖八年的南監本。乾隆四年（1739）有武英殿本。光緒十年（1884）、二十七年（1901）有上海國文書局和上海史學會社的兩種石印本。光緒年間江寧局、杭州局、蘇州局、武昌局分工刻印二十四史，通稱爲局本，吉林成多禄曾於光緒二十年（1894）七月購得此版本二十四史。民國十九年（1930）有上海中華書局鉛印本。二十年（1931）上海商務印書館影印元初刻本八十卷及覆刻本五十五卷，即百衲本，成爲目前所能見到的最好的版本。開明書局有銅版本廿五史。

明朝對《金史》沒有進行校注的工作，現僅有楊循吉的《金小史》八卷，寫金朝歷史發展的大略。清代從乾嘉開始直到 19 世紀末，方有對《金史》考訂、補校勘的著述相繼出現。例如，錢大昕《二十二史考異》《考史拾遺》《十駕齋養新録》《宋遼金元四史朔閏考》《金史地理志》（附考民、考異）；趙翼《廿二史劄記》（附補遺卷）、《陔餘叢考》；倪燦撰、盧文弨補《補遼金元藝文志》《金史禮志補脱》；金門詔《補三史藝文志》；萬斯同《金諸帝統系圖》一卷、《金衍慶宮功臣録》一卷、《金將相大臣年表》一卷；黃大華《金宰輔年表》一卷；楊守敬編《金地理志圖》；丁謙《金史外國傳地理考證》一卷。杭世駿有《金史補》未能成書。清代對《金史》全面進行校勘的是施國祁，他用二十年功夫讀《金史》十餘遍，辨體裁、考事實、訂正字句得四千餘條，校注並見，卒成《金史詳校》十卷。今常見本是光緒六年（1880）會稽辛氏刻本。梁啟超在《中國近三百年學術史》中稱清儒"治金史者莫勤於施北研（國祁）之《金史詳校》十卷"。其名字與後來金史研究相始終。

20 世紀上半葉，對金史的研究已由封建史學轉向用近代史學的方法進行研究，對《金史》及相關史料考補工作仍在進行。例如，吳廷燮《歷代方鎮年表》中的《金方鎮年表》、陳述《金史氏族表初稿》（《史語所集刊》5：3，1935年）、阿桂等《金史姓氏考》、朱希祖《僞楚録輯補》及《僞齊録校補》、馮家昇《遼史與金史、新舊五代史互證舉例》（《史學年報》2-1）、陳樂素《三朝北盟會編考》（《史語所集刊》6：2、3，1936年）、張秀民《金源監本考》（《圖書季刊》3，1935年）、毛汶《補金史蔡松年傳》（《國學論衡》6，1935年）、陳守貞《金史"忠義傳"完顏彝戰迹及年月考》（蒙古史料研究之一《新中華》復刊，4：16，1946年）等。

　　20世紀下半葉，前三十年對金史的考訂、補正和校勘，由個人進行的工作無幾，祇有羅繼祖《讀〈金史·傅慎微傳〉》（《光明日報》1961年8月16日）。拾補有陳述《金史拾補五種》，包括《金史氏族表》《女真漢姓考》《金賜姓考》《金史同姓考》《金史異名表》（科學出版社，1960年）。此書史料豐富，其中對《金史》記載中互異、疑異等問題多有考訂，不僅是治金史的工具書，也是對金史史事、人名、譜系等考補的重要參考書。此間對金史校勘取得突出成就的是中華書局點校本《金史》（1975年出版），此書以百衲本爲底本，並與北監本、武英殿本參校，擇善而從。還參考了《大金國志》《大金弔伐録》《大金集禮》《歸潛志》《中州集》《三朝北盟會編》等書，以及殘本《永樂大典》有關部分，以訂正《金史》中的錯誤。其中對前人成果用得最多的是施國祁的《金史詳校》，對其舉證缺略地方作出補充，爲《校勘記》繫於每卷之後，計兩千餘條，雖比施國祁的《金史詳校》所校出的條目少，但品質高於施，並於原書新加標點，發前人所未發，對研究金史應用性强，故一再再版，是當前通用的最佳版本。

後二十年，在我國實行改革開放的新形勢下，科學文化事業出現蓬勃生機。對金史的考訂、補正和校勘工作出現了新的發展勢頭，一是圍繞元修《金史》、正統之爭、成書，以及金史在史學中的地位等問題，展開了不同程度的研究；二是圍繞《金史》成書的主要參考書進行了研究和校正。例如，崔文印《大金國志校證》（中華書局，1986年）、《歸潜志》（中華書局，1983年）、《金史紀事本末》附"考異"（中華書局，1980年）、《靖康稗史箋證》（中華書局，1988年）。羅繼祖、張博泉《鴨江行部志注釋》（黑龍江人民出版社，1984年）、張博泉《遼東行部志注釋》（黑龍江人民出版社，1984年）、李澍田等輯注《金史輯佚》（吉林文史出版社，1990年）、董克昌主編《大金詔令釋注》（黑龍江人民出版社，1993年）、趙鳴歧、王慎榮《東夏史料》（吉林文史出版社，1990年）、張中澍、陳相偉校注《金碑匯釋》（吉林文史出版社，1989年）、趙永春編注《奉使遼金行程録》（吉林文史出版社，1995年）等。近二十年對金史的考訂、補正和校勘方面的研究，不僅在金史的校注方面增大了嘗試和密度，而且加强了研究金史的活力和力度。

（二）金史研究的進展過程

《金史》是對金朝興亡史研究的最基本的史料，整理《金史》與研究《金史》是互補互用的，而這項工作與時代的發展和思想的進步更新密切相關。《金史》是在正統與非正統、正與閏、華與夷、中與外等思想理論的辯論和鬥争中問世的，它出版於元朝。此後《金史》校勘與研究

逐漸從無到有，由少至多。清朝乾嘉年間到 19 世紀末，對
《金史》的整理與研究初見起色。20 世紀以來，反對傳統
陳腐的“華夷正閏觀”成爲金史研究的一條主綫。20 世紀
初，近代資産階級新史學在中國興起，王國維宣導用文獻、
考古“兩重證據法”研究歷史，並運用於金史研究領域，
先後發表了《遼金蒙古考》（《學衡》53，1926 年）、《金
界壕考》（《燕京學報》1，1927 年）等。到 20 世紀三四
十年代，金史研究進入一個開闊時期，研究範圍涉及經濟、
政治、宗教、女真文字、文學藝術、歷史地理、金宋關係、
民族關係、考古等各個領域。這個時期，特別是“九·一
八”事變後，帝國主義侵略東北地區的行徑激發了愛國知
識分子的愛國熱情，掀起了對東北史及東北民族所建立的
地方政權與王朝研究的熱潮。其中毛汶在遼金史研究領域
發表文章最多，輯成《遼金國事論文集》（開封商務出版
社，1935 年）。特別應當提出的是金毓黻、陳述、姚從吾
諸人在各自研究工作中所作出的顯著貢獻，金毓黻從國學
大師黃侃治音韻訓詁學，他接受近代史學研究的影響，繼
承了王國維治史方法，寫出《宋遼金史》、《東北通史》上
編（三臺東北大學，1941 年），他在遼、宋、金三史研究
中，“斥三史不足觀”的偏見和狹隘之論，主張“三史並
重”，即給三史以對等的地位，並提出“三史兼治”“三史
互證”的研究方法，這些對今天的金史研究仍有重要意
義。陳述從早年起就致力於遼金史研究，顧頡剛在《當代
中國史學》中稱對遼金史研究，以陳述“成就最多”。陳
述在《契丹史論證稿》（1948 年）中提出，遼“因對峙而
求比美，提倡文教，漢人地位漸盛，興宗以下，吟詠唱和，

亦無別於漢家（漢族）之太平天下"。同時還提出遼與宋南北之分爲南北朝的思想，新中國建立後在他的研究工作中這種思想不斷得到完善和發展。姚從吾著有《金朝史》（1945 年）、《東北史論叢》上下册，探討了全真教的民族思想和救世思想，是對東北史、金史研究頗有影響的人物。這一時期的金史研究主要是肯定三史的地位，反對傳統的"華夷正閏觀"給予史學研究的影響，對激發各族人民共同的愛國思想具有較爲重要的意義。

新中國建立後的前三十年，是對資産階級史學進行改造，全面以馬克思主義理論爲指導，採取歷史唯物史觀和方法研究歷史的時期。史學界開始深入探討中國社會發展的規律，各個發展階段的分期與社會性質，討論農民戰爭問題。在這種思潮的影響下，20 世紀 50 年代到 70 年代末，金史研究也以上述研究主體爲中心形成了一個個新的熱點：金朝社會性質與封建化、金朝的階級矛盾、農民起義和宋金戰爭問題、經濟政治制度與文化研究亦有一定的涉及。同時由於受舊觀念的束縛在研究中還存在着不少偏見，如在研究中不講或極少講金朝的成就；金宋戰爭中衹頌揚岳飛，不能正面講金兀術；把金朝放在附屬中原王朝的地位，滿篇充斥著金代女真人的野蠻入侵、破壞、屠殺、非正義、抗戰等詞句，使一部我國各民族共同發展的歷史受到嚴重的歪曲。儘管如此，金史研究還在求進步，陳述在《契丹社會經濟史稿》中進一步論證了遼金與五代、兩宋對立是我國歷史上又一次南北朝，特別認爲契丹"二百餘年，因俗而治"，獲得了社會經濟的繁榮。張博泉在《黃河流域生產恢復與租佃關係》中提出金在中原統治時期，同樣有它恢復和發展時期，不同意金朝自始至終處於生產破壞狀態的看法。同時他在《略談對契丹社會性質的看法》中提出不能把漢人對契丹發展有貢獻的人物視爲"漢奸"。與此同時，金代考古發現和醫學等研究成果，也使金代文化研究取得了較爲顯著的進展。

金史研究大發展是在 20 世紀的後二十年。70 年代末，開始不斷有金史研究的重要成果問世。然而，後二十年金史研究的奠基，應以 1982 年 6 月在瀋陽成立中國遼金契丹女真史研究會爲標誌，在成立大會上陳述會長兩次提出遼金與兩宋是歷史上第二次南北朝（又稱後南北朝），並提出要以馬克思主義民族平等思想爲指導研究遼金史，反對"貴中華（漢族），賤夷狄（少數民族）"的陳腐觀念。同時指出遼金史研究在諸史研究中還處於薄弱環節，要儘快轉變這種落後的狀態。在解放思想、實事求是的思想路綫指引下，金史研究成果迭出，1979 年 1 月由蔡美彪主編的《中國通史》第六冊出版，把遼、西夏、金三代合爲一冊，作爲三個斷代史出現，提出西遼是遼的繼承，和南宋是北宋的繼承一樣，不僅給遼、宋、金三史以平等的地位，也給西夏以應有的地位。此後，關於金史研究的學術專著陸續出版，金史的斷代史著作有 1984 年 6 月張博泉著《金史簡編》（遼寧人民出版社），其後又有李桂芝著《遼金史簡稿》（福建人民出版社，1996 年）。專史研究著作較早的有 1980 年 7 月金光平、金啟孮父子著《女真語言文字研究》，使女真語言文字研究達到一個新起點、新水準。1981 年 6月張博泉著《金代經濟史略》，對金代經濟既寫破壞，又寫發展和貢獻，並提出一些帶有規律性的問題。同年他與

蘇金源、董瑛合著《東北歷代疆域史》中，第一次研究了
金代的疆域問題。宋德金著《金代的社會生活》（陝西人
民出版社，1988 年）較爲全面地探討金代社會生活的方方
面面。日本學者三上次男著《金代女真研究》（金啟孮譯，
黑龍江人民出版社，1984 年）對金代猛安謀克制度進行了
深入的專題研究。外山軍治著《金朝史研究》（李東源譯，
黑龍江朝鮮民族出版社，1988 年）探討了金代政治史中的
諸多問題。其後各專史領域的著作相繼出版，主要有景愛
《金代官印集》（文物出版社，1992 年）、王曾瑜《金代軍
制》（河北大學出版社，1996 年）、程妮娜《金代政治制
度研究》（吉林大學出版社，1999 年）、趙永春《金宋關
係研究》（吉林教育出版社，1999 年）、周惠泉《金代文
學學發凡》《金代文學論》（東北師範大學出版社，1993
年、1997 年）、詹杭倫《金代文學思想史》（成都科技大
學出版社，1996 年）、王慎榮、趙鳴岐《東夏史》（天津
古籍出版社，1990 年）等。關於女真史研究的著作主要有
張博泉《女真新論》（吉林文史出版社，1993 年）、王可
賓《女真國俗》（吉林大學出版社，1988 年）、孫進己等
《女真史》（吉林文史出版社，1987 年）、張博泉、王可賓
《遼代女真部族研究》、張博泉《金代猛安謀克制度研究》
（《金史論稿》第一卷，吉林文史出版社，1986 年）、金啟
孮《女真文辭典》（文物出版社，1984 年）。此外，關於
金代地理、文物考古、都城、人物研究的著作主要有李健
才《東北史地考略》（吉林文史出版社，1986 年）、朱國
忱《金源故都》（北方文物出版，1991 年）、景愛《金上
京》（三聯書店，1991 年）、于傑、于光度《金中都》（北

京出版社，1989年）、劉慶《完顏阿骨打》（軍事科學出版社，1992年）、劉肅勇《金世宗傳》（三秦出版社，1986年）、郝樹侯、楊國勇《元好問傳》（山西人民出版社，1990年）、降大任《元遺山新論》（北嶽文藝出版社，1988年）等。80年代初，學術界提出了"一體多元"的思想，並逐步展開了討論，1986年張博泉積數十年研究地方史、遼金史和北方民族政權史的心得，得出"中華一體論"，從理論上對金史研究作了一些嘗試，爲越來越多的人所接受。

近百年來《金史》校勘和金史研究的豐碩成果，爲今天我們以"史家注史"，做今注本《金史》，提供了優越的條件，奠定了堅實的基礎。

（三）今注本《金史》的特點

今注本《金史》於1995年底始接受任務，翌年初始工作。今注本《金史》有以下五個特點。

其一，過去校《金史》重在校勘，而今注本《金史》要求標點、考訂、補正、校勘與注合爲一體。在校注方面增添了大量的以現代科研成果注史的新內容，增大了難度，是一部具有全新特點的今注本。

其二，今注本重在學術水準，史家注史。我們校注《金史》時注意在以下幾方面下功夫：一是在校注中有史家考證、辨析、探賾、求是的功夫；二是反映金史研究的新成果，保證校注的學術性而不是一般的注釋移植；三是對《金史》中的典故、難點，尤其是過去沒有注釋過，不易理解而又容易出差誤的難解問題，不採取回避的態度，實行互考互證的方法以求解決；四是對過去校注中出現的差誤據實糾正，並在全書中增大新出注的含量。我們體會史家注史，就是擴大校注的範圍和內容，保證和提高校注的品質，對此我們是盡力而爲。

其三，今注本《金史》重在反映時代的新特點。我們校注《金史》重點放在反映出近百年對《金史》校勘和金代歷史、考古研究的新成果上，特別是近二十年的國內外金史研究的新成果，包括我們所能見到的我國港臺地區和日本、美國、俄羅斯等國學者的著作和文章。張博泉先生近十餘年留心於《金史》的校注工作，將平時發現和搜集的與《金史》標注有關的條文，輯爲《金史校勘輯補》草稿，這次在校注《金史》中多被採用。

其四，今注本《金史》在中華書局點校本已取得的成就的基礎上進行工作，擴大參考書範圍，凡中華書局點校本的內容被本書採用者出注；凡屬一般性標點誤差，不影響原文的文義者，祇作糾正不出注，如差誤影響到原文的文義者出注，並提出依據；中華書局點校本未發現的錯誤和注釋有誤者出注。

其五，《金史》有大量語詞容易令讀者費解，尤其是女真地名、人名、官名，出現的時間不同，譯寫不同，後人所釋又有誤差，更容易造成認識上的混亂。我們主要選用日本學者小野川秀《金史語彙集成》、陳述《金史拾補五種》和金啟孮《女真文辭典》等著作爲參考書，並將《金國語解》列入校注範圍。

2000 年 5 月 15 日

附錄：校注者簡介

本書主編張博泉，男，滿族，1926 年 1 月生，遼寧省遼陽市人。吉林大學歷史系教授。從事地方史、民族史、遼金史與史學理論研究工作。出版了《金史簡編》《金代經濟史略》《東北地方史稿》《中華一體的歷史軌迹》《女真新論》及《金史論稿》第一、第二卷（合著）等十多部著作，發表學術論文 150 餘篇。2000 年 10 月，張博泉先生因病逝世。

本書主編程妮娜，女，漢族，1953 年 12 月生，遼寧省沈陽市人。博士，吉林大學文學院中國史系教授、博士生導師。從事遼金史、東北民族史、中國邊疆史的教學與科研工作。出版了《古代東北民族朝貢制度史》《金代政治制度研究》《古代東北民族東地區建置史》等學術著作 9 部，發表學術論文 100 餘篇。在本書中承擔的部分爲：本紀（《章宗紀》《世紀補》）5 卷，列傳（卷九三至卷一〇五、《忠義傳》）17 卷；與王可賓合作部分爲：表（《宗室表》）1 卷，列傳（卷七七至七九、《后妃傳》《世戚傳》《孝友、隱逸傳》）7 卷，《金國語解》1 卷。共 31 卷。

王可賓，男，漢族，1933 年 1 月生，吉林省集安市人。吉林大學歷史系教授。從事女真史、金史研究工作。出版著作有《女真國俗》、《金史論稿》第一卷（合著），發表學術論文 40 餘篇。在本書中承擔的部分爲：本紀（《世紀》《太祖紀》《太宗紀》）3 卷，列傳（卷六五至卷七九、《后妃傳》《世戚傳》《考友、隱逸傳》）19 卷，表《宗室表》1 卷，《金國語解》1 卷，共 24 卷。2000 年以後，因年事已高，身體多病，不再從事本書的校注工作，所承擔的部分由程妮娜和趙永春分別繼續完成。2018 年 11 月，王可賓先生因病逝世。

楊軍，男，回族，1967 年 12 月生，遼寧省朝陽市人。博士，吉林大學文學院中國史系教授、博士生導師。從事遼金史、北方民族史的教學與科研工作。出版了《朝鮮王朝前期的古史編纂》《東亞史》等學術著作 20 餘部，發表學術論文 100 餘篇。在本書中承擔的部分爲：本紀《熙宗紀》《海陵紀》《世宗紀》5 卷，列傳（卷八〇至卷九二、《文藝傳》《循吏傳》《酷吏、佞幸傳》《列女傳》《宦者、方伎傳》《逆臣傳》《叛臣傳》）20 卷，志、表（《五行志》《地理志》《河渠志》《兵志》《刑志》《儀衛志》《交聘表》）13 卷，共 38 卷。

都興智，男，蒙古族，1950 年 1 月生，遼寧省瓦房店市人。遼寧師範大學歷史文化旅遊學院教授。從事遼金史、東北地方史的教學與科研工作。出版了《遼金史研究》《遼寧通史·第一卷》2 部學術著作，參編《中國科舉制度史》等十餘部學術著作。發表學術論文 150

餘篇。在本書中承擔的部分爲：本紀（《衛紹王紀》《宣宗紀》《哀宗紀》）6卷，志（《選舉志》《百官志》）8卷，列傳（卷一○六至卷一一九）14卷，共28卷。

趙永春，男，漢族，1953年7月生，吉林省榆樹市人。吉林大學文學院中國史系教授、博士生導師。從事遼宋金元史教學與科研工作。出版了《金宋關係史》《金宋關係史研究》《奉使遼金行程錄》《從復數“中國”到單數“中國”：中國歷史疆域理論研究》《歷史上的“中國”與中國歷史疆域研究》《中國古代東北民族的“中國”認同》等著作多部。發表學術論文100餘篇。在本書中承擔的部分爲：志《禮志》11卷；與王可賓合作部分爲：本紀（《世紀》《太祖紀》《太宗紀》）3卷，列傳（卷六五至卷七六）12卷。共26卷。

韓世明，男，漢族，1957年7月生，黑龍江省富錦市人。博士，吉林大學文學院中國史系教授。從事遼金史、女真史、東北地方史的教學與科研工作。出版了《〈金史〉之〈食貨志〉與〈百官志〉校注》（合著）《明代女真家庭形態研究》《遼寧文化史·遼金卷》等學術著作十餘部；發表學術論文數十篇。在本書中承擔的部分爲：志《食貨志》5卷，列傳《外國傳》2卷，共7卷。

　　此外，其他學者也參與了本書的校注，如陳久金（卷二〇《天文志》）、王榮彬（卷二一、卷二二《律曆志》）、蘇木（卷三九、卷四〇《樂志》）、趙連賞（卷四三《輿服志》）等，張沛林、徐林平等對本書的完善也付出了勞動。

例　言

　　一、本書百衲本《金史》爲底本，除標點外，有新校改者，不入正文，僅在今注中予以注明。

　　二、正文與注文，改用繁體橫排。

　　三、閱讀對象以具有大學以上文化水平的《金史》研究者或愛好者爲主。

　　四、注文以每卷爲一單元，分別置於各段之下。

　　五、注文内容既要考慮對文意的瞭解，更要考慮對其時社會歷史的瞭解，即所謂史家注史。儘可能繼承前人成果，尤其是吸取中華人民共和國建立後有關專著或期刊論文成果，爲讀者提供一個便於閱讀和研究的索引。

　　六、注文言之有據，力求簡練，避免煩瑣的考證。

　　七、注文有一個相對的標準，又依具體情況不强求一致。見之則知是人名、地名、官名者，不再加以人名、地名、官名字樣。無可注明者，不强加注。

八、人名，有傳者，注明某書某卷有傳。無傳者，儘可能注明屬籍、官職與主要事迹。幾人並列不易分辨而事迹又不詳者，注明幾人名。易相混者，注明與某人同名。本書僅此一見者，也予以注明。

九、地名、山名、水名，注明今爲某地、某山、某水，或大體方位。說法不一者，摘其主要幾說。有新訂正者，注明出處。不詳者，也注明不詳或待考。未書路、府、州、縣、城、寨或山水、者，注以路名、府名、州名、縣名、城名、寨名或山名、水名字樣。

十、族名、部名、猛安謀克名，一般皆注明所屬與住地。

十一、官名，一般注明其所屬、品階與職掌。散官，僅注其品階。遼官、劉齊官、宋官等其他王朝的官名，依具體情況適當加注，不强求一致。

十二、封爵，封王或封國公者，注明封國名、某格大、中、小國的次第。其他封號，適當加注。

十三、廟號，注明廟主姓名、在位年代。以諡號、封號、官名或遼主、宋主等稱之者，注明其人姓名。

十四、年號，注明某朝皇帝年號及其起止年代。朝代名，注明起止年代。

十五、書名，注明撰者年代、姓名。

十六、引文、典故，注明出處，或略加解釋。

十七、通假字，注明通某字，或某別字，或某本字、俗字等。

十八、考異，因所據，依具體情況或指明其訛，或指明所疑，或指明記載不一，或指明應如何，或某人以爲如何等。不强求一致，不强作武斷。

　　十九、其他，如女真習俗、制度、詞彙等，皆遵循五、六、七項準則適當出注。

　　此外，全書目録根據内容細節提綱挈領，並予以重新編排，以體現内在聯繫、方便檢索和查閲。

主要參考文獻

1．古籍類

漢·孔安國傳，唐·孔穎達等正義：《尚書正義》，《十三經注疏》本，北京大學出版社 2000 年版。

晋·杜預注，唐·孔穎達等正義《春秋左傳正義》，《十三經注疏》本，北京大學出版社 2000 年版。

漢·鄭玄箋，唐·孔穎達等正義：《毛詩正義》，《十三經注疏》本，北京大學出版社 2000 年版。

唐·玄宗御注，宋·邢昺疏：《孝經注疏》，《十三經注疏》本，北京大學出版社 2000 年版。

魏·何晏集解，宋·邢昺疏：《論語注疏》，《十三經注疏》本，北京大學出版社 2000 年版。

漢·趙岐注，宋·孫奭疏：《孟子注疏》，《十三經注疏》本，北京大學出版社 2000 年版。

漢·鄭玄注，唐·孔穎達等正義：《禮記正義》，《十三經注疏》本，北京大學出版社 2000 年版。

朱謙之撰：《老子校釋》，中華書局 1984 年版。

戰國·闕名撰：《國語》，上海古籍出版社 2015 年版。

漢·劉向集録，南宋·姚宏、鮑彪注：《戰國策》，上海古籍出版社 2015 年版。

許維遹撰：《吕氏春秋集釋》，中華書局 2016 年版。

漢·司馬遷撰：《史記》，中華書局 1959 年版。

漢·班固撰：《漢書》，中華書局 1962 年版。

南朝宋·范曄撰：《後漢書》，中華書局 1965 年版。

晋·陳壽撰：《三國志》，中華書局 1959 年版。

唐·房玄齡等撰：《晋書》，中華書局 1974 年版。

北齊·魏收撰：《魏書》，中華書局 1974 年版。

南朝梁·沈約撰：《宋書》，中華書局 1974 年版。

唐·姚思廉撰：《梁書》，中華書局 1973 年版。

唐·李延壽撰：《南史》，中華書局 1975 年版。

唐·李延壽撰：《北史》，中華書局 1974 年版。

後晋·劉昫等撰：《舊唐書》，中華書局 1975 年版。

宋·歐陽修等撰：《新唐書》，中華書局 1975 年版。

宋·歐陽修撰：《新五代史》，中華書局 1974 年版。

元·脱脱等撰：《宋史》，中華書局 1977 年版。

元·脱脱等撰：《遼史》，中華書局 1974 年版。

元·脱脱等撰：《金史》，中華書局 1975 年版。

明·宋濂等撰：《元史》，中華書局 1976 年版。

漢·劉安撰，陳廣忠譯注：《淮南子》，上海古籍出版社 2017 年版。

北魏·崔鴻撰：《十六國春秋》，中華書局 1985 年版。

北魏·酈道元撰，陳橋驛校證：《水經注校證》，中華書局 2007 年版。

宋·李吉甫撰，賀次君校：《元和郡縣圖志》，中華書局 2008 年版。

宋·司馬光撰：《資治通鑑》，中華書局 1956 年版。

宋·王存撰，魏嵩山、王文楚點校：《元豐九域志》，中華書局1984年版。

宋·李心傳撰：《建炎以來繫年要錄》，中華書局1988年版。

宋·徐夢莘編：《三朝北盟會編》，上海古籍出版社1987年版。

宋·文惟簡撰：《虜廷事實》，商務印書館1930年版。

宋·陶悦撰：《使北錄》，收於趙永春輯注《奉使遼金行程錄》（增訂本），商務印書館2017年版。

宋·李心傳撰：《建炎以來朝野雜記》，中華書局2000年版。

宋·趙子砥撰：《燕雲錄》，見宋·徐夢莘編《三朝北盟會編》，上海古籍出版社2019年版。

宋·陳準撰：《北風揚沙錄》，收於李樹田主編《金史輯佚》，吉林文史出版社1990年版。

宋·闕名撰：《平燕錄》，見宋·徐夢莘編《三朝北盟會編》，上海古籍出版社2019年版。

宋·趙與裒撰：《辛巳泣蘄錄》，中華書局1985年版。

宋·彭汝礪撰：《鄱陽集》，文淵閣《四庫全書》本。

宋·汪藻撰，王智勇注：《靖康要錄箋注》，四川大學出版社2008年版。

宋·許亢宗撰：《宣和乙巳奉使金國行程錄》，收於趙永春輯注《奉使遼金行程錄》（增訂本），商務印書館2017年版。

宋·石茂良撰：《避戎夜話》，上海書店1982年版。

宋·李綱撰：《靖康傳信錄》，王雲五主編《叢書集成初編》，商務印書館1959年版。

宋·周輝撰：《北轅錄》，中華書局1991年版。

宋·范成大撰：《攬轡錄》，商務印書館1936年版。

宋·李綱撰，吳晶、周膺點校：《建炎進退志》，當代中國出版社2014年版。

宋·李綱撰，吳晶、周膺點校：《建炎時政記》，當代中國出版社2014年版。

宋·楊堯弼撰：《偽齊録》，《叢書集成續編》本，上海書店1994 年版。

宋·周密撰：《齊東野語》，中華書局 1983 年版。

宋·程卓録：《使金録》，收於趙永春輯注《奉使遼金行程録》（增訂本），商務印書館 2017 年版。

宋·碻庵、耐庵編，崔文印箋證：《靖康稗史箋證》，中華書局1988 年版。

宋·熊克撰，顧吉辰、郭群一點校：《中興小記》，福建人民出版社 1985 年版。

宋·洪邁撰，孔凡禮校：《容齋隨筆五種》，中華書局 2005 年版。

宋·葉隆禮撰：《契丹國志》，賈敬顏、林榮貴點校，上海古籍出版社 1985 年版。

金·張師顔撰：《南遷録》，中華書局 1985 年版。

金·可恭撰：《宋俘記》，收宋·碻庵、耐庵編，崔文印箋證《靖康稗史箋證》，中華書局 1988 年版。

宋·宇文懋昭撰：《大金國志校證》，崔文印校證，中華書局1986 年版。

宋·洪皓撰，翟立偉標注：《松漠紀聞》，吉林文史出版社1986 年版。

金·佚名編，金少英校補，李慶善整理：《大金弔伐録》，中華書局 2017 年版。

金·張暐撰：《大金集禮》，商務印書館 1936 年版。

金·闕名撰：《大金德運圖説》，文淵閣《四庫全書》本。

金·王寂撰：《拙軒集》，中華書局 1985 年版。

金·王寂撰，張博泉注釋：《遼東行部志》，黑龍江人民出版社1984 年版。

金·王寂撰，羅繼祖、張博泉注釋：《鴨江行部志》，黑龍江人民出版社 1984 年版。

金・宇文懋昭撰,崔文印校證:《大金國志校證》,中華書局1986年版。

金・趙秉文撰:《閑閑老人滏水文集》,中華書局1985年版。

金・王若虛撰:《滹南遺老集》,中華書局1985年版。

金・李俊民撰:《莊靖集》,山西古籍出版社2006年版。

金・王庭筠撰:《黃華集》,金毓黻輯《遼海叢書》(第三冊),遼沈書社1985年版。

金・李天民撰:《南征錄匯》,收於宋・確庵、耐庵編,崔文印箋證《靖康稗史箋證》,中華書局1988年版。

金・蔡松年撰,魏道明注:《蕭閑老人明秀集注》,據北京圖書館藏金刻本影印,續修四庫全書本。

金・元好問撰:《元好問全集》,山西人民出版社1990年版。

金・元好問編:《中州集》,中華書局1959年版。

金・元好問撰:《續夷堅志》,中華書局1986年版。

金・劉祁撰:《歸潛志》,中華書局,1983年版。

元・王鶚撰:《汝南遺事》,中華書局1985年版。

元・王惲撰:《秋澗先生大全文集》,四部叢刊初編本,商務印書館1935年版。

元・王惲撰:《玉堂嘉話》,中華書局2006年版。

宋・陸游撰:《老學庵筆記》,掃葉山房1926年版。

元・蘇天爵編:《元文類》,上海古籍出版社1993年版。

明・朱棣敕編:《女真館雜字》,永樂《女真譯語》,日本東洋文庫藏本。

明・楊循吉撰:《金小史》,金毓黻輯《遼海叢書》(第1集),遼海書社1933年版。

清・張金吾編:《金文最》,中華書局1990年版。

清・莊仲方編:《金文雅》,光緒十七年(1891)江蘇書局重刊本。

清・錢大昕撰:《宋遼金元四史朔閏考》,中華書局1991年版。

清・施國祁撰：《金史詳校》，光緒二十年（1894）廣雅書局刻本。

清・周春撰：《遼金元姓譜》，清・張潮等編《昭代叢書》己集，上海古籍出版社 1990 年版。

清・黄虞稷等撰：《遼金元藝文志》，商務印書館 1958 年版。

清・金門詔撰：《補三史藝文志》，中華書局 1985 年版。

清・錢大昕撰：《廿二史考異・附三史拾遺・諸史拾遺》，上海古籍出版社 2004 年版。

清・趙翼撰：《廿二史劄記》，商務印書館 1937 年版。

清・錢大昕撰：《考史拾遺》，商務印書館 1958 年版。

清・羅汝楠編：《歷代地理志彙編》，國家圖書館出版社 2011 年版。

清・杭世駿撰：《金史補》，日本京都大學人文科學研究所藏本。

清・萬斯同撰：《金諸帝統系圖》，二十五史刊行委員會編《二十五史補編》（第 6 冊），中華書局 1956 年版。

清・萬斯同撰：《金將相大臣年表》，二十五史刊行委員會編《二十五史補編》（第 6 冊），中華書局 1956 年版。

清・倪燦撰：《補遼金元藝文志》，中華書局 1985 年版。

清・畢沅撰：《續資治通鑑》，中華書局 1957 年版。

清・李有棠撰：《金史紀事本末》，中華書局 2015 年版。

清・胡渭撰：《禹貢錐指》，上海古籍出版社 2013 年版。

清・吳廣成撰：《西夏書事》，《續修四庫全書》第 334 冊，上海古籍出版社 1995 年版。

清・張鑒撰：《西夏紀事本末》，甘肅文化出版社 1995 年版。

清・顧祖禹撰：《讀史方輿紀要》，商務印書館 1937 年版。

清・高宗敕撰：《遼金元三史國語解》，文淵閣《四庫全書》本，臺灣商務印書館 1969 年版。

清・汪輝祖輯，汪繼培補：《遼金元三史同姓名録》，臺灣藝文印書館 1969 年版。

〔波斯〕拉施特主編：《史集》，商務印書館 1986 年版。

〔朝鮮〕鄭麟趾奉敕撰：《高麗史》，平壤朝鮮社會主義人民共和國科學院 1957 年版。

2. 現代著作

蔡美彪等編修：《中國通史》第六冊，人民出版社 1979 年版。

陳美東撰：《中國科學技術史·天文卷》，科學出版社 2003 年版。

陳美東撰：《古曆新探》，遼寧教育出版社 1995 年版。

陳述撰：《金史拾遺五種》，科學出版社 1960 年版。

陳述輯校：《金遼文》，中華書局 1982 年版。

程妮娜撰：《金代政治制度研究》，吉林大學出版社 1999 年版。

崔文印編：《金史人名索引》，中華書局 1980 年版。

戴錫章撰：《西夏記》，北京京華印書局 1924 年版。

都興智撰：《遼金史研究》，人民出版社 2004 年版。

傅樂煥撰：《遼史叢考》，中華書局 1984 年版

黑龍江文物考古隊編：《黑龍江古代官印集》，黑龍江人民出版社 1981 年版。

胡維佳撰：《新儀象法要注釋》，遼寧教育出版社 1997 年版。

即實撰：《謎田耕耘——契丹小字解讀》，遼寧民族出版社 2012 年版。

金光平、金啟孮撰：《女真語言文字研究》，文物出版社 1980 年版。

金啟孮編撰：《女真文辭典》，文物出版社 1984 年版。

金毓黻編修：《東北通史》，五十年代出版社 1981 年版。

金毓黻撰集：《渤海國志長編》，社會科學戰綫雜誌社 1980 年版。

景愛編：《金代官印集》，文物出版社 1993 年版。

景愛撰：《金上京》，生活・讀書・新知三聯書店 1991 年版。

李健才撰：《東北史地考略》，吉林文史出版社 1986 年版。

李鳴飛撰：《金元散官制度研究》，蘭州大學出版社 2014 年版。

李樹田撰：《金碑匯釋》，《長白叢書》，吉林文史出版社 1989 年版。

李志超撰：《水運儀象志——中國古代天文鐘的歷史》，中國科學技術大學出版社 1997 年版。

馬建春撰：《元代東遷西域人及其文化研究》，民族出版社 2003 年版。

曲安京撰：《中國曆法與數學》，科學出版社 2005 年版。

舒焚撰：《遼史稿》，湖北人民出版社 1984 年版。

史爲樂主編：《中國歷史地名大辭典》，中國社會科學出版社 2005 年版。

宋德金撰：《金代的社會生活》，陝西人民出版社 1988 年版。

孫進己等撰：《女真史》，吉林文史出版社 1987 年版。

孫進己、王綿厚、馮永謙主編：《東北歷史地理》第一、第二卷，黑龍江人民出版社 1980 年版。

孫進己、王綿厚、馮永謙主編：《東北歷史地理論著匯編》，遼寧省社會科學院歷史研究所，1978 年版。

譚其驤主編：《中國歷史地圖集釋文集匯編・東北卷》，中央民族學院出版社 1988 年版。

譚其驤主編：《中國歷史地圖集》，中華地圖學社 1975 年版。

譚其驤主編：《中國歷史大辭典・歷史地理》，上海辭書出版社 1996 年版。

王可賓撰：《女真國俗》，吉林大學出版社 1988 年版。

王綿厚、李健才撰：《東北古代交通》，瀋陽出版社 1990 年版。

王慎榮、趙鳴岐撰：《東夏史》，天津古籍出版社 1990 年版。

王禹浪撰：《金代黑龍江述略》，哈爾濱出版社 1993 年版。

王曾瑜撰：《金朝軍制》，河北大學出版社 1996 年版。

魏嵩山主編：《中國歷史地名大辭典》，廣東教育出版社 1995 年版。

吳廷燮撰：《金方鎮年表》，遼海叢書第一集，遼海出版社 2009 年版。

向南編：《遼代石刻文編》，河北教育出版社 1995 年版。

許嘉璐主編：《中國古代禮俗辭典》，中國友誼出版公司 1991 年版。

楊保隆撰：《肅慎挹婁合考》，中國社會科學出版社 1989 年版。

楊樹森撰：《遼史簡編》，遼寧人民出版社 1984 年版。

俞如雲編：《宋史人名索引》，上海古籍出版社 1992 年版。

臧勵龢主編：《中國古今地名大辭典》，商務印書館 1931 年版，1982 年重印。

曾貽芬、崔文印編：《遼史人名索引》，中華書局 1982 年版。

張博泉撰：《金代經濟史略》，遼寧人民出版社 1981 年版。

張博泉撰：《金史簡編》，遼寧人民出版社 1984 年）

張博泉等撰：《東北歷代疆域史》，吉林人民出版社 1984 年版。

張博泉等撰：《金史論稿》第一、第二卷，吉林文史出版社 1986 年版、1992 年版。

張博泉撰：《女真新論》，吉林文史出版社 1993 年版。

張博泉、程妮娜撰：《中國地方史論》，吉林大學出版社 1994 年版。

張博泉撰：《箕子與朝鮮論集》，吉林大學出版社 1995 年版。

張晶撰：《遼金詩史》，東北師範大學出版社 1994 年版。

朱國忱撰：《金源故都》，北方文物雜誌社 1991 年版。

〔日本〕三上次男撰：《金史研究》（1—3 卷，日文版），中央公論美術出版社 1970、1972、1973 年版。

〔日本〕三上次男撰：《金代女真研究》，金啟孮譯，黑龍江人民出版社 1984 年版。

〔日本〕外山軍治撰：《金朝史研究》，李東源譯，黑龍江朝鮮民族出版社 1988 年版。

〔日本〕小野川秀美撰：《金史語匯集成》，陳國良總校訂，中國遼金契丹女真史學會校印 1986 年版。

〔日本〕若城久治郎撰：《遼史索引》，日本京都同朋舍 1937 年版。

〔法國〕閔宣化撰：《東蒙古遼代舊城探考記》，中華書局 1956 年版。

《辭源》，商務印書館 1983 年版。

《辭海·歷史地理分冊》，上海辭書出版社 1982 年版。

《康熙字典》，中華書局 1958 年版。

《說文解字段注》，成都古籍書店 1981 年版。

《〈中國歷史地圖集〉東北地區資料匯篇》，《中國歷史地圖集》中央民族學院編輯組 1979 年印本。

《中華人民共和國行政區劃簡冊》，中國地圖出版社 2005 年版。

《中國歷史地名辭典》，江西教育出版社 1986 年版。

3．學術論文

陳久金撰：《九道術解》，《自然科學史研究》1982 年第 2 期。

陳美東撰：《皇佑、崇寧晷長計算法之研究》，《自然科學史研究》1989 年第 1 期。

陳樂素撰：《宋徽宗謀復燕雲之失敗》，《輔仁學誌》四卷一期，1986 年。

陳述撰：《談遼金元"燒飯"之俗》，《歷史研究》1980 年第 5 期。

程妮娜撰：《金初勃堇初探》，《史學集刊》1986 年第 2 期。

戴應新撰：《北宋折繼閔神道碑疏證》，載《考古學會第一次年會論文集》，文物出版社 1980 年版。

都興智撰：《金代官制的幾個問題》，《遼寧師範大學學報》1999 年第 4 期。

都興智撰：《金代馬紀嶺和幾個猛安謀克地事業的考訂》，《遼寧師範大學學報》1992 年第 6 期。

都興智撰：《金代遼寧籍兩狀元論略》，《遼寧師範大學學報》2006 年第 2 期。

都興智撰：《曷蘇館女真考略》，《遼寧師範大學學報》1986 年第 1 期。

高樹林撰：《金朝戶口問題初探》，《中國史研究》1986 年第 2 期。

韓光輝撰：《〈金史·地理志〉戶口繫年正誤》，《中國史研究》1988 年第 2 期。

和希格撰：《從金代的金銀牌探討女真的大小字》，《内蒙古大學學報》1980 年第 4 期。

黑龍江省文物考古研究所編：《黑龍江克東縣金代蒲峪路故城發掘》，《考古》1987 年第 2 期。

籍和平、鮑里撰：《君謨還是君謀？——任詢表字考》，北京遼金城垣博物館編《北京遼金文物研究》，北京燕山出版社 2005 年版)》

金捷元撰：《金貞祐三年拾貫文交鈔銅版》，《文物》1977 年第 7 期。

景愛撰：《跋“哥扎宋哥屯謀克印”》，《黑龍江文物叢刊》1983 年第 3 期。

康鵬撰：《〈金史·兵志〉辨正二則》，《隋唐遼宋金元史論叢》第三輯，上海古籍出版社 2013 年版。

劉鈍撰：《〈皇極曆〉中等間距二次插值方法術文釋義及其物理意義》，《自然科學史研究》1994 年第 4 期。

劉景文撰：《吉林扶余縣發現金代“利涉縣印”》，《考古》1984 年第 11 期。

劉景文撰：《科右前旗前公主嶺一、二號古城調查記》，《東北考古與歷史》1982 年第 1 期。

劉浦江撰：《金代户口研究》，《中國史研究》1994 年第 2 期。

劉浦江撰：《金中都永安考》，《歷史研究》2008 年第 1 期。

劉鳳翥撰：《解讀契丹文字與深化遼史研究》，《遼金史研究》，中國文化出版社 2003 年版。

劉福珍、趙振克撰：《定州市博物館藏 "中山府印"》，《文物春秋》1990 年第 2 期。

劉寧撰：《對幾面金代牌子的認識》，《遼海文物學刊》1995 年第 1 期。

郭添剛、劉鳳翥等撰：《契丹小字金代〈蕭居士墓誌銘〉考釋》，《文史》2009 年第 1 輯。

李涵、易學金撰：《金代的 "驅" 不是奴婢嗎?》，《江漢論壇》1986 年第 11 期。

李健才撰：《金元肇州考》，《北方文物》1986 年第 2 期。

梁方仲撰：《中國歷代户口、田地、田賦統計》，上海人民出版社 1980 年版。

梁淑琴撰：《試論金代的貨幣經濟》，《社會科學輯刊》1988 年第 1 期。

羅繼祖撰：《遼代經濟狀況及其賦稅制度簡述》，《歷史教學》1962 年第 10 期。

羅繼祖撰：《讀〈金史·傅慎微傳〉》，《光明日報》1961 年 8 月 16 日。

那木吉拉撰：《 "燒飯" "拋盞" 芻議》，《中央民族大學學報》1994 年第 6 期。

錢嶼撰：《金 "承安寶貨" 考敘》，《考古與文物》1990 年第 2 期。

紹維、志國撰：《榆樹大坡古城調查——兼論遼寧江州治地望》，《博物館研究》1982 年創刊號。

宋德金撰：《"燒飯" 瑣議》，《中國史研究》1983 年第 2 期。

王榮彬撰：《中國古代曆法三次差内插法的造術原理》，《西北大學學報（自然科學版）》1994 年第 6 期。

王榮彬撰：《中國古代曆法推没滅術意義探秘》，《自然科學史研究》1995 年第 3 期。

王榮彬撰：《劉焯〈皇極曆〉插值法的構建原理》，《自然科學史研究》1994 年第 4 期。

王可賓撰：《金上京新證》，《北方文物》2000 年第 2 期。

王可賓撰：《穆宗子蒲察事迹考略》，《北方文物》1998 年第 3 期。

王可賓撰：《完顏希尹新證》，《史學集刊》1989 年第 2 期。

王禹浪撰：《渤海東牟山考辨》，《黑龍江民族叢刊》2000 年第 2 期。

王國維撰：《遼金時古考》，《觀堂集林》，中華書局1959 年版。

王國維撰：《金界壕考》，《觀堂集林》，中華書局1959 年版。

王育民撰：《〈金史·地理志〉户口繫年辨析》，《學術月刊》1989 年第 12 期。

王子今撰：《中華本〈北史〉〈金史〉地名點校疑議》，《中國歷史地理論叢》1998 年第 4 期。

王慶生撰：《〈金史〉校點拾遺（中）》，《古籍整理出版情況簡報》2013 年第 8 期。

王慶生撰：《〈金史〉點校拾遺》，《古籍整理出版情況簡報》2006 年 11 月 17 日。

許子榮撰：《〈金史〉校勘補遺》，《社會科學戰綫》1983 年第 2 期。

許子榮撰：《金史點校拾補》，《北方文物》1988 年第 3 期。

伊葆力撰：《金代官印考證》，《哈爾濱學院學報》2003 年第 1 期。

張柏忠撰：《金代泰州、肇州考》，《社會科學戰綫》1987 年第

4 期。

張博泉撰：《〈大金得勝陀頌碑〉研究》，《白城師專學報（社會科學版）》1986 年第 1 期，又載《女真新論》，吉林文史出版社 1993 年版。

張博泉撰：《從"一體"和"多元"探清以前長春市建城史紀元》，《社會科學探索》1997 年增刊。

張博泉撰：《遼金女真達魯古部與達魯古城再議》，《黑龍江民族叢刊》1998 年第 4 期。

張博泉撰：《關於按出虎、會寧和上京幾個名稱之我見》，李澍田主編《鮮卑新論・女真新論》，吉林文史出版社 1993 年版。

張博泉撰：《金代女真"牛頭地"研究》，《歷史研究》1981 年第 4 期。

張博泉撰：《遼金"二稅戶"研究》，《歷史研究》1983 年第 2 期。

張博泉、武玉環撰：《金代的人口與戶籍》，《學習與探索》1990 年第 2 期。

張博泉撰：《"按出虎"名稱考釋》，《東北地方史研究》1992 年第 2 期至第 3 期。

張博泉撰：《金代"驅"的身份與地位辯析》，《晋陽學刊》1988 年第 2 期。

張博泉撰：《遼金"女古（女固）皮室（脾室）四部"新議》，《北方民族》1998 年第 2 期。

張博泉撰：《金史"合里賓忒"語義釋略》，《女真新論》，吉林文史出版社 1993 年版。

張博泉撰：《金司屬司及其治址考》，未刊稿。

張博泉撰：《完顏晏史事考辯》，載《女真新論》，吉林文史出版社 1993 年版。

張博泉撰：《讀金史骨赧傳》，《北方文物》1996 年第 4 期。

張泰湘、景愛撰：《黑龍江克東縣金代蒲峪路故城發掘》，《考古》1987 年第 2 期。

張曉梅撰：《登聞檢院之印與金初監察制度》，《薊門集——北京建都 850 年論文集》，北京燕山出版社 2005 年版。

張秀夫撰：《平泉出土金代五拾貫交鈔銅版》，《中國錢幣》1993 年第 1 期。

張英撰：《遼代寧江州治地望新證》，《長春文物》1982 年第 2 期。

趙福生等撰：《金代烏古論窩論、烏古論元忠及魯國大長公主墓志考釋》，《北京文物考古》1983 年總第一輯。

鄒逸麟撰：《黃河下游河道變遷及其影響概述》，《復旦學報》1980 年歷史地理專輯增刊。

鄭紹宗撰：《遼北安州考》，陳述主編《遼金史論集》第一輯，上海古籍出版社 1987 年版。

鄭紹宗撰：《河北古代官印集釋》，《文物》1984 年第 9 期。

朱國忱撰：《金源故都》，《北方文物》雜誌社 1991 年印。

〔日〕三上次男撰：《論金初的勃堇》，《稻葉還曆紀念·東洋史論叢》1938 年 6 月。

〔日〕三上次男撰：《關於金初的勃極烈》，《史學雜誌》第 47 編第 8 號。

〔日〕渡邊信一郎撰：《元會的構建——中國古代帝國的朝政與禮儀》，載溝口雄三、小島毅編，孫歌等譯《中國的思維世界》，江蘇人民出版社 2006 年版。

《河北省新城縣北場村金時立愛和時半墓發掘記》，《考古》1962 年第 12 期。

金史　卷一

本紀第一

世紀

　　金之先出靺鞨氏。[1]靺鞨本號勿吉。[2]勿吉，古肅慎地也。[3]元魏時，[4]勿吉有七部：[5]曰粟末部，曰伯咄部，曰安車骨部，曰拂涅部，曰號室部，曰黑水部，曰白山部。隋稱靺鞨，而七部並同。唐初，有黑水靺鞨、粟末靺鞨，[6]其五部無聞。[7]

　　[1]靺鞨：族名。亦作靺羯，是"勿吉"的音轉，始見於《北蕃風俗記》（參見李玲、東青《也談"靺鞨"名稱之始見》，《北方文物》1997年第2期）。《隋書》《舊唐書》《新唐書》皆有傳。

　　[2]勿吉：族名。《魏書》《北史》皆有傳。

　　[3]肅慎：族名。亦稱稷慎、息慎。是勿吉、靺鞨先世最早的名稱。自虞舜時即向中原貢楛矢、石砮。漢魏稱挹婁。

　　[4]元魏：指北朝時拓跋鮮卑建立的北魏。元是拓跋鮮卑王室自擇的漢姓。

　　[5]勿吉有七部：學者多依據《北史》卷九四《勿吉傳》已有

"七部"之説，認定靺鞨七部在南北朝時期已經出現。但《北史·勿吉傳》鈔自《隋書》卷八一《靺鞨傳》（參見楊保隆《勿吉地域西南部邊至考》，《北方文物》1985 年第 4 期）。認爲勿吉有七部，並没有堅實的證據。本文及下文"隋稱靺鞨，而七部並同"，皆用《北史》説。

[6]黑水靺鞨：即黑水部靺鞨。居住地在今黑龍江與松花江合流以北地區。　粟末靺鞨：即粟末部靺鞨。粟末，水名，即松花江。粟末靺鞨居住地在今吉林省吉林市松花江一帶。

[7]其五部無聞：此本《舊唐書》卷一九九下《北狄·靺鞨傳》："其白山部素附於高麗，因收平壤之後，部衆多入中國。汨咄、安居骨、（號）室等部，亦因高麗破後奔散微弱，後無聞焉，縱有遺人，並爲渤海編户。唯黑水部全盛，分爲十六部，部又以南北爲柵。"《新唐書》卷二一九《北狄·黑水靺鞨傳》也有類似記載。無聞，指不見於史書記載。

　　粟末靺鞨始附高麗，姓大氏。[1]李勣破高麗，[2]粟末靺鞨保東牟山，[3]後爲渤海，稱王，傳十餘世。[4]有文字、禮樂、官府、制度。有五京、十五府、六十二州。[5]

[1]附高麗，姓大氏：此本《新唐書》卷二一九《北狄·渤海傳》："渤海本粟末靺鞨附高麗者，姓大氏。高麗滅，率衆保挹婁之東牟山。"據此，渤海源出粟末靺鞨，與高麗非出自同一種姓。

[2]李勣：本姓徐，名世勣。賜姓李，避唐太宗諱，單名勣。《舊唐書》卷六七、《新唐書》卷九三有傳。

[3]東牟山：《〈中國歷史地圖集〉釋文彙編·東北卷》以爲即今吉林省敦化縣南五里的六頂山。劉忠義以爲即今敦化鎮西南約二十五里的城山子（劉忠義《渤海東牟山考》，《松遼學刊》1984 年

第 1 期）。王禹浪認爲即今吉林省延吉市東南布林哈通河與海蘭江交匯處的城子山（王禹浪《渤海東牟山考辨》，《黑龍江民族叢刊》2000 年第 2 期）。

［4］後爲渤海，稱王，傳十餘世：金毓黻《東北通史》謂，"迨玄宗開元元年始封大祚榮爲渤海郡王"，其以渤海爲國，在唐代宗寶應元年（762），"自唐武后聖曆元年高王大祚榮建國之日起，訖後唐明宗天成元年末王諲譔降遼之日也，凡傳十五世二百二十九年"（金毓黻《東北通史》，五十年代出版社 1981 年版，第 262頁）。

［5］六十二州：《新唐書》卷二一九《北狄·渤海傳》所録州名祇有六十，所缺集、麓二州，見《遼史·地理志》。

黑水靺鞨居肅慎地，東瀕海，南接高麗，亦附于高麗。[1]嘗以兵十五萬衆助高麗拒唐太宗，敗于安市。[2]開元中來朝，[3]置黑水府，[4]以部長爲都督、刺史，置長史監之。賜都督姓李氏，名獻誠，領黑水經略使。[5]其後渤海盛强，黑水役屬之，朝貢遂絶。五代時，契丹盡取渤海地，[6]而黑水靺鞨附屬于契丹。其在南者籍契丹，號熟女直；[7]其在北者不在契丹籍，號生女直。生女直地有混同江、長白山，[8]混同江亦號黑龍江，所謂"白山、黑水"是也。

［1］東瀕海，南接高麗：《新唐書》卷二一九《北狄·黑水靺鞨傳》載："其東瀕海，西屬突厥，南高麗，北室韋。"當爲唐初黑水靺鞨疆域。後有變化。

［2］嘗以兵十五萬衆助高麗拒唐太宗，敗于安市：事見《新唐書》卷二一九《北狄·黑水靺鞨傳》及《資治通鑑》卷一九八

卷一 本紀第一 世紀

3

《唐紀一四》"太宗貞觀二十一年"。安市城，即今遼寧省海城市東南十五里營城子東山古城。

[3]開元：唐玄宗年號（713—741）。

[4]黑水府：黑水州都督府的簡稱。治所在今俄羅斯境内黑龍江下游的支流阿紐依河（清稱敦敦河）河口。

[5]黑水經略使：唐官名。黑水州都督府的最高地方長官。

[6]五代時，契丹盡取渤海地：詳見《遼史》卷二《太祖紀》。

[7]女直：即女真。女真，即肅慎，本名朱理真，訛爲女真。遼道宗朝，避興宗耶律宗真諱，書爲女直。阿保機慮女真爲患，分其勢。入遼籍者名熟女真，也稱系案女真；在松花江之北，寧江州之東，散居山谷，不在契丹籍者，稱生女真。

[8]混同江：又名黑龍江，簡稱黑水。指松花江及其與黑龍江匯合後直至入海口的整段河流。是黑水鞨鞨與女真人對該江主流、支流與河源的理解。　長白山：即今長白山。疑長白山原稱太白山或大白山。大或達，東北民族語爲"長"（非長短的長）。亦稱白頭山，即白大山，簡稱白山。待考。

　　金之始祖諱函普，初從高麗來，年已六十餘矣。[1]兄阿古迺好佛，留高麗不肯從，曰："後世子孫必有能相聚者，吾不能去也。"獨與弟保活里俱。始祖居完顏部僕幹水之涯，[2]保活里居耶懶。[3]其後胡十門以曷蘇館歸太祖，[4]自言其祖兄弟三人相別而去，蓋自謂阿古迺之後。石土門、迪古迺，保活里之裔也。[5]及太祖敗遼兵于境上，獲耶律謝十，[6]乃使梁福、斡答剌招諭渤海人曰：[7]"女直、渤海本同一家。"蓋其初皆勿吉之七部也。

[1]函普：《松漠紀聞》《大金國志》作"龕福"，《三朝北盟會編》卷一八引《神麓記》作"龕浦"。　初從高麗來：《三朝北盟會編》卷三："本高麗朱蒙之遺種，或以爲黑水靺鞨之種，而渤海之別族。"《松漠紀聞》："女真酋長乃新羅人，號完顏氏。"按，女真本黑水靺鞨之後，所謂高麗之遺種或新羅人，皆誤以其曾附高麗而爲其族屬。

[2]完顏部：女真部名。函普未至僕幹水之前，即有此部。時爲女真核心部。　僕幹水：施國祁以爲當作僕幹水。曹廷傑《東三省輿地圖説》以爲僕幹水也作布林噶水、瑚爾哈河，即今牡丹江。張博泉以爲僕幹水也作僕鸞水，即蘇濱水與姑里甸間的今之牡丹江（張博泉《金史簡編》，遼寧人民出版社1984年版）。

[3]耶懶：地區名。以水爲名，又作押懶、移懶。其水爲清代寧古塔將軍轄境内的雅蘭河，即今俄羅斯濱海邊疆地區的塔烏黑河。

[4]其後胡十門以曷蘇館歸太祖：胡十門，自謂阿古迺之後。收國二年（1116），率其族屬部衆歸太祖。本書卷六六有傳。　曷蘇館，今遼寧省蓋州市迤南之地。

[5]石土門：女真人。又作神徒門，本書卷七〇有傳。　迪古迺：女真人。漢名完顏忠，本書卷七〇有傳。

[6]獲耶律謝十：耶律謝十，契丹人。遼天慶四年（1114），阿骨打率兵渡遼界，以兵二千五百破耶律謝十，諸將連戰皆捷。本書卷二《太祖紀》載，"謝十拔箭走，追射之，中其背，飲矢之半，僨而死"，未被俘獲。

[7]梁福、斡答刺：皆渤海人。太祖克寧江州之後，使之僞亡去，招諭其鄉人。天輔六年（1122）七月，以斡答刺招降者衆，命領八千户。斡答刺的"斡"，原爲"幹"，今據中華點校本改。

　　始祖至完顏部，居久之，其部人嘗殺它族之人，由是兩族交惡，鬭鬭不能解。完顏部人謂始祖曰：“若能爲部人解此怨，使兩族不相殺，部有賢女，年六十而未嫁，[1]當以相配，仍爲同部。”始祖曰：“諾。”迺自往諭之曰：“殺一人而鬭不解，損傷益多。曷若止誅首亂者一人，部内以物納償汝，可以無鬭而且獲利焉。”怨家從之。乃爲約曰：“凡有殺傷人者，徵其家人口一、馬十偶、牸牛十、黃金六兩，[2]與所殺傷之家，即兩解，不得私鬭。”曰：“謹如約。”女直之俗，殺人償馬牛三十自此始。[3]既備償如約，部衆信服之，謝以青牛一，并許歸六十之婦。始祖乃以青牛爲聘禮而納之，并得其貲産。後生二男，長曰烏魯，次曰斡魯，一女曰注思板，[4]遂爲完顏部人。[5]天會十四年，[6]追謚景元皇帝，廟號始祖。[7]皇統四年，號其藏曰光陵。五年，增謚始祖懿憲景元皇帝。[8]

[1]部有賢女，年六十而未嫁：按《三朝北盟會編》卷一八引《神麓記》：“有鄰寨鼻察異酋長，姓結徒姑丹，小名聖貨者，有室女年四十餘尚未婚。”與此相異。

[2]牸（zì）：母牛。

[3]殺人償馬牛三十自此始：《三朝北盟會編》卷一八引《神麓記》則謂“賠償七倍”。前者指殺人，後者指盜竊。

[4]後生二男，長曰烏魯，次曰斡魯，一女曰注思板：本書卷六五《始祖以下諸子傳》：“皆福壽之語也。以六十後生子，異之，故皆以嘉名名之焉。”

[5]遂爲完顏部人：《三朝北盟會編》卷一八引《神麓記》：“遂依完顏，因而氏焉。”依此説，則函普以完顏爲氏，是在入居“完顏部僕幹水之涯”以後。

[6]天會：金太宗及金熙宗初年號（1123—1137）。　追謚景
元皇帝，廟號始祖：詳見本書卷三二《禮志五》。

[7]皇統：金熙宗年號（1141—1149）。

[8]增謚始祖懿憲景元皇帝：詳見本書卷四《熙宗紀》。

子德帝，諱烏魯。[1]天會十四年，追謚德皇帝。[2]皇
統四年，號其藏曰熙陵。五年，增謚淵穆玄德皇帝。

[1]烏魯：《三朝北盟會編》卷一八引《神麓記》作“訛辣
魯”，《松漠紀聞》《大金國志》作“訛魯”。

[2]追謚德皇帝：詳見本書卷三二《禮志五》。

子安帝，諱跋海。[1]天會十四年，追謚安皇帝。[2]皇
統四年，號其藏建陵。五年，增謚和靖慶安皇帝。

[1]跋海：《三朝北盟會編》卷一八引《神麓記》《松漠紀聞》
《大金國志》皆作“佯海”。

[2]追謚安皇帝：詳見本書卷三二《禮志五》。

子獻祖，諱綏可。[1]黑水舊俗無室廬，負山水坎地，
梁木其上，覆以土。[2]夏則出隨水草以居，冬則入處其
中，遷徙不常。獻祖乃徙居海古水，[3]耕墾樹藝，始築
室，有棟宇之制，[4]人呼其地爲納葛里。“納葛里”者，
漢語居室也。自此遂定居于安出虎水之側矣。[5]天會十
四年，追謚定昭皇帝，廟號獻祖。[6]皇統四年，號其藏
曰輝陵。五年，增謚獻祖純烈定昭皇帝。

　　[1]綏可：《三朝北盟會編》卷一八引《神麓記》《松漠紀聞》《大金國志》皆作"隨闊"。

　　[2]負山水坎地，梁木其上，覆以土：按，此爲女真及其先民依山傍水建築的一種地穴式或半地穴式居所。從《後漢書》到《新唐書》都有記載。又，從語言學方面也可得到證據，女真語謂"登"與"出"，皆曰"禿替"（參見金啟孮《女真文辭典》，文物出版社 1984 年版，第 288 頁）。

　　[3]海古水：河名，又作海古勒水、海姑水、海沽水、海勾河。今黑龍江省阿城市東阿什河支流海溝河。

　　[4]耕墾樹藝，始築室，有棟宇之制：相類的記載，見本書卷三二《禮志五》及《三朝北盟會編》卷一八引《神麓記》。《神麓記》還言，隨闊"教人燒炭煉鐵，刳木爲器，製造舟車"。

　　[5]安出虎水：清稱阿勒楚喀河，即今黑龍江省哈爾濱市東南松花江支流阿什河。

　　[6]追謚定昭皇帝，廟號獻祖：詳見本書卷三二《禮志五》。

　　子昭祖，諱石魯，[1]剛毅質直。生女直無書契，無約束，不可檢制。昭祖欲稍立條教，[2]諸父、部人皆不悦，欲坑殺之。已被執，叔父謝里忽知部衆將殺昭祖，[3]曰："吾兄子，賢人也，必能承家，安輯部衆，此輩奈何輒欲坑殺之。"亟往，彎弓注矢射於衆中，劫執者皆散走，昭祖乃得免。

　　[1]石魯：《松漠紀聞》《大金國志》作"寔魯"。《三朝北盟會編》卷一八引《神麓記》謂，隨闊次子曰失侶。

　　[2]條教：本指地方長官所下的教令。本書卷三二《禮志五》，把條教比作《尚書·舜典》"敬敷五教在寬"的五教。其內容，當屬改變舊有人際關係，對新的家族、部衆和諸部關係作具有法制性

的等級規定，亦即後來所稱的"本部法令"。

[3]謝里忽：女真人。跋海子。本書卷六五有傳。

昭祖稍以條教爲治，部落寖强。遼以惕隱官之。[1]
諸部猶以舊俗，不肯用條教。昭祖耀武至于青嶺、白
山，[2]順者撫之，不從者討伐之，入于蘇濱、耶懶之
地，[3]所至克捷。還經僕鷰水。"僕鷰"，漢語惡瘡也。
昭祖惡其地名，雖已困憊，不肯止。行至姑里甸，[4]得
疾，迫夜，寢于村舍。有盗至，遂中夜啟行，[5]至逼刺
紀村止焉。[6]是夕，卒。載樞而行，遇賊於路，奪樞去。
部衆追賊與戰，復得樞。加古部人蒲虎復來襲之，[7]垂
及，蒲虎問諸路人曰："石魯樞去此幾何？"其人曰：
"遠矣，追之不及也。"蒲虎遂止。於是乃得歸葬焉。生
女直之俗，至昭祖時稍用條教，民頗聽從，尚未有文
字，無官府，不知歲月晦朔，[8]是以年壽脩短莫得而考
焉。天會十五年，追謚成襄皇帝，廟號昭祖。[9]皇統四
年，藏號安陵。五年，增謚昭祖武惠成襄皇帝。

[1]惕隱：遼官名，典族屬。遼在其統屬的某些部族中亦置有
惕隱，後改稱司徒。

[2]青嶺：在今吉林省樺甸市平嶺及南樓山一帶。一説指今吉
林省永吉縣南哈達嶺。

[3]蘇濱：水名及地域名稱。其水，即今之大綏芬河。

[4]姑里甸：《〈中國歷史地圖集〉釋文彙編·東北卷》謂，今
黑龍江省寧安縣至沙蘭站間的平原。張博泉以爲即元代的穀州，今
牡丹江下游馬大屯之南，寧安之北，牡丹江以西一帶（張博泉《金
史論稿》第一卷，吉林文史出版社1986年版，第61頁）。

〔5〕有盜至，遂中夜啟行：詳見本書卷六六《摑保傳》。

〔6〕逼剌紀村：當在姑里甸與孩懶水即今牡丹江支流海浪河之間。

〔7〕加古部：女真部名。加古又作"夾谷"。　蒲虎：居於青嶺附近的加古部人首領。

〔8〕不知歲月晦朔：《三朝北盟會編》卷三："其人不知紀年，問之則曰：'我見青草幾度。'以草一青爲一歲。"

〔9〕天會十五年，追諡成襄皇帝，廟號昭祖：本書卷四《熙宗紀》、卷三二《禮志五》及《大金集禮》卷三《天會十四年奉上祖宗諡號》，皆記追諡"九代祖妣"在天會十四年（1136）八月。本卷記追諡成襄、聖肅、穆憲、孝平、恭簡皆以爲"天會十五年"。《金史詳校》卷一云："《紀》中自此後並云'十五年'，至《后妃傳》凡書追諡，無一言'十四年'者，皆訛"。"十五"顯爲"十四"之訛。參見中華點校本校勘記。

　　子景祖，諱烏古迺。[1]遼太平元年辛酉歲生。[2]自始祖至此，已六世矣。景祖稍役屬諸部，自白山、耶悔、統門、耶懶、土骨論之屬，以至五國之長，[3]皆聽命。是時，遼之邊民有逃而歸者。及遼以兵徙鐵勒、烏惹之民，[4]鐵勒、烏惹多不肯徙，亦逃而來歸。遼使曷魯林牙將兵來索逋逃之民。[5]景祖恐遼兵深入，盡得山川道路險易，或將圖之，乃以計止之曰："兵若深入，諸部必驚擾，變生不測，逋戶亦不可得，非計也。"曷魯以爲然，遂止其軍與曷魯，自行索之。[6]

〔1〕烏古迺：綽號活羅。《三朝北盟會編》卷一八引《神麓記》作"貨攞"，《松漠紀聞》與《大金國志》作"胡來"，皆活羅的同

音異寫。

[2]遼太平元年辛酉：這是見於本書的最早紀年。太平，遼聖宗年號（1021—1031）。

[3]耶悔：水名及地域名稱。《〈中國歷史地圖集〉釋文彙編·東北卷》謂，耶悔水即今遼寧省開原市東葉赫河。張博泉則認爲此耶悔似在白山、統門之間，即金時愛也窟河的異稱，其地在今圖們江上游（張博泉《金史論稿》第一卷，第72頁）。 統門：水名及地域名稱。水指今圖們江。 土骨論：地域名稱。本卷言及穆宗時又謂，"東南至于乙离骨、曷懶、耶懶、土骨論，東北至于五國、主隈、禿荅，金蓋盛于此"。依此兩處記載，土骨論當在金舊土之東南，位於耶懶之北，即今俄羅斯濱海邊疆區塔烏黑河之北。 五國：遼屬國名。近人多謂五國部在今黑龍江省依蘭縣以東的松花江流域，以越里吉爲五國頭城，以位於伯力即今俄羅斯哈巴羅夫斯克的剖阿里爲五國最後一城。

[4]鐵勒：部族名。又作鐵驪部，唐爲黑水靺鞨的一部，遼時據今黑龍江省呼蘭河上游迤南至松花江北岸一帶。遼興宗曾徙鐵驪户於今吉林省農安縣萬金塔，置祥州。 烏惹：族名，也作"兀惹"。原居今松花江下游及黑龍江下游。遼聖宗統和十七年（999）徙兀惹户於今吉林省農安縣東北境，置賓州。

[5]曷魯：人名。時爲遼樞密院林牙。 林牙：遼官名。掌文翰，時稱學士。其群牧所設，止管簿書。

[6]遂止其軍與曷魯，自行索之：中華點校本誤斷爲，"遂止其軍，與曷魯自行索之"。

是時，鄰部雖稍從，孩懶水烏林答部石顯尚拒阻不服。[1]攻之，不克。景祖以計告於遼主，[2]遼主遣使責讓石顯。石顯乃遣其子婆諸刊入朝。[3]遼主厚賜遣還。其後石顯與婆諸刊入見遼主於春蒐。[4]遼主乃留石顯於邊地，[5]而遣婆諸刊還所部。景祖之謀也。

[1]孩懶水：今黑龍江省牡丹江支流海浪河。　烏林答部：女真部名。　石顯：本書卷六七有傳。

[2]遼主：此指1031年至1055年在位的遼興宗耶律宗真。

[3]婆諸刊：女真人。事迹見於本書卷六七《石顯傳》。

[4]春蒐：遼主有春秋漁獵之俗，初春往往於混同江、鴨子河捕魚，故又稱“春水”。

[5]遼主乃留石顯於邊地：“留”，本書卷六七《石顯傳》作“流”。

　　既而五國蒲聶部節度使拔乙門畔遼，[1]鷹路不通。[2]遼人將討之，先遣同幹來諭旨。[3]景祖曰：“可以計取。若用兵，彼將走保險阻，非歲月可平也。”遼人從之。蓋景祖終畏遼兵之入其境也，故自以爲功。於是景祖陽與拔乙門爲好，而以妻子爲質，[4]襲而擒之，獻於遼主。遼主召見于寢殿，燕賜加等，以爲生女直部族節度使。[5]遼人呼節度使爲太師，金人稱“都太師”者自此始。遼主將刻印與之。景祖不肯繫遼籍，[6]辭曰：“請俟他日。”遼主終欲與之，遣使來。景祖詭使部人揚言曰：“主公若受印繫籍，部人必殺之。”用是以拒之，遼使乃還。既爲節度使，有官屬，紀綱漸立矣。

[1]畔：通“叛”。

[2]蒲聶部：部族名。唐爲拂捏部，渤海稱其地爲東平府。遼之蒲奴里或盆奴里，即本書中的蒲聶部。其治所即《遼東志》的固木訥城，在今黑龍江省湯原縣大有屯附近。　節度使：遼部族官

名。遼於北面部族或置大王府，或置節度使司，或置詳穩司。節度使司的部族長官稱節度使。　拔乙門：人名。當是蒲聶部人。　鷹路：通往東海捕鷹的交通路綫。時有南北兩路，此爲北路，又稱五國鷹路。五國東接大海，出名鷹"海東青"，小而俊健，能擒鵝鶩，遼人酷愛之。

[3]同幹：遼使。施國祁謂"幹"當作"斡"，然本書卷六三、六七皆作"同幹"。

[4]以妻子爲質：據本書卷六三《景祖昭肅皇后傳》，妻指唐括多保真，子指第三子劾孫。

[5]爲生女直部族節度使：《遼史》卷一九《興宗紀》載，重熙十五年（1046）七月"丁未，以女直部長庶母率衆來附，加太師"。時景祖烏古迺年二十六。《三朝北盟會編》卷一八引《神麓記》則謂："拜寧江軍節度使，呼曰太師。"

[6]景祖不肯繫遼籍：景祖確未受遼印。《遼史》卷二四《道宗紀》，太康八年（1082）"三月庚戌，黃龍府部長術乃率衆來附，予官，賜印綬"。是年爲金世祖九年。

生女直舊無鐵，[1]鄰國有以甲胄來鬻者，傾貲厚賈以與貿易，亦令昆弟族人皆售之。得鐵既多，因之以修弓矢，備器械，兵勢稍振，前後願附者衆。斡泯水蒲察部、泰神忒保水完顏部、統門水温迪痕部、神隱水完顏部，皆相繼來附。[2]

[1]生女真舊無鐵：按《三朝北盟會編》卷一八引《神麓記》，獻祖綏可時，已"教人燒炭煉鐵"。今黑龍江省阿城市東南阿什河流域小嶺地區，自1961年以來，相繼發現了分布較廣的金代早期鐵冶遺址，延續時間也較長，很可能就是始於綏可之時（參見黑龍江省博物館《黑龍江阿城縣小嶺地區金代冶鐵遺址》，《考古》

1963 年第 3 期）。是以景祖烏古迺時，應已知煉鐵，祇是得鐵尚少，技術又未達到製造甲冑的水準而已。

[2] 斡泯水：今吉林省通化市北哈泥河。　泰神忒保水：本書卷一〇三《完顏阿里不孫傳》謂，阿里不孫"曷懶路泰申必剌猛安人"，是知泰神水在曷懶路，而忒保水爲其一個支流。金之曷懶路總管府治所在今朝鮮咸鏡南道咸興城南五里處，泰神、忒保兩水亦當距此不甚遠。　神隱水：《〈中國歷史地圖集〉釋文彙編·東北卷》謂，今牡丹江的一個支流。張博泉認爲，神隱即舍音，義爲白色，疑即今吉林省安圖縣之白河（張博泉《金史論稿》第一卷，第 63 頁）。

　　景祖爲人寬恕，能容物，平生不見喜慍。推財與人，分食解衣，無所吝惜。人或忤之，亦不念。先時，有畔去者，遣人諭誘之。畔者曰："汝主，活羅也。[1] 活羅，吾能獲之，吾豈能爲活羅屈哉。""活羅"，漢語慈烏也，[2] 北方有之，狀如大鷄，善啄物，見馬牛橐駝脊間有瘡，[3] 啄其脊間食之，馬牛輒死，若飢不得食，雖砂石亦食之。景祖嗜酒好色，飲啗過人，時人呼曰活羅，故彼以此訕之，亦不以介意。其後，訕者力屈來降，厚賜遣還。曷懶水有率衆降者，[4] 錄其歲月姓名，即遣去，俾復其故。人以此益信服之。

[1] 活羅：景祖綽號。肅宗時部人賽罕之弟亦號活羅。

[2] 活羅漢語慈烏也：《女真館雜字》，活羅作"回和羅"，義"鴉鶻"。清人劉獻庭《廣陽雜記》作"鴉虎"。鴉鶻或鴉虎，是能俯擊鳩鴿而食之的鷙鳥。本書卷七一《吾札忽傳》："吾札忽性聰敏，有才智，善用軍，常出敵不意。故能以寡敵衆，而所往無不

克，號爲‘鵲軍’云。”而慈烏，又稱慈鴉、孝烏、寒鴉，是烏鴉的一種，活羅漢語並非慈烏。

［3］橐（tuó）馳：即駱駝。

［4］曷懶水：今吉林省延邊和龍之海蘭河。

遼咸雍八年，[1]五國没撚部謝野勃菫畔遼，[2]鷹路不通。景祖伐之，謝野來禦。景祖被重鎧，率衆力戰。謝野兵敗，走拔里邁溠。[3]時方十月，冰忽解，謝野不能軍，衆皆潰去。乃旋師。道中遇逋亡，要遮險阻，[4]晝夜拒戰，比至部已憊。即往見遼邊將達魯骨，[5]自陳敗謝野功。行次來流水，[6]未見達魯骨，疾作而復，卒于家，年五十四。[7]天會十四年，追謚惠桓皇帝，廟號景祖。[8]皇統四年，藏號定陵。五年，增謚景祖英烈惠桓皇帝。

［1］咸雍：遼道宗年號（1065—1074）。 八年：施國祁謂，當作“十年”，是。下文記載世祖襲節度使正是在咸雍十年。

［2］没撚部：女真部名。遼五國部之一，與蒲聶部近。 謝野：女真人。本書僅此一見。 勃菫：女真語稱各部首領爲勃菫，意爲“部長”。

［3］拔里邁溠：今黑龍江省賓縣賓安鎮東北灰鐵山一帶的沼澤地。

［4］要：同“邀”。

［5］達魯骨：人名。本書僅此一見。當爲鎮寧江州遼界的邊將。

［6］來流水：今吉林省拉林河。

［7］卒于家，年五十四：按，景祖烏古迺生於遼太平元年（1021），依此推，卒於遼咸雍十年（1074）。

［8］追諡惠桓皇帝，廟號景祖：詳見本書卷三二《禮志五》。

　　第二子襲節度使，是爲世祖，諱劾里鉢。[1]生女直之俗，生子年長即異居。景祖九子，[2]元配唐括氏生劾者，次世祖，次劾孫，次肅宗，次穆宗。[3]及當異居，景祖曰：“劾者柔和，可治家務。劾里鉢有器量智識，何事不成。劾孫亦柔善人耳。”乃命劾者與世祖同居，劾孫與肅宗同居。[4]景祖卒，世祖繼之。世祖卒，肅宗繼之。肅宗卒，穆宗繼之。穆宗復傳世祖之子，至於太祖，竟登大位焉。[5]

　　［1］劾里鉢：《三朝北盟會編》卷一八引《神麓記》作“劾里字”，《松漠紀聞》《大金國志》作“劾里頗”。
　　［2］景祖九子：元配唐括氏生五子，次室契丹人注思灰生一子劾真保，次室温迪痕氏生麻頗、阿离合懣、謾都訶三子。
　　［3］唐括氏：女真人。帥水隈鴉村唐括部人，名多保真。本書卷六三有傳。　劾者：女真人。又作劾闍，後追封韓國公。　劾孫：女真人。又作劾姑遜，後追封沂國公。本書卷六五有傳。
　　［4］乃命劾者與世祖同居，劾孫與肅宗同居：按，穆宗當與其父景祖同居。由此，知女真人亦有幼子守灶之俗。
　　［5］穆宗復傳世祖之子，至於太祖，竟登大位焉：女真人建國前後的嗣承制，雖爲兄終弟及，同時也以傳子或傳長孫爲輔。是以穆宗卒，復傳世祖長子康宗烏雅束。康宗卒，世祖第二子太祖阿骨打繼之。

　　世祖，遼重熙八年己卯歲生。[1]遼咸雍十年，襲節度使。景祖異母弟跋黑有異志，[2]世祖慮其爲變，加意事之，不使將兵，但爲部長。跋黑遂誘桓赧、散達、烏春、窩謀罕爲亂，[3] 及間諸部，使貳于世祖。世祖猶欲撫慰之，語在跋黑、桓赧等傳中。世祖嘗買加古部鍛工烏不屯被甲九十，[4] 烏春欲托此以爲兵端，世祖還其甲，語在《烏春傳》。部中有流言曰：“欲生則附於跋黑，欲死則附於劾里鉢、頗刺淑。”世祖聞之，疑焉，無以察之，乃佯爲具裝，欲有所往者，陰遣人揚言曰：“寇至。”部衆聞者莫知虛實，有保於跋黑之室者，有保於世祖之室者，世祖乃盡得兄弟、部屬向背彼此之情矣。

[1] 重熙：遼興宗年號（1032—1055）。

[2] 跋黑：世祖叔父。母爲昭祖次室烏薩札部人達胡末。本書卷六五有傳。

[3] 桓赧、散達：二人名。皆國相雅達之子，居完顏部邑屯村。本書卷六七有傳。　烏春：阿跋斯水溫都部人。本書卷六七有傳。

窩謀罕：烏春同黨。其所居窩謀罕城在今吉林省敦化市額穆鎮東南黑石屯村。

[4] 烏不屯：女真加谷部人。時依附於烏春。　被甲：“被”通“披”。

　　間數年，烏春來攻，世祖拒之。時十月已半，大雨累晝夜，冰漸覆地，烏春不能進。既而悔曰：“此天也。”乃引兵去。烏春舍於阿里矮村滓不乃家，[1] 而以兵圍其弟勝昆於胡不村。[2] 兵退，勝昆執其兄滓不乃，而請泹殺于世祖，且請免其孥戮。從之。

[1] 阿里矮村滓不乃：據本書卷六七《烏春傳》記載，滓不乃

爲术虎部勃菫，居來流水即今拉林河上游之北阿里矮村。

[2]勝昆：女真术虎部人。與胡論加古部勝昆同名。熙宗天會十五年（1137）追贈銀青光禄大夫。　胡不村：村寨名。又作胡不幹村，亦當在來流水上游之北。

　　桓赧、散達亦舉兵，遣肅宗拒之。當是時，烏春兵在北，桓赧兵在南，其勢甚盛。戒之曰："可和則與之和，否則決戰。"肅宗兵敗。會烏春以久雨解去，世祖乃以偏師涉舍很水，經貼割水，[1]覆桓赧、散達之家。明日，大霧晦冥，失道，至婆多吐水乃覺。[2]即還至舍很、貼割之間，升高阜望之，見六騎來，大呼，馳擊之。世祖射一人斃，生獲五人，問之，乃知卜灰、撒骨出使助桓赧、散達者也。[3]世祖至桓赧、散達所居，焚蕩其室家，殺百許人，舊將主保亦死之。[4]比世祖還，與肅宗會，肅宗兵又敗矣。世祖讓肅宗失利之狀。遣人議和。桓赧、散達曰："以爾盈歌之大赤馬、辭不失之紫騮馬與我，[5]我則和。"二馬皆女直名馬，不許。

[1]涉舍很水，經貼割水：舍很、貼割二水，皆在今黑龍江省寧安市境内。

[2]婆多吐水：又作"破多吐水"。《〈中國歷史地圖集〉釋文彙編·東北卷》謂，即今蜚克圖河。張博泉認爲今蜚克圖河乃匹古敦水，並非婆多吐水，此婆多吐水當在今黑龍江五常市境内（張博泉《金史論稿》第一卷，第67頁）。

[3]卜灰：人名。不术魯部人。　撒骨出：人名。蒲察部人。

[4]主保：人名。术虎部人。熙宗天會十五年（1137）追贈銀青光禄大夫。

[5]辭不失：宗室子。又作習不失。本書卷七〇有傳。

　　桓赧、散達大會諸部來攻，[1]過裴滿部，[2]以其附於
世祖也，縱火焚之。蒲察部沙祇勃菫、胡補答勃菫使阿
喜來告難，[3]世祖使之詭從以自全，曰：“戰則以旗鼓自
別。”世祖往御桓赧之衆，將行，有報者曰：“跋黑食於
愛妾之父家，肉張咽，死矣。”[4]乃遣蕭宗求援於遼，遂
率衆出。使辭不失取海姑兄弟兵，[5]已而乃知海姑兄弟
貳於桓赧矣，欲併取其衆，徑至海姑。偵者報曰：“敵
已至。”將戰，世祖戒辭不失曰：“汝先陣於脫豁改
原，[6]待吾三揚旗，三鳴鼓，即棄旗決戰。死生惟在今
日，命不足惜。”使裴滿胡喜牽大紫騮馬以爲貳馬，[7]馳
至陣。時桓赧、散達盛強，世祖軍吏未戰而懼，皆植立
無人色。世祖陽陽如平常，亦無責讓之言，但令士卒解
甲少憩，以水沃面，調麨水飲之。有頃，訓勵之，軍勢
復振。乃避衆獨引穆宗，執其手密與之言曰：“今日之
事，若勝則已，萬一有不勝，吾必無生。汝今介馬遙
觀，勿預戰事。若我死，汝勿收吾骨，勿顧戀親戚，亟
馳馬奔告汝兄頗剌淑，于遼繫籍受印，乞師以報此讎。”
語畢，祖袖，不被甲，以緼袍垂襴護前後心，韔弓提
劍，三揚旗，三鳴鼓，棄旗搏戰，身爲軍鋒，突入敵
陣，衆從之。辭不失從後奮擊，大敗之。乘勝逐之，自
阿不彎至于北隘甸，[8]死者如仆麻，破多吐水水爲之赤，
棄車甲馬牛軍實盡獲之。世祖曰：“今日之捷，非天不
能及此，亦可以知足矣。雖縱之去，敗軍之氣没世不
振。”乃引軍還。世祖視其戰地，馳突成大路，闊且三

十隴。手殺九人，自相重積，人皆異之。桓赧、散達自此不能復聚。未幾，各以其屬來降，遼大安七年也。[9]

[1]大會諸部：指桓赧、散達大會不朮魯部卜灰、蒲察部撒骨出及混同江左右、匹古敦水以北諸部。

[2]裴滿部：女真部名。此指婆多吐水斡不勃菫之裴滿部。

[3]蒲察部：女真部名。此與撒骨出之蒲察部爲不同部落。沙秖、胡補答與阿喜，皆爲女真人名。

[4]跋黑食於愛妾之父家：家在駞滿村。　張（zhàng）咽：張，通"脹"。殿本即作"脹"。咽，充塞。

[5]海姑兄弟：指居於海姑水的輩魯與獻祖之裔，金宗室完顏族人。

[6]脫豁改原：地名。今黑龍江省賓縣南南祖嶺一帶。

[7]裴滿胡喜：女真人名。本書僅此一見。　貳馬：即副馬。也稱從馬。

[8]阿不彎、北隘甸：皆爲地名。當在婆多吐水附近。

[9]大安：遼道宗年號（1085—1094）。

　　初，桓赧兄弟之變，不朮魯部卜灰、蒲察部撒骨出助之。至是，招之，不肯和。卜灰之黨石魯遂殺卜灰來降。[1]撒骨出追躡亡者，道傍人潛射之，中口而死。自是舊部悉歸。景祖時，斡勒部人盃乃來屬，[2]及是，有他志。會其家失火，因以縱火誣歡都，[3]世祖徵償如約。盃乃不自安，遂結烏春、窩謀罕舉兵。使肅宗與戰，敗之，獲盃乃，世祖獻之於遼。

[1]卜灰之党石魯遂殺卜灰來降：其事詳見本書卷六七《桓赧

傳》。“殺卜灰”之“卜”，原誤作“上”，據殿本改。

[2] 幹勒部：部名。此幹勒部居安出虎水之北。 盃乃：人名。幹勒部石盧勃菫的兄弟。“盃”爲“杯”的異體字。

[3] 歡都：完顏部人。祖賢石魯。本書卷六八有傳。

臘醅、麻產侵掠野居女直，[1] 略來流水牧馬。世祖擊之，中四創，久之疾愈。臘醅等復略穆宗牧馬，[2] 交結諸都。世祖復伐之，臘醅等給降，乃旋。臘醅得姑里甸兵百十有七人，[3] 據暮稜水守險，[4] 石顯子婆諸刊亦在其中。世祖圍而克之，盡獲姑里甸兵。麻產遁去。遂擒臘醅及婆諸刊，皆獻之遼。既已，復請之，遼人與之，并以前後所獻罪人歸之。

[1] 臘醅、麻產：兄弟二人，均爲活剌渾水訶鄰鄉紇石烈部人。本書卷六七有傳。 野居女直：泛指尚無“棟宇之制”的女真人。據本書卷六七《臘醅傳》，此指居於活剌渾水，即今黑龍江省鐵力市至呼蘭間的呼蘭河流域以北，小興安嶺一帶的女真人。

[2] 復略穆宗牧馬：即本書卷六七《臘醅傳》所云“戶魯不濼牧馬”。略，通“掠”。

[3] 姑里甸兵百十有七人：本書卷六七《臘醅傳》謂：“窩謀罕以姑里甸兵百有十七人助之。”

[4] 暮稜（líng）水：即今黑龍江省境内拉林河支流牤牛河。

歡都大破烏春等於斜堆，[1] 故石、拔石皆就擒。[2] 世祖自將與歡都合兵嶺東，[3] 諸軍皆至。是時，烏春已前死，窩謀罕請于遼，願和解。既與和，復來襲，乃進軍圍之。窩謀罕棄城遁去。破其城，盡俘獲之，以功差次分賜諸軍。城始破，議渠長生殺，衆皆長跪，遼使者在坐。忽一人佩長刀突前咫尺，謂世祖曰："勿殺我。"遼使及左右皆走匿。世祖色不少動，執其人之手，語之曰："吾不殺汝也。"於是罰左右匿者，曰："汝等何敢失次耶。"罰既已，乃徐使執突前者殺之。其膽勇鎮物如此。

[1]歡都大破烏春等於斜堆："大"，原作"在"。中華點校本據本書卷六八《歡都傳》"大破烏春、窩謀罕於斜堆，擒故石、拔石"改，今從。斜堆，今吉林省蛟河市區與退博、新站之間的三角地帶。
[2]故石、拔石：皆女真人名。俱爲姑里甸蒲察部人。
[3]嶺東：嶺，指馬紀嶺。嶺東，即今黑龍江省老爺嶺以東。

師還，寢疾，遂篤。元娶拏懶氏哭不止，[1]世祖曰："汝勿哭，汝惟後我一歲耳。"肅宗請後事，曰："汝惟後我三年。"肅宗出，謂人曰："吾兄至此，亦不與我好言。"乃叩地而哭。俄呼穆宗謂曰："烏雅束柔善，[2]若辦集契丹事，阿骨打能之。"[3]遼大安八年五月十五日卒。襲位十九年，年五十四。明年，拏懶氏卒。又明年，肅宗卒。肅宗病篤，歎曰："我兄真多智哉。"

[1]拏懶氏：追謚翼簡皇后。本書卷六三有傳。
[2]烏雅束：女真人。字毛路完，世祖長子，後尊爲康宗。
[3]阿骨打：即完顏阿骨打。漢名旻，世祖第二子，後尊爲太祖。本書卷二有紀。

世祖天性嚴重，有智識，一見必識，暫聞不忘。凝寒不縮慄，動止不回顧。每戰未嘗被甲，先以夢兆候其勝負。嘗乘醉騎驢入室中，明日見驢足跡，問而知之，自是不復飲酒。襲位之初，內外潰叛，締交爲寇。世祖乃因敗爲功，變弱爲强。既破桓赧、散達、烏春、窩謀罕，基業自此大矣。天會十五年，追諡聖肅皇帝，廟號世祖。[1]皇統四年，號其藏曰永陵。五年，增諡世祖神武聖肅皇帝。

[1]天會十五年，追諡聖肅皇帝，廟號世祖：按“十五”當爲“十四”之誤。詳見本書卷三二《禮志五》。

母弟頗剌淑襲節度使，景祖第四子也，是爲肅宗。遼重熙十一年壬午歲生。在父兄時號國相。[1]國相之稱不知始何時。初，雅達爲國相。雅達者，桓赧、散達之父也。景祖以幣馬求之於雅達，而命肅宗爲之。

[1]國相：官名。爲百官之長，亦爲匡輔聯盟最高首長者。國相之稱是對漢官制的比附，女真語本義爲“衆部長”。

肅宗自幼機敏善辯。當其兄時，身居國相，盡心匡輔。是時，叔父跋黑有異志，及桓赧、散達、烏春、窩謀罕、石顯父子、臘醅、麻産作難，用兵之際，肅宗屢當一面。尤能知遼人國政人情。凡有遼事，一切委之肅宗專心焉。凡白事於遼官，皆令遠跪陳辭，譯者傳致之，往往爲譯者錯亂。肅宗欲得自前委曲言之，故先不以實告譯者。譯者惑之，不得已，引之前，使自言。乃以草木瓦石爲籌，枚數其事而陳之。官吏聽者皆愕然，問其故，則爲卑辭以對曰："鄙陋無文，故如此。"官吏以爲實然，不復疑之，是以所訴無不如意。

　　桓赧、散達之戰，部人賽罕死之，[1]其弟活羅陰懷忿怨。一日，忽以劍脊置肅宗項上曰："吾兄爲汝輩死矣，到汝以償，則如之何?"久之，因其兄柩至，遂怒而攻習不出，[2]習不出走避之。攻肅宗于家，矢注次室之裙，著于門扉。復攻歡都，歡都衷甲拒于室中，既不能入，持其門旄而去，往附盃乃。盃乃誘烏春兵度嶺，世祖與遇于蘇素海甸。[3]世祖曰："予昔有異夢，今不可親戰。若左軍中有力戰者，則大功成矣。"命肅宗及斜列、辭不失與之戰。[4]肅宗下馬，名呼世祖，復自呼其名而言曰："若天助我當爲衆部長，則今日之事神祇監之。"語畢再拜。遂炷火束縕。頃之，大風自後起，火益熾。是時八月，并青草皆焚之，煙焰漲天。我軍隨煙衝擊，大敗之。遂獲盃乃，因而獻諸遼。并獲活羅。肅宗釋其罪，左右任使之，後竟得其力焉。

　　[1]賽罕：女真人。爲異姓完顏，故稱部人。

　　[2]習不出：女真人。疑"出"爲"失"之誤，即與桓赧、散達之戰中，先陣於脱豁改原的習不失。

　　[3]蘇素海甸：地名。又作蘇速海甸。今黑龍江省尚志市馬延鎮東南，葦河一帶。

　　[4]斜列：女真人。世祖部將。

　　大安八年，自國相襲位。[1]是時，麻産尚據直屋鎧水，[2]繕完營堡，誘納亡命。招之，不聽，遣康宗伐之。太祖別軍取麻産家屬，錡釜無遺。既獲麻産，殺之，獻馘于遼。[3]陶温水民來附。[4]

　　[1]自國相襲位：施國祁謂，此下當加"年五十一"。
　　[2]直屋鎧水：或謂今黑龍江省巴彥縣境哲特依河。然據《膩酷傳》當在帥水即通肯河的上游。
　　[3]馘（guó）：古代戰爭中割取敵人左耳以計算獻功。此指在殺死麻産後，割下其左耳獻給遼以邀功。
　　[4]陶温水：又稱土温水、屯河。今黑龍江省湯旺河。

　　二年癸酉，[1]遣太祖以偏師伐泥厖古部帥水抹離海村跋黑、播立開，[2]平之，自是寇賊皆息。

　　[1]二年癸酉：當遼大安九年（1093）。施國祁謂："肅宗襲位始自稱元，故變文書之。下，穆宗、康宗同。"
　　[2]泥厖（máng）古：女真部名。又作尼厖古、尼厖窟。帥水：又作率河，今黑龍江省呼蘭河北支通肯河與雙陽河。　抹離海村：當在帥水附近。　跋黑、播立開：二人名，當爲帥水泥厖古部的勃菫。

　　三年八月，肅宗卒。[1]天會十五年，追諡穆憲皇帝。[2]皇統四年，藏號泰陵。五年，增諡肅宗明睿穆憲皇帝。

　　[1]三年八月肅宗卒：施國祁謂，此下當加"年五十三"。

[2]天會十五年，追謚穆憲皇帝：按“十五年”，當作“十四年”。又依例，“穆憲皇帝”下，當加“廟號肅宗”四字。

母弟穆宗，諱盈歌，字烏魯完，景祖第五子也。南人稱“揚割太師”，又曰揚割追謚孝平皇帝，號穆宗，又曰揚割號仁祖。金代無號仁祖者，穆宗諱盈歌，謚孝平，“盈”近“揚”，“歌”近“割”，南北音訛。遼人呼節度使爲“太師”，自景祖至太祖皆有是稱。凡叢言《松漠記》、張棣《金志》等書皆無足取。[1]

[1]叢言：泛指諸家之雜説、雜談、筆記之類。　松漠記：書名，即《松漠紀聞》，凡二卷。宋洪皓撰。　張棣：金人，後入宋。著有《正隆事迹》《金虜圖經》二書。　金志：當指《金虜圖經》。

穆宗，遼重熙二十一年癸巳歲生。[1]肅宗時擒麻産，遼命穆宗爲詳穩。[2]大安十年甲戌，襲節度使，年四十二。以兄劾者子撒改爲國相。[3]

[1]重熙二十一年癸巳歲：按遼重熙二十一年（1052）非癸巳歲，重熙二十二年爲癸巳歲。中華點校本據穆宗卒年推算，改爲重熙二十二年。
[2]詳穩：遼官名。諸官府監治長官。遼部族及屬國亦置有詳穩。
[3]撒改：景祖孫，韓國公劾者長子。本書卷七〇有傳。

三年丙子，唐括部跋葛勃菫與温都部人跋忒有舊，[1]跋葛以事往，跋忒殺跋葛。使太祖率師伐跋忒，跋忒亡去，追及，殺之。星顯水紇石烈部阿踈、毛睹禄阻兵爲難，[2]穆宗自將伐阿踈。撒改以偏師攻鈍恩城，[3]拔之。阿踈初聞來伐，乃自訴于遼。[4]遂留劾者守阿踈城，[5]穆宗乃還。會陶温水、徒籠古水紇石烈部阿閤版及石魯阻五國鷹路，[6]執殺遼捕鷹使者。遼詔穆宗討之，阿閤版等據險立栅。方大寒，乃募善射者操勁弓利矢攻之。數日，入其城，出遼使存者數人，俾之歸。

[1]跋葛、跋忒：皆女真人。　有舊：指跋葛、跋忒之間舊有怨恨。

[2]星顯水：今吉林省延吉市布爾哈通河。中華點校本斷於上句。按前文“使太祖率師伐跋忒，跋忒亡去，追及”。本書卷二《太祖紀》“與烏古論部兵沿土温水過末鄰鄉，追及跋忒於阿斯温山北濼之間，殺之”，可知跋忒死於阿斯温山，與星顯水無涉。又本書卷六七《阿踈傳》稱“阿踈，星顯水紇石烈部人”。據此，應下讀爲“星顯水紇石烈部”。　阿踈：星顯水紇石烈部勃堇。本書卷六七有傳。　毛睹禄：人名。與阿踈同爲星顯水紇石烈部勃堇。

[3]鈍恩城：在今吉林省延吉市西南卡興洞。

[4]阿踈初聞來伐，乃自訴于遼：按本書卷六五《輩魯傳》：“穆宗四年伐阿踈，阿踈走遼。”此句上應補“四年”二字。

[5]劾者：金初有二劾者。此爲宗室輩魯之裔劾者勃堇，天會十五年（1137）贈特進，與撒改父韓國公同名。　阿踈城：在今吉林省延吉市附近。

[6]徒籠古水：今黑龍江省蘿北縣的都魯河。　阿閤版及石魯：二人名。其所領的紇石烈部在今黑龍江省湯原縣一帶。

統門、渾蠢水之交烏古論部留可、詐都與蘇濱水烏古論敵庫德起兵于米里迷石罕城，納根涅之子鈍恩亦亡去。[1]於是兩黨作難。八月，撒改爲都統，辭不失、阿里合懣、斡帶副之，以伐留可、詐都、塢塔等。[2]謾都訶、石土門伐敵庫德。[3]撒改欲先平邊地城堡，或欲先取留可，莫能決，乃命太祖往。鈍恩將援留可，乘謾都訶兵未集而攻之。石土門軍既與謾都訶會，迎擊鈍恩，大敗之，降米里迷石罕城，獲鈍恩、敵庫德，釋弗殺。太祖度盆搦嶺，[4]與撒改會，攻破留可城，留可已先往遼矣，盡殺其城中渠長。還圍塢塔城，塢塔先已亡在外，城降於軍。詐都亦降於蒲家奴。[5]於是撫寧諸路如舊時。太祖因致穆宗，教統門、渾蠢、耶悔、星顯四路及嶺東諸部自今勿復稱都部長。[6]命勝管、醜阿等撫定乙離骨嶺注阿門水之西諸部居民。[7]又命斡帶及偏裨悉平二涅囊虎、二蠢出等路寇盜而還。[8]

[1]渾蠢水：今吉林省琿春河。 留可：統門、渾蠢水合流之地烏古論部勃菫之子。本書卷六七有傳。其城在吉林省琿春市。詐都：渾蠢水徒單部勃菫。 敵庫德：蘇濱水烏古論部勃菫。 米里迷石罕城：在今吉林省琿春市東北春化（石土門子）。 鈍恩：阿里民忒石水紇石烈部勃菫，本書卷六七有傳。

[2]八月：據下文七年庚辰毛睹禄來降，此"八月"，當是穆宗六年（1099）八月。 都統：據本書卷四四《兵志》載，收國元年（1115）十二月始置咸州軍帥司，天輔五年（1121）襲遼主始有内外諸軍都統之名。此所謂都統，乃指撒改以國相之職爲統軍的首領。 阿里合懣：又作阿离合懣，景祖第八子。本書卷七三有傳。 斡帶：世祖子，太祖同母弟。本書卷六五有傳。 塢塔：此爲人名。下文的塢塔城則是城名，其城在今吉林省琿春市西北密江

村。周春《姓譜》謂，兀毯即兀里坦。兀毯與塢塔同音，本書卷五五《百官志一》姓氏譜中的兀里坦，則是部姓。

[3]謾都訶：景祖子，本書卷六五有傳。

[4]盆搦嶺：今吉林省延吉市東北之老爺嶺。

[5]蒲家奴：漢名昱。景祖孫，劾孫子。本書卷六五有傳。

[6]嶺東諸部：指今黑龍江省老爺嶺以東諸部。都部長：即都勃董，是統數部的地區之長，可以自爲號令，擅置牌號。

[7]勝管：人名。本書僅此一見，屬部不詳。醜阿：駝滿部人。天會十五年（1137）追贈銀青光禄大夫。乙離骨嶺：本書《地理志》謂，合懶路有移鹿古水。以此度之，乙离骨嶺即今朝鮮咸鏡南北道分界的摩天嶺。注阿門水：源於摩天嶺的一支河流。

[8]二涅囊虎路、二蠢出路：區域名稱。另見於本書《斡帶傳》。屬嶺東諸部，均應在今吉林省琿春市境内。待考。

七年庚辰，劾者尚守阿踈城，毛睹禄來降。阿踈猶在遼，遼使使來罷兵。未到，穆宗使烏林荅石魯往佐劾者，[1]戒之曰：“遼使來罷兵，但換我軍衣服旗幟與阿踈城中無辨，勿令遼使知之。”因戒劾者曰：“遼使可以計却。勿聽其言遽罷兵也。”遼使果來罷兵，穆宗使蒲察部胡魯勃董、邈遜孛董與俱。[2]至阿踈城，劾者見遼使，詭謂胡魯、邈遜曰：“我部族自相攻擊，干汝等何事？誰識汝之太師？”乃援創刺殺胡魯、邈遜所乘馬。[3]遼使驚駭遽走，不敢回顧，徑歸。居數日，破其城。狄故保還自遼，[4]在城中，執而殺之。阿踈復訴於遼，遼遣奚節度使乙烈來。[5]穆宗至來流水興和村見。[6]乙烈問阿踈城事，命穆宗曰：“凡攻城所獲，存者復與之，不存者備償。”且徵馬數百匹。穆宗與僚佐謀曰：“若償阿踈，

則諸部不復可號令任使也。"乃令主隈、禿荅兩水之民
陽爲阻絶鷹路,^[7]復使鼊故德部節度使言于遼曰:^[8] "欲
開鷹路,非生女直節度使不可。" 遼不知其爲穆宗謀也,
信之,命穆宗討阻絶鷹路者,而阿踈城事遂止。穆宗聲
言平鷹路,畋於土溫水而歸。是歲,留可來降。

[1]烏林荅石魯:烏林荅,部姓。石魯爲名。

[2]蒲察部胡魯勃堇、邈遜字堇:蒲察,女真部名。胡魯、邈
遜二人,皆爲蒲察部字堇。

[3]援創:施國祁謂,"創"當作"槍"。中華點校本謂,疑當
是"槍"或"劍"字。

[4]狄故保:阿踈弟。

[5]乙烈:奚某部的節度使。待考。

[6]興和村:當在今拉林河中上游。

[7]主隈水:又作主威、燭偎水。《黑龍江志稿》卷三〇以爲
即今黑龍江省蘿北縣佛山鎮附近之扎伊芬河。《〈中國歷史地圖集〉
釋文彙編·東北卷》謂,即今黑龍江省嘉蔭縣境嘉蔭河。張博泉據
《僕忽得傳》以爲應以扎伊芬河爲是(張博泉《金史論稿》第一
卷,第73頁)。 禿荅水:當在主隈水之東北。

[8]鼊故德部:部名。即鼊古部。遼稱鼻骨德、鼻古德、鼻古。
因居鼊古水或跋苦水而得名。《〈中國歷史地圖集〉釋文彙編·東
北卷》謂,該水即今俄羅斯阿穆爾州之比占河。張博泉謂,此水即
今合壘必兒忒水,元時稱荸古江,清時爲布庫河,流入博朗湖後入
黑龍江。今博朗湖附近發現的古城址,疑即鼊古城所在(張博泉
《金史論稿》第一卷,第73頁)。

八年辛巳,遼使使持賜物來,賞平鷹路之有功者。
九年壬午,使蒲家奴以遼賜給主隈、禿荅之民,且

修鷹路而歸。冬，蕭海里叛，入于係案女直阿典部，[1]遣其族人斡達剌來結和，曰："願與太師爲友，同往伐遼。"穆宗執斡達剌。會遼命穆宗捕討海里，穆宗送斡達剌于遼。募軍得甲千餘，女直甲兵之數，始見于此，蓋未嘗滿千也。軍次混同水，[2]蕭海里再使人來，復執之。既而與海里遇，海里遙問曰："我使者安在？"對曰："與後人偕來。"海里不信。是時，遼追海里兵數千人，攻之不能克。穆宗謂遼將曰："退爾軍，我當獨取海里。"遼將許之。太祖策馬突戰，流矢中海里首，海里墮馬下，執而殺之，大破其軍。使阿离合懣獻馘于遼。[3]金人自此知遼兵之易與也。是役也，康宗最先登，於是以先登并有功者爲前行，次以諸軍護俘獲歸所部。穆宗朝遼主于漁所，大被嘉賞，授以使相，錫予加等。[4]

[1]蕭海里：奚人。遼乾統二年（1102）叛遼。 阿典部：《遼史》卷二七《天祚紀一》："蕭海里亡入陪术水阿典部。"陪术水，即普述水，金元稱婆速水，今鴨綠江中下游。此阿典部當居住於這一帶。

[2]混同水：即混同江。此指西流的松花江。

[3]使阿离合懣獻馘于遼：《遼史》卷二七《天祚紀一》：乾統"三年正月辛巳朔，如混同江。女直函蕭海里首，遣使來獻"。

[4]漁所：據《遼史》卷二七《天祚紀一》，乾統三年（1103）正月戊申，天祚帝"如春州"。知此指春州漁所。 使相：官名。始於唐末，以宰相官銜加節度使，作爲榮典。故遼授穆宗以使相，以示加等恩賜。

十年癸未，二月，穆宗還。遼使使授從破海里者官賞。高麗始來通好。[1]十月二十九日，穆宗卒，年五十有一。

[1]高麗始來通好：據《高麗史》卷一一載，壬午七年，即穆宗九年（1102）夏四月，"甲辰，東女真酋長盈歌遣使來朝，盈歌即金之穆宗也"。穆宗十年之前，已遣使於高麗。此所謂"高麗始來通好"，乃指高麗始遣使來金。據《高麗史》卷一二載，時在癸未年秋七月。

初，諸部各有信牌，穆宗用太祖議，擅置牌號者置于法，自是號令乃一，民聽不疑矣。自景祖以來，兩世四主，志業相因，卒定離析，一切治以本部法令。東南至于乙離骨、曷懶、耶懶、土骨論，東北至于五國、主隈、禿荅，金蓋盛于此。天會十五年，追謚孝平皇帝，廟號穆宗。[1]皇統四年，號其藏曰獻陵。五年，增謚章順孝平皇帝。

[1]天會十五年，追謚孝平皇帝，廟號穆宗："十五年"當作"十四年"。詳見本書卷三二《禮志五》。

兄子康宗，諱烏雅束，字毛路完，世祖長子也。遼清寧七年辛丑歲生。[1]乾統五年癸未，[2]襲節度使，年四十三。穆宗末年，阿踈使達紀誘扇邊民，[3]曷懶甸人執送之。穆宗使石適歡撫納曷懶甸，[4]未行，穆宗卒，至是遣焉。先是，高麗通好，既而頗有隙，高麗使來請議事，使者至高麗，拒而不納。五水之民附于高麗，執團練使十四人，[5]語在《高麗傳》中。

[1]清寧：遼道宗年號（1055—1064）。

[2]乾統五年癸未：紀年與干支不合。中華點校本改爲乾統三年。乾統，遼天祚帝年號（1101—1110）。

[3]達紀：阿疎部屬。與术甲部達紀勃菫同名。　曷懶甸人執送之：本書卷一三五《高麗傳》謂："曷懶甸人執之。穆宗以達紀送高麗。"

[4]石適歡：女真人。後撫曷懶甸有功，康宗以爲能。

[5]五水：指曷懶甸之五水。　團練使：官名。唐中期以後，不設節度使地區設團練使。宋爲武將兼銜，官階高於刺史，低於防禦使。遼承唐宋之制，亦置團練使。此團練使，當爲曷懶甸官屬受遼團練使兼銜者。

二年甲申，高麗再來伐，石適歡再破之。高麗復請和，前所執團練十四人皆遣歸，石適歡撫定邊民而還。蘇濱水民不聽命，使斡帶等至活羅海川，[1]召諸官僚告諭之。含國部蘇濱水居斡豁勃菫不至。[2]斡准部、職德部既至，[3]復亡去。塢塔遇二部於馬紀嶺，[4]執之而來，遂伐斡豁，克之。斡帶進至北琴海，攻拔沴忒城，乃還。[5]

[1]活羅海川：即胡里改河，今牡丹江。

[2]含國部：部名。以地名部。張博泉認爲，明清時今興凱湖名恨克、興喀或旱卡，其音與含國相近（張博泉《金史論稿》第一卷，第71頁）。　斡豁：人名。其所部原居今興凱湖一帶，後移居蘇濱水即大綏芬河流域。

[3]斡准部、職德部：二部名。居今大綏芬河流域。

[4]馬紀嶺：今黑龍江省五常市南及吉林舒蘭、蛟河縣境之老爺嶺。

[5]北琴海：今興凱湖。　泓忒城：在今興凱湖東，烏蘇里江上游。

　　四年丙戌，高麗遣黑歡方石來賀襲位，遣盃魯報之。[1]高麗約還諸亡在彼者，乃使阿聒、勝昆往受之。[2]高麗背約，殺二使，築九城於曷懶甸，以兵數萬來攻。[3]斡賽敗之。[4]斡魯亦築九城，[5]與高麗九城相對。高麗復來攻，斡賽復敗之。高麗約以還逋逃之人，退九城之軍，復所侵故地。九月，乃罷兵。[6]

[1]黑歡方石：學者多認爲是一個人名。然高麗人不見復姓，又多以一、二字爲名，疑黑歡、方石爲兩人。　盃魯：女真人。前於康宗元年（1104），石適歡嘗往使高麗而被拒納。

[2]阿聒：完顏部人。殿本作"阿晤"。　勝昆：烏林荅部人。又見於本書卷六五、一三五。

[3]築九城於曷懶甸：按《高麗史》卷一二載，戊子三年即康宗六年（1109），二月"戊申，尹瓘以平定女真、新築六城奉表稱賀，立碑於公嶮鎮以爲界至"。三月"尹瓘又築宜州、通泰、平戎三城，徙南界民以實新築九城"。是知九城乃指此三城及前築咸州、英州、雄州、吉州、福州與公嶮鎮六城。

[4]斡賽：世祖子，太祖異母弟。本書卷六五有傳。

[5]斡魯：景祖孫，韓國公劾者子。本書卷七一有傳。

[6]九月乃罷兵：此處繫年有誤。按上文"四年丙戌"至此一段所述皆非一年之事。《高麗史》卷一三《睿宗世家》，睿宗四年己丑，秋七月丙午"御宣政殿南門引見裹弗等許還九城"。故"九

月”及其前高麗退九城之軍、復所侵故地事皆當繫於己丑年，即康宗七年（1110）。

七年己丑，歲不登，減盜賊徵償，振貧乏者。[1]

[1]歲不登，減盜賊徵償，振貧乏者：詳見本書卷二《太祖紀》。

十一年癸巳，康宗卒，[1]年五十三。天會十五年，追諡恭簡皇帝。[2]皇統四年，號其藏曰喬陵。五年，增諡康宗獻敏恭簡皇帝。

[1]十一年癸巳，康宗卒：“癸巳”，原作“癸酉”，紀年與干支不合。本書卷二《太祖紀》謂，“歲癸巳十月”，“康宗即世”。中華點校本據此改爲“癸巳”，是。

[2]天會十五年，追諡恭簡皇帝：“十五年”應爲“十四年”。依例，應加“廟號康宗”四字。詳見本書卷二三《禮志五》。

贊曰：金之厥初，兄弟三人亦微矣。熙宗追帝祖宗，定著始祖、景祖、世祖廟，世世不祧。始祖娶六十之婦而生二男一女，豈非天耶。景祖不受遼籍遼印，取雅達“國相”以與其子。世祖既破桓赧、散達，遼政日衰，而以太祖屬之穆宗。其思慮豈不深遠矣夫。

金史　卷二

本紀第二

太祖

　　太祖應乾興運昭德定功仁明莊孝大聖武元皇帝，[1]
諱旻，本諱阿骨打，世祖第二子也。[2]母曰翼簡皇后拏
懶氏。[3]遼道宗時有五色雲氣屢出東方，[4]大若二千斛囷
倉之狀，司天孔致和竊謂人曰：[5]"其下當生異人，建
非常之事。天以象告，非人力所能爲也。"咸雍四年戊
申七月一日，[6]太祖生。幼時與群兒戲，力兼數輩，舉
止端重，世祖尤愛之。世祖與臘醅、麻產戰於野鵲水，
世祖被四創，疾困，[7]坐太祖于膝，循其髮而撫之曰：
"此兒長大，吾復何憂？"十歲，好弓矢。甫成童，即善
射。一日，遼使坐府中，顧見太祖手持弓矢，使射群
鳥，連三發皆中。遼使矍然曰："奇男子也。"太祖嘗宴
紇石烈部活離罕家，[8]散步門外，南望高阜，使衆射之，
皆不能至。太祖一發過之，度所至踰三百二十步。宗室
謾都訶最善射遠，[9]其不及者猶百步也。天德三年，立

射碑以識焉。[10]

[1]仁明莊孝：據本卷之末與本書卷三二《禮志五》及《大金集禮》卷三，應作“睿神莊孝仁明”。

[2]世祖：廟號。名劾里鉢，景祖子。1074 年至 1092 年在位，本書卷一有紀。

[3]翼簡皇后拏懶氏：本書卷六三有傳。

[4]遼道宗：廟號。名耶律洪基。1055 年至 1101 年在位。

[5]司天：官名。遼置有司天監。　孔致和：遼道宗時爲司天監的司天。

[6]咸雍：遼道宗年號（1065—1074）。

[7]臘醅、麻產：活剌渾水訶鄰鄉紇石烈部兄弟二人。本書卷六七有傳。　野鵲水：今黑龍江省通河縣哈什哈泡。施國祁謂，“世祖與臘醅、麻產戰於野鵲水，世祖被四創，疾困”，當作“景祖與謝野勃堇戰於拔里邁濼，旋師至部，疾困”。又“案《世紀》世祖野鵲被創在遼道宗大安六年庚午，太祖生於戊申，計年已二十有三，安得有下文‘坐太祖於膝，循其髮而撫之曰：“此兒長大，吾復何憂。”十歲，好弓矢。甫成童，即善射’等語。決爲景祖甲寅年事，乃遼咸雍十年，時太祖方七歲，始合”。疑此處繫年有誤。

[8]紇石烈部：部名。其部當在上京附近。　活离罕：女真人。本書僅此一見。

[9]謾都訶：景祖子，世祖異母兄弟。本書卷六五有傳。

[10]天德三年，立射碑以識焉：天德，金海陵王年號（1149—1153）。按本書卷五《海陵紀》，天德二年（1150）十二月“癸丑，立太祖射碑于紇石烈部中”。立射碑時間與此異。

世祖伐卜灰，太祖因辭不失請從行。[1]世祖不許而心異之。烏春既死，窩謀罕請和。[2]既請和，復來攻，遂圍其城。太祖年二十三，被短甲，[3]免冑，不介馬，行圍號令諸軍。城中望而識之。壯士太峪乘駿馬持槍出城，[4]馳刺太祖。太祖不及備，舅氏活臘胡馳出其間，[5]擊太峪，槍折，刺中其馬，太峪僅得免。[6]嘗與沙忽帶出營殺略，[7]不令世祖知之。且還，敵以重兵追之。獨行隘巷中，失道，追者益急。值高岸與人等，馬一躍而過，追者乃還。

[1]卜灰：不术魯部人。嘗助桓赧、散達爲變，後爲其屬石魯所殺。　辭不失：又作習不失，昭祖孫，烏骨出次子。本書卷七〇有傳。

[2]烏春：阿跋斯水溫都部人。本書卷六七有傳。　窩謀罕：烏春屬部。其所據之窩謀罕城，在今吉林省敦化市額穆鎮東南黑石屯村。

[3]被短甲："被"通"披"。

[4]太峪：窩謀罕屬下壯士。

[5]舅氏活臘胡：本書卷六七《臘醅傳》，稱其爲"烏古論壯士"。卷六五《始祖以下諸子傳》見有世祖"次室烏古論氏"。活臘胡當係世祖次室烏古論氏之兄弟，於太祖爲舅。

[6]擊太峪，槍折，刺中其馬，太峪僅得免：本書卷六七《烏春傳》："太峪馳馬援槍，將及太祖，活臘胡擊斷其槍，太祖乃得免。"此處後一"太峪"疑爲"太祖"之誤。

[7]沙忽帶：世祖部屬。本書僅此一見。

世祖寢疾。太祖以事如遼統軍司。[1]將行，世祖戒之曰："汝速了此事，五月未半而歸，則我猶及見汝也。"太祖往見曷魯騷古統軍，[2]既畢事，前世祖没一日還至家。世祖見太祖來，所請事皆如志，喜甚，執太祖手，抱其頸而撫之，謂穆宗曰："烏雅束柔善，惟此子足了契丹事。"[3]穆宗亦雅重太祖，出入必俱。太祖遠出而歸，穆宗必親迓之。

[1]遼統軍司：按《契丹國志》卷二二："長春路鎮撫女真、室韋，置黃龍府兵馬都部署司、咸州詳穩司、東北路都統軍司。"《遼史·地理志》載，泰州、長春州、寧江州，兵事屬東北統軍司。知此遼統軍司，即遼東北統軍司。

[2]曷魯騷古統軍：本書僅此一見，當爲遼東北統軍司長官。

[3]穆宗：廟號。名盈歌，景祖子，世祖弟。1094 年至 1103 年在位，本書卷一有紀。　烏雅束：即康宗，世祖子。1103 年至 1113 年在位。本書卷一有紀。　足了契丹事：指反遼及與遼交涉之事。

世祖已擒臘醅，麻産尚據直屋鎧水。[1]肅宗使太祖先取麻産家屬，康宗至直屋鎧水，圍之。太祖會軍，親獲麻産，獻馘於遼。[2]遼命太祖爲詳穩，[3]仍命穆宗、辭不失、歡都皆爲詳穩。[4]久之，以偏師伐泥厖古部跋黑、播立開等，[5]乃以達塗阿爲鄉導，[6]沿帥水夜行襲之，[7]鹵其妻子。[8]

[1]直屋鎧水：今黑龍江省巴彥縣境的哲特依河。

[2]馘（guó）：古代戰爭中割取敵人左耳以計算獻功。此指在殺死麻産後，割下其左耳獻給遼以邀功。

[3]詳穩：遼官名。諸府監治長官。遼於部族及屬國亦置詳穩。

[4]歡都：完顏部人。本書卷六八有傳。

［5］跋黑、播立開：二人俱爲帥水尼厖古部勃菫。

［6］達墖阿：人名。本書僅此一見，屬部不詳。

［7］帥水：又作"率河"，今黑龍江省呼蘭河北支的通肯河與雙陽河。

［8］鹵：通"擄"。

初，温都部跋忒殺唐括部跋葛，[1]穆宗命太祖伐之。太祖入辭，謂穆宗曰："昨夕見赤祥，此行必克敵。"遂行。是歲大雪，寒甚。與烏古論部兵沿土温水過末鄰鄉，追及跋忒於阿斯温山、北澮之間，殺之。[2]軍還，穆宗親迓太祖于靄建村。[3]

［1］温都部跋忒殺唐括部跋葛：據本書卷一《世紀》載，事在穆宗三年（1096）。跋忒、跋葛二人，分別爲其本部首領。

［2］土温水：又稱陶温水或屯河，今黑龍江省湯旺河。　阿斯温山：今黑龍江省蘿北縣克里維哈山。　北澮：今黑龍江省鶴崗市的蓮花泡子。

［3］靄建村：在今黑龍江省阿城市東北。

撒改以都統伐留可，[1]謾都訶合石土門伐敵庫德。[2]撒改與將佐議，或欲先平邊地部落城堡，或欲徑攻留可城，議不能決，願得太祖至軍中。穆宗使太祖往，曰："事必有可疑。軍之未發者止有甲士七十，盡以畀汝。"謾都訶在米里迷石罕城下，[3]石土門未到，土人欲執謾都訶以與敵，使來告急，遇太祖於斜堆甸。[4]太祖曰："國兵盡在此矣。使敵先得志於謾都訶，後雖種誅之，何益也。"乃分甲士四十與之。太祖以三十人詣撒改軍，

道遇人曰："敵已據盆搦嶺南路矣。"[5]衆欲由沙偏嶺
往,[6]太祖曰："汝等畏敵邪?"既度盆搦嶺,不見敵,
已而聞敵乃守沙偏嶺以拒我。及至撒改軍,夜急攻之,
遲明破其衆。是時留可、塢塔皆在遼,[7]既破留可,還
攻塢塔城,城中人以城降。初,太祖過盆搦嶺,經塢塔
城下,從騎有後者,塢塔城人攻而奪之釜。太祖駐馬
呼,謂之曰:"毋取我炊食器。"其人謾言曰:"公能來
此,何憂不得食。"太祖以鞭指之曰:"吾破留可,即於
汝乎取之。"至是,其人持釜而前曰:"奴輩誰敢毀詳穩
之器也。"遣蒲家奴招詐都,[8]詐都乃降,釋之。

[1]撒改:景祖孫,韓國公劾者子。本書卷七〇有傳。　都統:
據本書卷四四《兵志》載,收國元年(1115)十二月始置咸州軍
帥司,天輔五年(1121)襲遼主,始有内外諸軍都統之名。此所謂
都統,乃指撒改以國相之職爲統軍的首領。　留可:統門、渾蠢水
合流之地烏古論部勃堇。本書卷六七有傳。其城在今吉林省琿
春市。
[2]石土門:又作神徒門,始祖弟保活里五世孫。本書卷七〇
有傳。　敵庫德:蘇濱水烏古論部勃堇,居米里迷石罕城。
[3]米里迷石罕城:在今吉林省琿春市東北春化(石土門)
附近。
[4]斜堆甸:今吉林省蛟河市與退博、新站之間的三角地帶。
[5]盆搦嶺:今吉林省延吉市東北的老爺嶺。
[6]沙偏嶺:今吉林省琿春市西盤嶺。
[7]塢塔:人名。下文的塢塔城則是城名,其城在今吉林省琿
春市西北密江村。周春《姓譜》謂,兀毹即兀里坦。兀毹與塢塔同
音,本書卷五五《百官志一》姓氏譜中的兀里坦則是部姓。

[8]蒲家奴：漢名昱。景祖孫，劾孫子。本書卷六五有傳。
詐都：渾蠢水徒單部勃菫。

穆宗將伐蕭海里，[1]募兵得千餘人。女直兵未嘗滿
千，至是，太祖勇氣自倍，曰：“有此甲兵，何事不可
圖也。”海里來戰，與遼兵合，因止遼人，自爲戰。勃
海留守以甲贈太祖，[2]太祖亦不受。穆宗問何爲不受。
曰：“被彼甲而戰，戰勝則是因彼成功也。”穆宗末年，
令諸部不得擅置信牌馳驛訊事，號令自此始一，皆自太
祖啟之。

[1]蕭海里：奚人。遼乾統二年（1102）叛遼，亡入陪术水係
遼女真阿典部。
[2]勃海留守：勃，通“渤”。遼於五京置留守司，東京乃故
渤海地。此所謂渤海留守乃指遼東京留守。

康宗七年，歲不登，民多流莩，强者轉而爲盜。歡
都等欲重其法，爲盜者皆殺之。太祖曰：“以財殺人，
不可。財者，人所致也。”遂減盜賊徵償法爲徵三倍。
民間多逋負，賣妻子不能償，康宗與官屬會議。太祖在
外庭以帛繫杖端，麾其眾，令曰：“今貧者不能自活，
賣妻子以償債。骨肉之愛，人心所同。自今三年勿徵，
過三年徐圖之。”眾皆聽令，聞者感泣，自是遠近歸
心焉。
歲癸巳十月，康宗夢逐狼，屢發不能中，太祖前射
中之。旦日，以所夢問僚佐，眾皆曰：“吉。兄不能得

而弟得之之兆也。"是月,[1]康宗即世,太祖襲位爲都勃極烈。[2]

[1]是月:南監本、北監本、殿本作"是歲"。

[2]即世:去世。　都勃極烈:女真官名。生女真部族節度使乃遼人所授遼官。但自景祖建官屬,巋然自爲一國,其官長稱勃堇,最高長官稱都勃極烈。康宗去世,太祖不待遼使使來致節度使之命,自襲位都勃極烈。

遼使阿息保來,[1]曰:"何以不告喪?"太祖曰:"有喪不能弔,而乃以爲罪乎?"他日,阿息保復來,徑騎至康宗殯所,閱賵馬,欲取之。太祖怒,將殺之,宗雄諫而止。[2]既而遼命久不至。遼主好畋獵,淫酗,怠于政事,四方奏事往往不見省。紇石烈阿疎既奔遼,[3]穆宗取其城及其部衆,不能歸。遂與族弟銀术可、辭里罕陰結南江居人渾都僕速,[4]欲與俱亡入高麗。事覺,太祖使夾古撒喝捕之,[5]而銀术可、辭里罕先爲遼戍所獲,渾都僕速已亡去,撒喝取其妻子而還。

[1]阿息保:契丹人。耶律氏,五院部人,時爲樞密院侍御。《遼史》卷一〇一有傳。

[2]宗雄:康宗長子。本書卷七三有傳。

[3]紇石烈阿疎:星顯水紇石烈部勃堇。本書卷六七有傳。其城在今吉林省延吉市附近。

[4]銀术可:阿疎族弟。本書僅此一見。　辭里罕:又作辭勒罕。直顙里部人,後於太祖收國元年(1115)十二月降金。　南江:似泛指女真南疆曷懶甸諸水。　渾都僕速:女真人。渾都似爲

温敦（温都）氏的不同譯寫。

[5]夾古撒喝：女真人。又作加古撒喝、加古撒曷。收國元年爲保州路都統，亦稱保州路都勃堇。太宗天會三年（1125）九月，有罪伏誅。

二年甲午，六月，太祖至江西，[1]遼使使來致襲節度之命。初，遼每歲遣使市名鷹"海東青"于海上，道出境内，使者貪縱，徵索無藝，公私厭苦之。康宗嘗以不遣阿踈爲言，稍拒其使者。太祖嗣節度，亦遣蒲家奴往索阿踈，故常以此二者爲言，終至于滅遼然後已。至是，復遣宗室習古迺、完顏銀术可往索阿踈。[2]習古迺等還，具言遼主驕肆廢弛之狀。[3]於是召官僚耆舊，以伐遼告之，使備衝要，建城堡，修戎器，以聽後命。遼統軍司聞之，使節度使捏哥來問狀，[4]曰："汝等有異志乎？修戰具，飭守備，將以誰禦？"太祖答之曰："設險自守，又何問哉。"遼復遣阿息保來詰之。[5]太祖謂之曰："我小國也，事大國不敢廢禮。大國德澤不施，而逋逃是主，以此字小，能無望乎？若以阿踈與我，請事朝貢。苟不獲已，豈能束手受制也。"阿息保還，遼人始爲備，命統軍蕭撻不野調諸軍於寧江州。[6]

[1]江西：指混同江，即松花江中游之西。

[2]習古迺：又作實古迺、石古迺。本書卷七二有傳。　完顏銀术可：宗室子，又作銀术哥。本書卷七二有傳。

[3]遼主：指遼天祚帝耶律延禧。

[4]節度使：遼官名。按，遼東北路統軍司所隸之泰州、長春州置節度，寧江州置觀察。此節度使不知所指。　捏哥：人名。生

平不詳。

　　[5]遼復遣阿息保來詰之：據《遼史》卷二七《天祚紀一》，事在該年秋七月。

　　[6]蕭撻不野：遼六院部人。本名兀納，時爲東北路統軍使。《遼史》卷九八有傳。　寧江州：州名。治所在今何地説法甚多。主要有：大烏拉，即今吉林省永吉縣烏拉街（高士奇《扈從東巡日録》）；厄黑木站，即今吉林省蛟河市天崗（楊賓《柳邊紀略》）；石頭城子，即今吉林省松原市三岔河鄉石頭城子（《吉林通志》卷一一）；吉林省松原市榆樹溝（池内宏《遼代混同江考》，載《滿鮮史研究》中世第一册）；吉林省松原市小城子或五家站（三上次男《金史研究》第一册《金代女真社會研究》）；吉林省松原市伯都訥古城（李健才《東北史地考略》）；吉林省榆樹市大坡古城（紹維、志國《榆樹大坡古城調查——兼論遼寧江州治地望》，《博物館研究》1982 年創刊號；張英《遼代寧江州治地望新證》，《長春文物》1982 年 2 期）。

　　太祖聞之，使僕聐剌復索阿踈，[1]實觀其形勢。僕聐剌還言：“遼兵多，不知其數。”太祖曰：“彼初調兵，豈能遽集如此。”復遣胡沙保往，[2]還言：“惟四院統軍司與寧江州軍及渤海八百人耳。”[3]太祖曰：“果如吾言。”謂諸將佐曰：“遼人知我將舉兵，集諸路軍備我，我必先發制之，無爲人制。”衆皆曰：“善。”乃入見宣靖皇后，[4]告以伐遼事。后曰：“汝嗣父兄立邦家，見可則行。吾老矣，無貽我憂，汝必不至是也。”太祖感泣，奉觴爲壽。即奉后率諸將出門，舉觴東向，以遼人荒肆，不歸阿踈，并己用兵之意，禱于皇天后土。酹畢，后命太祖正坐，與僚屬會酒，號令諸部。使婆盧火

徵移懶路迪古迺兵，[5]斡魯古、阿魯撫諭斡忽、急賽兩
路係遼籍女直，[6]實不迭往完睹路執遼障鷹官達魯古部
副使辭列、寧江州渤海大家奴。[7]於是達魯古部實里館
來告曰：[8]"聞舉兵伐遼，我部誰從？"太祖曰："吾兵
雖少，舊國也，與汝鄰境，固當從我。若畏遼人，自往
就之。"

[1]僕聑剌：人名。又作僕刮剌。

[2]胡沙保：女真人。又作胡沙補。本書卷一二一有傳。

[3]四院統軍司：據《遼史》卷二七《天祚紀一》載，該司所
統之軍爲渾河北諸軍。　渤海八百人：指海州刺史高仙壽所統應援
的渤海軍。

[4]宣靖皇后：肅宗后蒲察氏。本書卷六三有傳，作靖宣皇后。
本書卷三二《禮志五》與《大金集禮》則稱靜宣皇后，並謂，"柔
德合衆曰靜，聖善周聞曰宣"。"宣靖"當作"靖宣"或"靜宣"。

[5]婆盧火：安帝五代孫。本書卷七一有傳。　移懶路：地區
名。又作耶懶、押懶。該路在今俄羅斯濱海邊疆區塔烏黑河流域，
即清代寧古塔將軍轄境內的雅蘭河流域。　迪古迺：姓完顏，漢名
忠。本書卷七○有傳。

[6]斡魯古：宗室子。本書卷七一有傳。　阿魯：即宗室子宗
賢，太祖從侄。本書卷六六有傳。　斡忽：路名。斡忽即斡魯渾河
之簡稱，今吉林省的伊通河。該路指此河以東到霧開河之間地區。
急賽：路名。亦作忽塞，即吉勒薩河，今金沙河。又作鷄塞，吉林
名稱來源於此。該路指此水爲中心的今吉林地區（參見張博泉《從
"一體"和"多元"探清以前長春市建城史紀元》，《社會科學探
索》1997年增刊）。

[7]實不迭：人名。本書僅此一見。　完睹路：地區名。完睹
即完都魯山，今完達山。該路當指此山附近地區。　障鷹官：遼官

名。亦稱捕鷹使者或求海東青使者。　　達魯古部：部名。其城舊説在今吉林省前郭爾羅斯蒙古族自治縣之塔虎城。《〈中國歷史地圖集〉釋文彙編·東北卷》推定在今拉林河以西。李建才認爲在今吉林省松原市舊城北十里的土城子（李健才《東北史地考略》，吉林文史出版社 1986 年版，第 92 頁）。　　辭列：達魯古部勃堇。　　大家奴：人名。被執降金，後命爲謀克。

[8] 實里館：達魯古屬部，與女真鄰境。克寧江州師還，太祖以其資産給將士。據此，其部當在今拉林河下游之南。從太祖以其資産給將士一事來看，實里館在此後的戰事中是站在了遼人的一方。

　　九月，太祖進軍寧江州，次寥晦城。[1] 婆盧火徵兵後期，杖之，復遣督軍。諸路兵皆會于來流水，[2] 得二千五百人。致遼之罪，申告于天地曰：“世事遼國，恪修職貢，定烏春、窩謀罕之亂，破蕭海里之衆，有功不省，而侵侮是加。罪人阿踈，屢請不遣。今將問罪於遼，天地其鑒佑之。”遂命諸將傳梃而誓曰：“汝等同心盡力，有功者，奴婢部曲爲良，庶人官之，先有官者叙進，輕重視功。苟違誓言，身死梃下，家屬無赦。”師次唐括帶斡甲之地，[3] 諸軍襄射，介而立，有光如烈火，起於人足及戈矛之上，人以爲兵祥。明日，次扎只水，[4] 光見如初。

　　[1] 寥晦城：當在今拉林河東。
　　[2] 來流水：今拉林河。會軍誓師之地在此水之西，今吉林省松原市徐家店鄉石碑崴子屯。
　　[3] 唐括帶斡甲之地：唐括爲部名，帶斡甲爲地名。在札只水

之東。

[4]札只水：李建才認為札只與夾津同音，即今石碑崴子與伯都訥古城之間的夾津溝（李健才《東北史地考略》，第81頁）。

將至遼界，先使宗幹督士卒夷堙。[1]既度，遇渤海軍攻我左翼七謀克，[2]衆少却，敵兵直犯中軍。斜也出戰，哲垤先驅。[3]太祖曰：“戰不可易也。”遣宗幹止之。宗幹馳出斜也前，控止哲垤馬，斜也遂與俱還。敵人從之，耶律謝十墜馬，[4]遼人前救。太祖射救者，斃，併射謝十，中之。有騎突前，又射之，徹扎洞胸。謝十拔箭走，追射之，中其背，飲矢之半，僨而死。獲所乘馬。宗幹與數騎陷遼軍中，太祖救之，免胄戰。或自傍射之，矢拂于顙。太祖顧見射者，一矢而斃。謂將士曰：“盡敵而止。”衆從之，勇氣自倍。敵大奔，相蹂踐死者十七八。撒改在別路，[5]不及會戰，使人以戰勝告之，而以謝十馬賜之。撒改使其子宗翰、完顔希尹來賀，且稱帝，因勸進。[6]太祖曰：“一戰而勝，遂稱大號，何示人淺也。”

[1]宗幹：太祖庶長子。本書卷七六有傳。

[2]謀克：女真人軍事編制基本組織。克寧江州師還之後，太祖初命諸路以三百户爲謀克，十謀克爲猛安，成爲地方行政設置與軍事編制及其官長之稱。此爲軍事編制。

[3]斜也：漢名杲。太祖母弟。本書卷七六有傳。　哲垤：人名。斜也的導騎。

[4]耶律謝十：契丹人。據《遼史》卷二七《天祚紀一》，戰於寧江東時，爲蕭撻不也屬將。

卷二　本紀第二　太祖

49

[5]撒改在別路：據本書卷二三《五行志》及《大金得勝陀碑》所記，來流水諸將誓師，撒改亦在場。其前往別路，當在誓師之後，即渡札只水之前。《撒改傳》云，"來流水人民撒改統之"，其所率別路偏師，當在來流水南路一帶，以防遼黃龍府兵馬都部署司與咸州詳穩司對太祖所率攻取寧江州主力部隊側翼的襲擊。

[6]宗翰：國相撒改長子。本書卷七四有傳。　完顏希尹：歡都之子。本書卷七三有傳。　且稱帝，因勸進：施國祁《金史詳校》謂，當作"且勸進，因稱帝"。但據《宗翰傳》應以原爲是。

　　進軍寧江州，諸軍填塹攻城。寧江人自東門出，溫迪痕阿徒罕邀擊，[1]盡殱之。十月朔，克其城，獲防禦使大藥師奴，[2]陰縱之，使招諭遼人。鐵驪部來送款。[3]次來流城，[4]以俘獲賜將士。召渤海梁福、斡苔剌使之僞亡去，[5]招諭其鄉人曰："女直、渤海本同一家，我興師伐罪，不濫及無辜也。"使完顏婁室招諭係遼籍女直。[6]

[1]溫迪痕阿徒罕：阿徒罕，溫迪痕部人。本書卷八一有傳。中華點校本原以溫迪痕部姓爲人名，誤標點爲兩人。

[2]防禦使：遼官名。官階低於觀察使，高於團練使。　大藥師奴：渤海人。遼於寧江州置觀察使，防禦使非寧江州的長官，乃蕭撻不野調諸軍來寧江州者。

[3]鐵驪部：部族名。又作鐵勒部。唐爲黑水靺鞨的一部，遼時居於今黑龍江省呼蘭河上游迤南至松花江北岸一帶。遼興宗時，曾徙鐵驪戶於今吉林省農安縣萬金塔東北蘇家店，置祥州。

[4]來流城：在今拉林河附近，具體地點待考。

[5]梁福：渤海人。　斡苔剌：人名。即本卷天輔六年（1112）七月，"以招降者衆，命領八千户"的斡苔剌。

[6]完顏婁室：女真完顏部人。本書卷七二有傳。有《完顏婁
室神道碑》，記其生平事迹。　係遼籍女直：遼管轄下的首領接受
遼官號、官印，人户被編入遼籍，按户抽丁的女真人。亦稱係遼女
真、係籍女真、係案女真或熟女真。完顏婁室所招降的爲移懃、益
海路太彎照撒等。

師還，謁宣靖皇后，以所獲頒宗室耆老，以實里館
貲産給將士。初命諸路以三百户爲謀克，十謀克爲猛
安。[1]酬斡等撫定讒謀水女直，鼈古酋長胡蘇魯以
城降。[2]

[1]初命諸路以三百户爲謀克，十謀克爲猛安：此爲女真正式
按地區劃分設置及按户領民的行政措施。

[2]酬斡：宗室子。本書卷一二一有傳。　讒謀水：疑當作
"讒坦水"。本書卷一二一《酬斡傳》"酬斡率濤温路兵招撫三坦、
石里很、跋苦三水鼈古城邑，皆降之"。疑"讒坦"爲"三坦"之
異譯。三坦水即今黑龍江勤得力對岸的畢拉河。　鼈古：部名。又
作鼈古德，以居跋苦水而得名。其部在今黑龍江下游的布庫河及
黑、松二江合流處的東北（參見張博泉《金史論稿》第一卷，第
73頁）。

十一月，遼都統蕭糺里、副都統撻不野將步騎十萬
會于鴨子河北。[1]太祖自將擊之。未至鴨子河，既夜，
太祖方就枕，若有扶其首者三。寤而起，曰："神明警
我也。"即鳴鼓舉燧而行。黎明及河，遼兵方壞凌道，
選壯士十輩擊走之。大軍繼進，遂登岸。甲士三千七
百，至者纔三之一。俄與敵遇于出河店。[2]會大風起，

塵埃蔽天，乘風勢擊之，遼兵潰。逐至斡論濼，[3] 殺獲首虜及車馬甲兵珍玩不可勝計，徧賜官屬將士，燕犒彌日。遼人嘗言女直兵若滿萬則不可敵，至是始滿萬云。

[1] 蕭糺里：契丹人。本名糺里，又作糺鄰，漢名嗣先。蕭奉先之弟。時爲東北路都統。 撻不野：即蕭撻不野。 將步騎十萬會于鴨子河北：誇大之詞。《遼史》卷二七《天祚紀一》謂："發契丹奚軍三千人，中京禁兵及土豪二千人，別選諸路勇武二千餘人。" 鴨子河：《〈中國歷史地圖集〉釋文彙編・東北卷》以爲即今松花江自陶賴昭至肇東市南一段，及嫩江與洮兒河合流以下一段。李健才《東北史地考略》以爲即今第一松花江的西段。或謂今嫩江。

[2] 出河店：地名。一說在今黑龍江省肇源縣望海屯舊址；一說在今黑龍江省肇源縣茂興鎮南的吐什吐古城；一說在今黑龍江省肇東市的八里城。

[3] 斡論濼：又作斡鄰濼或長濼。今吉林省前郭爾羅斯蒙古族自治縣之查幹泡。

斡魯古敗遼兵，斬其節度使撻不野。[1] 僕虺等攻賓州，拔之。[2] 兀惹雛鶻室來降。[3] 遼將赤狗兒戰于賓州，僕虺、渾黜敗之。[4] 鐵驪王回离保以所部降。[5] 吾睹補、蒲察復敗赤狗兒、蕭乙薛軍于祥州東。[6] 斡忽、急塞兩路降。斡魯古敗遼軍于咸州西，斬統軍實婁于陣。[7] 完顏婁室克咸州。

[1] 斡魯古：原脫 "古" 字，從中華點校本補。 節度使撻不野：遼有多人名撻不野。此人當是《遼史》卷二七《天祚紀一》

天慶四年（1114）十月所見的"静江軍節度使蕭撻不也"。與前所見又名兀納的東北路統軍使蕭撻不野同名。

[2]僕虺：女真人。先後爲斡魯古及闍母的部將。　賓州：治所在今吉林省農安縣東北境，伊通河與松花江合流處西南方紅石壘，即靠山鄉廣元店古城。

[3]兀惹：部族名。也作烏惹。原居今松花江下游及黑龍江下游，遼聖宗統和十七年（999）徙置賓州。　雛鶻室：兀惹人。又作雛鶻失。

[4]赤狗兒：契丹人。即耶律赤狗兒。後於天輔七年（1123）降金。　渾黜：即完顏渾黜。大定間贈徐國公，定爲衍慶亞次功臣。

[5]鐵驪王回离保：奚人。一名翰，奚王忒鄰之後，故稱奚王回离保。其所居乃鐵勒故地鐵驪州，故又稱鐵驪王回离保。降金未幾，復遁歸於遼。本書卷六七、《遼史》卷一一四皆有傳。

[6]吾睹補：漢名昂。太祖異母弟。本書卷六五有傳。　蒲察：即穆宗子濟國公蒲查，大定間定爲衍慶亞次功臣（參見王可賓《穆宗子蒲察事迹考略》，《北方文物》1998年第3期）。　蕭乙薛：奚人。遼國舅少父房後裔。《遼史》卷一〇一有傳。　祥州：治所在今吉林省農安縣城東北六十里的萬金塔古城。

[7]咸州：治所在今遼寧省開原市老城鎮。　實婁：原作"婁實"，本書《斡魯古傳》稱遼都統實婁，《遼史》卷二七《天祚紀一》稱南軍諸將實婁。中華點校本據此改爲"實婁"，今從。

是月，[1]吴乞買、撒改、辭不失率官屬諸將勸進，[2]願以新歲元日恭上尊號。太祖不許。阿离合懣、蒲家奴、宗翰等進曰：[3]"今大功已建，若不稱號，無以繫天下心。"太祖曰："吾將思之。"

[1]是月：本書卷七〇《撒改傳》作"十二月"。

[2]吳乞買：即金太宗。漢名晟，太祖母弟。1123 年至 1135 年在位。本書卷三有紀。

[3]阿离合懣：景祖第八子。本書卷七三有傳。

收國元年正月壬申朔，群臣奉上尊號。是日，即皇帝位。上曰："遼以賓鐵爲號，取其堅也。賓鐵雖堅，終亦變壞，惟金不變不壞。金之色白，完顏部色尚白。"於是國號大金，改元收國。[1]

[1]國號大金，改元收國：《契丹國志》與《大金國志》皆謂，戊戌年（1118）阿骨打稱帝，國號大金，建元天輔。按，此年既非天輔元年（1117），也非收國元年（1115）。《遼史》卷二八《天祚紀二》天慶七年（1117）謂："是歲，女直阿骨打用鐵州楊樸策，即皇帝位，建元天輔，國號金。"也未言及收國年號。但《三朝北盟會編》卷二載此事却謂，"推尊楊樸之言，上阿骨打尊號爲皇帝，國號大金"，"改元收國"。當以《金史》記載爲是。金建國於乙未年（1115），建元收國。《殿本金史考證》卷二云："按《金志》，太祖以其國産大金及有金水源，故稱爲大金。"

丙子，上自將攻黃龍府，進臨益州。[1]州人走保黃龍，取其餘民以歸。遼遣都統耶律訛里朵、左副統蕭乙薛、右副統耶律張奴、都監蕭謝佛留，騎二十萬、步卒七萬戍邊。[2]留婁室、銀术可守黃龍，上率兵趨達魯古城，次寧江州西。遼使僧家奴來議和，國書斥上名，且使爲屬國。[3]庚子，進師，有火光正圓，自空而墜。上曰："此祥徵，殆天助也。"酹白水而拜，[4]將士莫不喜躍。進逼達魯古城。上登高望遼兵若連雲灌木狀，顧謂左右曰：“遼兵心貳而情怯，雖多不足畏。”遂趨高阜爲陣。宗雄以右翼先馳遼左軍，左軍却。左翼出其陣後，遼右軍皆力戰。婁室、銀术可衝其中堅，凡九陷陣，皆力戰而出。宗翰請以中軍助之。上使宗幹往爲疑兵。宗雄已得利，擊遼右軍，遼兵遂敗。乘勝追躡，至其營，會日已暮，圍之。黎明，遼軍潰圍出，逐北至阿婁岡。[5]遼步卒盡殪，得其耕具數千以給諸軍。是役也，遼人本欲屯田，且戰且守，故并其耕具獲之。

[1]黃龍府：治所在今吉林省農安縣城。　益州：治所在今吉林省農安縣城北八十里的小城子。

[2]都統耶律訛里朶：都統，遼官名。《遼史》卷二七《天祚紀一》作“行軍都統”，《契丹國志》作“淶流河路都統”。耶律訛里朶，契丹人。又作耶律斡里朶。　耶律張奴：即耶律章奴。《遼史》卷一〇〇有傳。　都監蕭謝佛留：都監，遼官名。應是淶流河路行軍都監。蕭謝佛留，奚人。《遼史》卷一〇〇《耶律术者傳》則謂耶律术者於“天慶五年，受詔監都統耶律斡里朶戰”。與此異。

[3]遼使僧家奴來議和，國書斥上名，且使爲屬國：按《遼史》卷二八《天祚紀二》天慶五年（1115）正月謂，“遣僧家奴持書約和，斥阿骨打名。阿骨打遣賽剌復書，若歸叛人阿疎，遷黃龍府於別地，然後議之”。

[4]白水：水名。按《大金國志》卷一謂：“出河店，臨白江。”《契丹國志》卷一〇亦有相同記載。白水即白江，指出河店與寧江州之間的松花江。

[5]阿婁岡：地名。阿婁，女真語爲“岡”。據前文所載遼軍戍邊與金主力進師路綫，阿婁岡當在達魯古城與黃龍府之間。今吉

林省前郭爾羅斯蒙古族自治縣平鳳鄉境内的阿拉嘎岡子，即阿婁岡（參見張博泉《遼金女真達魯古部與達魯古城再議》，《黑龍江民族叢刊》1998 年第 4 期）。另，本書卷七三《宗雄傳》作"追殺至乙吕白石而還"。

二月，師還。

三月辛未朔，獵于寥晦城。

四月，遼耶律張奴以國書來。上以書辭慢侮，留其五人，獨遣張奴回報，書亦如之。

五月庚午朔，避暑于近郊。甲戌，拜天射柳。[1] 故事，五月五日、七月十五日、九月九日拜天射柳，歲以爲常。

[1]甲戌，拜天射柳：遼舊俗，金因之。本書卷三五《禮志八》記載較詳，凡重五，拜天禮畢行射柳。五月甲戌，爲五月初五，即重五。

六月己亥朔，遼耶律張奴復以國書來，猶斥上名。上亦斥遼主名以復之，且諭之使降。

七月戊辰，[1] 以弟吴乞買爲諳班勃極烈，國相撒改爲國論勃極烈，辭不失爲阿買勃極烈，弟斜也爲國論勃極烈。[2] 甲戌，遼使辭剌以書來，[3] 留之不遣。九百奚營來降。[4]

[1]七月戊辰：施國祁據《遼朔考》謂，此下當加一"朔"字。

[2]諳班勃極烈：女真朝官名。直譯爲"大勃極烈"。居守，

貳國政，後爲國初儲嗣的專稱。　國論勃極烈：直譯爲"國勃極烈"，即所謂國相。　阿買勃極烈：直譯爲"第一勃極烈"，治城邑者。　弟斜也爲國論勃極烈：中華點校本認爲國論下脱"昃"字。國論昃勃極烈，直譯爲"國之第二勃極烈"，陰陽之官。

[3]辭剌：即蕭辭剌。

[4]九百奚營：按，奚有十三部、二十八落、一百一帳、三百六十二族。九百奚營是奚營帳名，又稱九百奚部。故址在今吉林省梨樹縣城北偏東八里許，招蘇太河右岸的偏臉城。

八月戊戌，[1]上親征黄龍府。次混同江，無舟，上使一人道前，[2]乘赭白馬徑涉，曰："視吾鞭所指而行。"諸軍隨之，水及馬腹。後使舟人測其渡處，深不得其底。熙宗天眷二年，[3]以黄龍府爲濟州，軍曰利涉，蓋以太祖涉濟故也。

[1]八月戊戌：施國祁據《遼朔考》謂，此下當加一"朔"字。

[2]上使一人道前："道"與"導"通。即太祖阿骨打令一人先驅前導。

[3]熙宗：廟號。名亶。1135年至1149年在位。本書卷四有紀。　天眷：熙宗年號（1138—1140）。天眷二年，本書卷二四《地理志上》隆州條作"天眷三年"。

九月，克黄龍府，[1]遣辭剌還，遂班師。至江，徑渡如前。[2]丁丑，至自黄龍府。己卯，黄龍見空中。癸巳，以國論勃極烈撒改爲國論忽魯勃極烈，阿离合懣爲國論乙室勃極烈。[3]

　　[1]九月，克黃龍府：按《遼史》卷二八《天祚紀二》謂：
"九月丁卯朔，女直軍陷黃龍府。"是以"九月"與"克黃龍府"
之間，應加"丁卯朔"三字。

　　[2]至江，徑渡如前：施國祁據本書卷一三五《高麗傳》謂，
此下當加"命加古撒喝攻保州"八字。

　　[3]國論忽魯勃極烈：國之統領官的稱號，統數部者曰忽魯。
國論乙室勃極烈：國家迎迓官。

　　十一月，遼主聞取黃龍府，大懼，自將七十萬至馳
門。[1]駙馬蕭特末、林牙蕭查剌等將騎五萬、步四十萬
至斡鄰灤。[2]上自將禦之。

　　[1]馳門：地名。在斡鄰灤，即今吉林省西部查斡泡附近。

　　[2]蕭特末：在遼曾爲中書令、守司空。尚道宗季女。保大二
年（1122，金天輔六年）八月，於石輦驛之戰被執。子蕭仲恭，本
書卷八二有傳。　　林牙：遼官名。掌文翰，時稱學士。　　蕭查剌：
奚人。又作蕭察剌。嘗爲西京留守，後於天輔六年降金。

　　十二月己亥，行次爻剌，[1]會諸將議。[2]皆曰："遼
兵號七十萬，其鋒未易當。吾軍遠來，人馬疲乏，宜駐
于此，深溝高壘以待。"上從之。遣迪古迺、銀术可鎮
達魯古。丁未，上以騎兵親候遼軍，獲督餉者，知遼主
以張奴叛，[3]西還二日矣。是日，上還至熟結灤，[4]有光
見于矛端。戊申，諸將曰："今遼主既還，可乘怠追擊
之。"上曰："敵來不迎戰，去而追之，欲以此爲勇
邪？"衆皆悚愧，願自效。上復曰："誠欲追敵，約齎以
往，無事餫饋。若破敵，何求不得。"衆皆奮躍，追及

遼主于護步荅岡。[5]是役也，兵止二萬。上曰："彼衆我寡，兵不可分。視其中軍最堅，遼主必在焉。敗其中軍，可以得志。"使右翼先戰。兵數交，左翼合而攻之。遼兵大潰。我師馳之，橫出其中。遼師敗績，死者相屬百餘里。獲輿輦帝幄兵械軍資，他寶物馬牛不可勝計。是戰，斜也援矛殺數十人，阿离本被圍，温迪罕迪忽迭以四謀克兵出之，完顏蒙刮身被數創，力戰不已，功皆論最。[6]蕭特末等焚營遁去。遂班師。夾谷撒喝取開州。[7]婆盧火下特鄰城，辭里罕降。[8]

[1]爻剌：地名。本書卷二四《地理志》上京路條："其行宮有天開殿，爻剌春水之地也。"即太祖"崩于部堵濼西行宮"的行宮。部堵泊在今松原市伯都訥，行宮在泊西。又"約""鴨"音近，女真語"子"亦讀爲"剌"。疑爻剌水即鴨子河的不同譯寫。其地在今松花江、嫩江合流處以東。

[2]會諸將議：《遼史》卷二八《天祚紀二》記此會議之狀謂，"女真主聚衆，劓面仰天慟哭"，"諸軍皆曰：事已至此，惟命是從"。

[3]張奴叛：指耶律張奴自東征前綫，濟鴨子河，與耶律淳子阿撒等三百餘亡歸，謀廢立事。

[4]熟結濼：又作執吉訛母。金毓黻《遼東文獻徵略》謂，在今黑龍江省五常市境内。《〈中國歷史地圖集〉釋文彙編·東北卷》謂，即今吉林省舊扶餘縣社里站一帶古湖泊。張博泉謂，執吉猛安在遼术哲達魯古部，即松花江與伊通河合流處的朱家城子。熟結泊，指其南，松花江北的諸泊（張博泉《遼金女真達魯古部與達魯古城再議》）。

[5]護不荅岡：《中國通史》第六册謂，在今黑龍江省五常市

以西，吉林省榆樹市一帶，似誤。時金兵主力活動在熟結泊、夊剌間，迪古迺、銀术可鎮達魯古。遼軍由斡鄰泊（今查斡泡）及駝門（在查斡泡附近）西還，不可能進入東部金已占領之地。護步荅岡當在今吉林省農安縣西，前郭爾羅斯蒙古族自治縣西南烏蘭傲都鄉浩勒寶坨子一帶。

[6]阿离本："本""補"，同音異寫，即本書卷八〇系出景祖的阿离補。　温迪罕迪忽迭：温迪罕，部姓。迪忽迭，人名。中華點校本誤標爲二人。　完顔蒙刮：又稱蒙刮，即大定間定爲衍慶宫亞次功臣的銀青光禄大夫蒙適（kuò）。

[7]開州：治所在今遼寧省鳳城市。

[8]特鄰城：《〈中國歷史地圖集〉釋文彙編·東北卷》謂，在今黑龍江省寧安縣東京城西北。張博泉認爲，即《元一統志》記載的遼金所建的奴兒斡城，在今黑龍江下游特林地方（張博泉《金史論稿》第一卷，第80頁）。

　　二年正月戊子，詔曰："自破遼兵，四方來降者衆，宜加優恤。自今契丹、奚、漢、渤海、係遼籍女直、室韋、達魯古、兀惹、鐵驪諸部官民，[1]已降或爲軍所俘獲，逃遞而還者，勿以爲罪，其酋長仍官之，且使從宜居處。"

[1]室韋：原作"韋室"。本書卷七一《斡魯傳》有"以兵五百，敗室韋，獲其民衆"，卷一二一《酬斡傳》有"敗室韋五百于阿良葛城"。《遼史》卷一一六《國語解》稱"遼之初興，與奚、室韋密邇"，卷三三《營衛志·部族》稱"室韋部，聖宗以室韋户置"，卷三六《兵衛志》載有"黑車子室韋""黃室韋""小黃室韋""大黃室韋"等。可知，室韋爲北方民族的族稱及部族名稱。今據改正。拓跋鮮卑稱東部鮮卑爲室韋，始見載於《魏書》。唐時，

室韋分部凡二十餘。及遼，其諸部皆有很大變動。金初，室韋分布在今嫩江流域，與女真相鄰。

閏月，高永昌據東京，使撻不野來求援。[1]高麗遣使來賀捷，且求保州。[2]詔許自取之。

[1]高永昌：渤海人。遼東京裨將。據東京事，見本書卷七一《斡魯傳》、《遼史》卷二八《天祚紀二》及《契丹國志》卷一〇。東京：遼京路名。治所在今遼寧省遼陽市。　撻不野：渤海人。即本書卷一二八《盧克忠傳》所載"斡魯克東京，永昌走長松島，克忠與渤海人撻不也追獲之"的撻不也。

[2]保州：治所在今朝鮮平安北道義州與新義州間。

二月己巳，詔曰："比以歲凶，庶民艱食，多依附豪族，因爲奴隸，及有犯法，徵償莫辦，折身爲奴者，或私約立限，以人對贖，過期則爲奴者，並聽以兩人贖一爲良。若元約以一人贖者，即從元約。"

四月乙丑，以斡魯統内外諸軍，與蒲察、迪古迺會咸州路都統斡魯古討高永昌。[1]胡沙補等被害。[2]

[1]斡魯：韓國公劾者子，撒改弟。本書卷七一有傳。據本書《斡魯傳》與《闍母傳》，蒲察之前應補"闍母"二字。　咸州路都統：金初所設地區官屬名。據本書《兵志》與《地理志》載，金收國元年（1115）十二月，始置咸州軍帥司，後升爲咸州路都統司。

[2]胡沙補等被害：據本書《斡魯傳》，永昌殺胡沙補、撒八在該年五月，敗永昌之前。故此六字當移至下文"五月"之後。

五月，斡魯等敗永昌，撻不野擒永昌以獻，戮之于軍。東京州縣及南路係遼女直皆降。詔除遼法，省稅賦，置猛安謀克一如本朝之制。以斡魯爲南路都統、迷勃極烈。[1]阿徒罕破遼兵六萬于照散城。[2]

[1]南路都統：金降東京州縣及南路係遼女真後所設官屬名，即南路都統司都統。　迷勃極烈：直譯爲"第四勃極烈"。在諸勃極烈中位居最後，又稱"倅貳之官"。中華點校本"統"後有句號，誤標點爲"迷勃極烈阿徒罕"。

[2]阿徒罕破遼兵六萬于照散城：據本書《斡魯傳》，事在該年"五月"之前，"斡魯方趨東京"之後。故此十二字，當移在上文"討高永昌"之後。照散城，據《〈中國歷史地圖集〉釋文彙編·東北卷》謂，在今遼寧省清原縣南山城。張博泉認爲，當在今吉林省輝南縣南一統河附近（張博泉《金史簡編》，遼寧人民出版社 1984 年版，第 81 頁）。

九月己亥，上獵近郊。乙巳，南路都統斡魯來見于婆盧買水。[1]始製金牌。[2]

[1]婆盧買水：又作蒲盧買水。今黑龍江省通河縣東的烏拉渾河。

[2]金牌：授以萬户所佩的信牌。本書卷五八《百官志四》謂："收國二年九月，始製金牌。"即指此。

十二月庚申朔，諧班勃極烈吳乞買及群臣上尊號曰大聖皇帝，改明年爲天輔元年。

天輔元年正月，開州叛，加古撒喝等討平之。國論戾勃極烈斜也以兵一萬取泰州。[1]

[1]泰州：指舊泰州。治所主要有二説：一説在今黑龍江省泰
來縣塔子城；一説在今吉林省洮南市舊城東二十里的城四家子
古城。

四月，遼秦晉國王耶律捏里來伐，[1]迪古迺、婁室、
婆盧火將兵二萬，會咸州路都統斡魯古擊之。

[1]秦晉國王：遼封爵名。　耶律捏里：即耶律淳。小字捏里，
遼興宗第四孫。平耶律章奴之變後，進封秦晉國王，拜都元帥。
《遼史》卷三〇有附紀。

五月丁巳，詔自收寧江州已後同姓爲婚者，杖而
離之。

七月戊申，以完顏斡論知東京事。[1]

[1]知東京事：金初官名。收國二年（1116）五月，東京降，
金置知東京事，以烏蠢任之，完顏斡論當爲其繼任者。

八月癸亥，高麗遣使來請保州。[1]

[1]八月癸亥，高麗遣使來請保州：天輔元年（1117）即高麗
睿宗十二年。《高麗史》卷一四《睿宗世家》，十二年無請保州事。
十一年八月“庚辰，金將撒喝攻遼來遠、抱州，二城幾陷……王乃
遣使如金請曰：‘抱州本吾舊地，願以見還’。金主謂使者曰：‘爾
其自取之’”。當即此事。高麗睿宗十一年即金收國二年（1116），

本書卷六〇《交聘表上》亦繫此事於收國二年。

十二月甲子，斡魯古等敗耶律捏里兵于蒺藜山，[1]拔顯州，乾、懿、豪、徽、成、川、惠等州皆降。[2]是月，宋使登州防禦使馬政以國書來，其略曰：“日出之分，實生聖人。竊聞征遼，屢破勍敵。若克遼之後，五代時陷入契丹漢地，願畀下邑。”[3]

[1]十二月甲子：《遼史》卷二八爲“十二月丙寅”，與此異。蒺藜山：在今遼寧省阜新市北。

[2]拔顯州，乾、懿、豪、徽、成、川、惠等州皆降：施國祁《金史詳校》卷一：“案《紀》下文，七年正月，宜、錦、乾、顯、成、川、豪、懿等州皆降，與《遼史·屬國表》保大三年正月遼興軍、宜、錦、乾、顯、成、川、豪、懿等州降金合。此則《謀夏錄》所云：‘焚掠成、懿、豪、惠等州，又破乾、顯等州。’乃僅遭殘毀，已降復叛耳。亦見《斡魯古傳》。”顯州，治所在今遼寧省北寧市西南五里北鎮廟。乾州，治所在今遼寧省北寧市西南十二里觀音洞附近。懿州，治所在今遼寧省阜新縣北繞陽河南岸塔營子古城。豪州，治所在今遼寧省彰武縣南。徽州，治所在今遼寧省阜新縣鷔歡池北。成州，治所在今遼寧省阜新市西北境。川州，治所在今遼寧省北票市東北八十里黑城子古城。惠州，治所在今内蒙古自治區敖漢旗博羅科舊城址。

[3]是月，宋使登州防禦使馬政以國書來：《三朝北盟會編》卷一載，政和八年（1118，金天輔二年），遣馬政等過海至女真軍前議事，未齎國書。與此異。《續資治通鑑》卷九三《考異》謂：“議夾攻，實自宣和二年（天輔四年）二月四日遣趙良嗣始。前此馬政及呼延慶兩番所議，但買馬耳……《金史》所載國書，或是良嗣所齎，誤繫之馬政。且遣馬政在重和元年，乃金天輔二年也。”

施國祁認爲，自“是月”至“願畀下邑”五十二字，當改入二年閏月，“遼耶律奴哥以國書來”文下。

二年正月庚寅，遼雙州節度使張崇降。[1]使散覩如宋報聘，書曰：“所請之地，今當與宋夾攻，得者有之。”[2]

[1]雙州節度使：遼官名。本稱保安軍節度使。雙州，治所在今遼寧省鐵嶺市鐵嶺城西六十里古城子村。　張崇：海陵正隆六年（1161）八月曾以太常博士爲高麗生日使。

[2]散覩：據《三朝北盟會編》卷二，即該年十二月至登州的熟女真人小散多。施國祁謂，自“使散覩如宋報聘”至“得者有之”二十三字，當改入十月“命各以所部爲千户”文下。

二月癸丑朔，遼使耶律奴哥等來議和。[1]辛酉，孛董迪古迺、[2]婁室來見。上以遼主近在中京，[3]而敢輒來，皆杖之。劾里保、雙古等言，[4]咸州都統斡魯古知遼主在中京而不進討，芻粮豐足而不以實聞，攻顯州時所獲生口財畜多自取。

[1]耶律奴哥：契丹人。據《遼史》卷二八載，耶律奴哥曾於是年正月、三月、五月、六月、八月、閏九月，翌年三月、十二月，凡八次使金議和，定册禮等。

[2]孛董：女真官名。又作勃董，漢語的意思爲部長，也作長官之稱。

[3]中京：即遼中京，治所在今內蒙古自治區寧城縣西大明城。

[4]劾里保、雙古：二人當爲金咸州路都統司的僚佐或部將。

三月癸未朔，命闍哥代爲都統而鞫治之，[1] 斡魯古坐降謀克。壬辰，遼使耶律奴哥以國書來。庚子，以婁室言黃龍府地僻且遠，宜重戍守，乃命合諸路謀克，以婁室爲萬户鎮之。[2]

[1]命闍哥代爲都統而鞫治之：施國祁《金史詳校》卷一謂"'闍哥'即'闍母'，《會編》作'蟾目大王'，乃音之轉耳"。本書卷七一《闍母傳》稱"及斡魯古以罪去咸州，闍母代之，於是闍母爲咸州路副統。"稱闍母代斡魯古爲咸州路副統，與此處上文稱劾里保等劾斡魯古之事合，似此處"闍哥"爲"闍母"之誤。然同卷《斡魯古勃堇傳》稱"闍哥亦宗室子也，既代斡魯古治咸州……於是，詔使闍哥擇其才可幹事者而授之謀克，其豪右誠心歸附者擬爲猛安……而使闍母爲其副統云"。又稱"闍哥""代斡魯古治咸州"，"闍母"爲之副，又似此處"闍哥"不誤。

[2]萬户：本書卷四四《兵志》謂："凡猛安之上置軍帥，軍帥之上置萬户，萬户之上置都統。然時亦稱軍帥爲猛安，而猛安則稱親管猛安者。"

四月辛巳，遼使以國書來。
五月丙申，命胡突袞如遼。[1]

[1]胡突袞：亦作胡突古。嘗叛入遼，居東京。高永昌據東京，太祖索之以歸。斡魯古伐高永昌，以便宜署千户。太祖聞之罷去，至是又命其使遼。

六月甲寅，詔有司禁民凌虐典雇良人，及倍取贖直者。甲戌，遼通、祺、雙、遼等州八百餘户來歸，[1] 命分置諸部，擇膏腴之地處之。

[1]通州：治所在今吉林省四平市西一面城古城。　祺州：治所在今遼寧省康平縣東南齊家屯。　遼州：治所在今遼寧省新民市東北五十八里遼濱塔村。

　七月癸未，詔曰："匹里水路完顏术里古、渤海大家奴等六謀克貧乏之民，[1]昔嘗給以官粮，置之漁獵之地。今歷日已久，不知登耗，可具其數以聞。"胡突衮還自遼。耶律奴哥復以國書來。丙申，胡突衮如遼。遼戶二百來歸，處之泰州。詔遣阿里骨、李家奴、特里底招諭未降者。[2]仍詔達魯古部勃董辭列："凡降附新民，善爲存撫。來者各令從便安居，給以官粮，毋輒動擾。"

　[1]匹里水路：路以水得名。匹里水即本書卷六六《合住傳》的芯里海水，又稱畢利河，即今遼寧省莊河市西南的碧流河。　完顏术里古：又作完顏术里骨。後爲歐里不群牧使，西北路契丹撒八等作亂時，遇害。
　[2]阿里骨、李家奴、特里底：三人爲來歸的遼人。李家奴，與本書卷一三三《窩斡傳》中的西北路招討使李家奴，似爲兩人。

　八月，胡突衮還自遼。耶律奴哥、突迭復以國書來。[1]

　[1]突迭：人名。當爲遼耶律奴哥副使，至金被留，冬十月始遣還。

　　九月戊子，詔曰："國書詔令，宜選善屬文者爲之。其令所在訪求博學雄才之士，敦遣赴闕。"

　　閏月庚戌朔，以降將霍石、韓慶和爲千户。[1]九百奚部蕭寶、乙辛，北部訛里野，漢人王六兒、王伯龍，契丹特末、高從祐等，[2]各率衆來降。遼耶律奴哥以國書來。

　　[1]霍石：人名。本書僅此一見。　　韓慶和：天輔四年（1120）太祖攻臨潢，嘗與王伯龍以兵護糧餉。

　　[2]九百奚部蕭寶：人名。金熙宗時，曾任行臺平章政事。乙辛：人名。本書僅此一見。　　北部訛里野：遼人。降金後爲謀克。　　王六兒：漢人。降金後爲謀克。　　王伯龍：漢人。沈州雙城人。本書卷八一有傳。　　特末：契丹人。蕭仲恭之父。　　高從祐：降金後爲猛安。

　　十月癸未，以龍化州降者張應古、劉仲良爲千户。[1]乙未，咸州都統司言，漢人李孝功、渤海二哥率衆來降。[2]命各以所部爲千户。

　　[1]龍化州：治所在今内蒙古自治區老哈河與敖來河間的八仙筒一帶。　　張應古、劉仲良：本書卷一三三《耶律余睹傳》謂，"張應古等來降，而余睹復取之"，"未幾，應古等逐撻不野自効"。

　　[2]李孝功：本書僅此一見。　　渤海二哥：渤海，族名。二哥，人名。本書僅此一見。

　　十二月甲辰，遣孛堇术字以定遼地諭高麗。[1]耶律奴哥以國書來。遼懿州節度使劉宏以户三千并執遼候人來降，以爲千戶。[2] 川州寇二萬已降復叛，紇石烈照里擊破之。[3]

[1]术字：人名。不詳。

[2]懿州節度使：遼州官名。即寧昌軍節度使。　劉宏：降後徙内地，授世襲猛安。　候人：道路上迎送賓客的官吏。在這裏應是"瞭望敵情的人"。

[3]紇石烈照里：紇石烈氏，名照里，又稱字董照里或照立。

三年正月甲寅，[1] 東京人爲質者永吉等五人結衆叛。[2] 事覺，誅其首惡，餘皆杖百，没入在行家屬資産之半。詔知東京事斡論，繼有犯者並如之。丙辰，詔鼇古字董酬斡曰："胡魯古、迭八合二部來送款，[3] 若等先時不無交惡，自今毋相侵擾。"

[1]三年正月：按《遼史》卷二八《天祚紀二》、卷七○《屬國表》皆謂，是年正月，"金遣烏林荅贊謨持書來迎册禮"。本書闕略。

[2]永吉：渤海人。本書僅此一見。

[3]胡魯古、迭八合：二部名。本書僅此一見，二者皆當在鼇古部附近。

三月，耶律奴哥以國書來。[1]

[1]三月，耶律奴哥以國書來：《遼史》卷二八謂，"三月丁未朔，遣知右夷离畢事蕭習泥烈等册金主爲東懷國皇帝。己酉，烏林荅贊謨、奴哥等先以書報"。

四月丙子朔，日有食之。

五月壬戌，詔咸州路都統司曰："兵興以前，曷蘇館、回怕里與係遼籍、不係遼籍女直户民，[1]有犯罪流竄邊境或亡入于遼者，本皆吾民，遠在異境，朕甚憫之。今既議和，當行理索。可明諭諸路千户、謀克，徧與詢訪其官稱、名氏、地里，具録以上。"

[1]曷蘇館：地區名。金初曷蘇館在遼陽府鶴野縣的長宜鎮，即今遼寧省蓋州市東南。天會七年（1129）徙治寧州，即今遼寧省瓦房店市永寧鎮。一說在今遼寧省金州市南。初置軍帥司，改都統司，又改爲節度使。　回怕里：地區名。在今吉林省輝發河流域。

六月辛卯，遼遣太傅習泥烈等奉册璽來，上摘册文不合者數事復之。[1]散覩還自宋。宋使馬政及其子宏來聘。[2]散覩受宋團練使，上怒，杖而奪之。宋使還，復遣孛菫辭列曷魯等如宋。[3]

[1]太傅：遼官名。遼南面朝官三師府三師之一，位低於太師，高於太保。　習泥烈：奚人。即蕭習泥烈。　摘（tī）：挑出。

[2]宋使馬政及其子宏來聘：施國祁《金史詳校》謂，《三朝北盟會編》宣和元年（1119，金天輔三年）三月，宋止遣呼延慶用登州牒去，别無使事。且政、宏之使，在明年（宣和二年，天輔四年，1120）九月，與《太祖紀》天輔四年十二月事合。非此時事，"此十字當削"。

[3]宋使還，復遣孛菫辭列曷魯等如宋：《三朝北盟會編》卷四謂，宣和二年（1120，金天輔四年）"七月十八日，金人差女真斯剌（辭列）習魯（曷魯）充回使，持其國書來，許燕地"。施國

祁據此認爲，前三字當削，後十一字當改入四年七月“上至自伐
遼”下。中華點校本“辭列”“曷魯”中間有頓號。據《三朝北盟
會編》卷四宣和二年七月所記金使有“斯剌習魯”，九月所記金使
則僅見“習魯”之名，不見“斯剌”，疑“斯剌習魯”爲一人。
“斯剌習魯”即“辭列曷魯”。

　　七月辛亥，遼人楊詢卿、羅子韋各率衆來降，[1]命
各以所部爲謀克。

　　[1]楊詢卿：人名。本書僅此一見。　　羅子韋：人名。本書僅
此一見。

　　八月己丑，頒女直字。[1]

　　[1]頒女直字：女真字有大字與小字之分，此指完顏希尹依仿
漢人楷字，因契丹字制度，合本國語所製的女真大字。

　　九月，以遼册禮使失期，詔諸路軍過江屯駐。
　　十一月，習泥烈等復以國書來。曷懶甸長城，[1]高
麗增築三尺。詔胡剌古、習顯慎固營壘。[2]

　　[1]曷懶甸長城：曷懶甸，地區名。今朝鮮咸興以北、圖們江
以南、東朝鮮灣西北岸一帶。長城，指高麗於曷懶甸所築的長城。
西起鴨綠江口，東至定州（今朝鮮咸鏡南道定平）都連浦（廣
浦），長四千里。
　　[2]胡剌古、習顯：二人名。爲金曷懶甸孛菫。

　　四年二月，辭列曷魯還自宋。[1]宋使趙良嗣、王暉

來議燕京、西京地。[2]

[1]四年二月，辭列曷魯還自宋：施國祁據《三朝北盟會編》卷四認爲，"二月"當削，下七字當改入天輔五年末"赴闕"文下。

[2]宋使趙良嗣、王暉來議燕京、西京地：施國祁據《三朝北盟會編》卷四認爲此十四字當改入本年"四月"文下。趙良嗣，本燕人，姓馬名植。政和初易姓名曰李良嗣，徽宗賜姓趙氏，故謂趙良嗣。《宋史》卷四七二有傳。王暉，《三朝北盟會編》作王瑰。燕京，今北京市。西京，今山西省大同市。

三月甲辰，上謂群臣曰："遼人屢敗，遣使求成，惟飾虛辭，以爲緩師之計，當議進討。其令咸州路統軍司治軍旅、修器械，[1]具數以聞。"辛酉，詔咸州路都統司曰："朕以遼國和議無成，將以四月二十五日進師。"令斜葛留兵一千鎮守，[2]闍母以餘兵來會于渾河。[3]遼習泥烈以國書來。

[1]咸州路統軍司：本書僅此一見。按後於是月辛酉，前於三年五月，皆稱咸州路都統司。此所謂的"咸州路統軍司"，應是"咸州路都統司"之誤。又本書卷五七《百官志三》有咸平統軍司，是天德二年（1150）升咸州路爲咸平府以後的名稱。

[2]斜葛：昭祖孫，跋黑子。

[3]闍母：世祖子，太祖異母弟。本書卷七一有傳。　渾河：本書所見渾河有三，一在臨潢府東北，一在咸州東南，一在從咸州到臨潢間的遼河西胡土虎寨附近。王寂《遼東行部志》載有胡土虎寨。胡土虎漢語爲渾河，在宜民縣與懿州間。此處即本書《食貨志》渾河路所指的渾河，即遼河西的渾河。

四月乙未，上自將伐遼。以遼使習泥烈、宋使趙良嗣等從行。

五月甲辰，次渾河西，使宗雄先趨上京，[1]遣降者馬乙持詔諭城中。[2]壬子，至上京，詔官民曰："遼主失道，上下同怨。朕興兵以來，所過城邑負固不服者即攻拔之，降者撫恤之，汝等必聞之矣。今爾國和好之事，反覆見欺，朕不欲天下生靈久罹塗炭，遂決策進討。比遣宗雄等相繼招諭，尚不聽從。今若攻之，則城破矣。重以弔伐之義，不欲殘民，故開示明詔，諭以禍福，其審圖之。"上京人恃禦備儲蓄爲固守計。甲寅，亟命進攻。上謂習泥烈、趙良嗣等曰："汝可觀吾用兵，[3]以卜去就。"上親臨城督將士，諸軍鼓譟而進。自旦及巳，闍母以麾下先登，克其外城。留守撻不野以城降。[4]趙良嗣等奉觴爲壽，皆稱萬歲。是日，赦上京官民。詔諭遼副統余覩。[5]壬戌，次沃黑河。[6]宗幹率群臣諫曰："地遠時暑，軍馬罷乏，若深入敵境，粮餽乏絕，恐有後艱。"上從之，乃班師。命分兵攻慶州。[7]余覩襲闍母於遼河，[8]完顏背荅、烏塔等戰却之，[9]完顏特虎死焉。[10]

[1]上京：指遼上京。在今内蒙古自治區巴林左旗南波羅城。

[2]馬乙：人名。本書僅此一見。

[3]吾：殿本作"我"。

[4]撻不野：此撻不野，爲本卷所見的第四個撻不野。是在稱之爲蕭兀納的撻不野與蕭韓家奴之後，繼任上京留守的另一撻不

野。據本書卷七五《盧彦倫傳》載，太祖班師之後，他又以城叛，爲盧彦倫所逐。

[5]余覩：契丹人。又作"余睹""余都姑"。即耶律余覩，遼宗室子。本書卷一三三、《遼史》卷一〇二皆有傳。

[6]沃黑河：或即臨潢之西的西拉木倫河北源黑河。

[7]慶州：治所在今内蒙古自治區林西縣北的慶州故城。

[8]遼河：今遼寧省境内遼河。

[9]完顔背苔、烏塔：二人名。時爲闍母軍殿後，力戰，却余睹，獲甲馬五百匹。

[10]完顔特虎：雅撻瀾水人。完顔婁室部屬。本書卷一二一有傳。

七月癸卯，上至自伐遼。

九月，燭隈水部實里古達等殺孛菫酬斡、僕忽得以叛。[1]

[1]"九月"至"以叛"：本書卷一二一《僕忽得傳》記其事在天輔五年（1121）九月。施國祁謂，四年七月太祖方"至自伐遼"，必在五年七月復"決議親征"之後。此二十一字當改入五年七月"帥師而西"之後。施説過於武斷。《僕忽得傳》紀年有異，但記其事却謂，酬斡"從太祖伐遼，率濤温路兵招撫三坦、石里很、跋苦三水鼇古城邑，皆降之"。又謂，"酬斡、僕忽得往鼇古河籍軍馬，燭偎水部實里古達等七人殺酬斡、僕忽得"。此事可在四年九月。而五年七月復"決議親征"，却"尋以連雨罷親征"，不必在此後。"四年""五年"孰是，待考。燭隈水部，部名，以居燭隈水流域而得名。燭隈，又作燭偎、主隈。《黑龍江志稿》謂，即今黑龍江省蘿北縣佛山鎮附近的扎伊芬河。《〈中國歷史地圖集〉釋文彙編·東北卷》謂，即今黑龍江省嘉蔭縣境的嘉蔭河。張博泉

認爲前説是（張博泉《金史論稿》第一卷，第73頁）。實里古達，燭隈水部叛者首領。僕忽得，宗室子。本書卷一二一有傳。

十月戊辰朔，日有食之。戊寅，命斡魯分胡剌古、烏春之兵以討實里古達。[1]

[1]“戊寅”至“以討實里古達”：施國祁認爲，“戊寅”當改作“十月”，此十九字當改入五年十月文下。所據不足，待考。胡剌古、烏春，二人名。皆爲斡魯部屬。烏春，本書卷七一《斡魯傳》作烏蠢，即前知東京事的烏蠢，與世祖時阿跋斯水温都部人烏春同名，譯寫不一。

十一月，東京留守司乞本京官民質子增數番代，[1]上不許，曰：“諸質子已各受田廬，若復番代，則往來動揺，可並仍舊。”

[1]東京留守司：官署名。按太祖收國二年（1116），攻克遼東京遼陽府，次年七月以烏春爲知東京事。軍事建置，不稱東京，稱南路，設軍帥司、都統司。後置兵馬都部署司，天德二年（1150）改爲本路都總管府，後更置留守司。此東京留守司，爲國初建府後的遼陽府東京留守司的官署稱號，不兼本路兵馬事。

十二月，宋復使馬政來請西京之地。[1]

[1]宋復使馬政來請西京之地：事詳見《三朝北盟會編》卷四。

五年春正月，斡魯敗實里古達於合撻剌山，誅首惡四人，餘悉撫定。[1]

[1]"五年春正月"至"餘悉撫定"：本書卷一二一《僕忽得傳》載事在"六年正月"。施國祁謂，《斡魯傳》云"斡魯乃還"，即從都統杲襲取中京。是以本條"正月"當削，"斡魯"以下二十一字，當改入六年正月"遂下澤州"文下。施國祁此説依據不足。不必在六年正月"取中京，遂下澤州"之後，而撫定合撻剌山，斡魯乃還，不可在五年四月"詔諸路預戒軍事"，七月命杲、宗翰"帥師而西"，十二月詔取中京之前。合撻剌山，張博泉謂，在今黑龍江省蘿北縣北，江東的那拉合達拉山（張博泉《金史論稿》第一卷，第73頁）。

二月，遣杲及宗雄分諸路猛安謀克之民萬户屯泰州，以婆盧火統之，賜耕牛五十。

四月乙丑朔，宗翰請伐遼。詔諸路預戒軍事。

五月，遼都統耶律余睹等詣咸州降。

閏月辛巳，國論胡魯勃極烈撒改薨。

六月癸巳，[1]余覩與其將吏來見。丙申，千户胡离荅坐擅署部人爲蒲里衍，[2]杖一百，罷之。庚子，詔諳版勃極烈吳乞買貳國政。以昃勃極烈斜也爲忽魯勃極烈，蒲家奴爲昃勃極烈，宗翰爲移賚勃極烈。[3]

[1]六月癸巳：施國祁謂，據《遼朔考》，此下當加一"朔"字。

[2]千户胡离荅：千户，官名，即猛安。猛安，意爲"千"，此爲猛安的意譯。胡离荅，人名，本書僅此一見。　蒲里衍：軍官名。謀克之副曰蒲里衍。一謀克二蒲里衍，各領正兵五十。

[3]宗翰爲移賫勃極烈：按此爲建國後第二次調整勃極烈。移
賫勃極烈直譯爲"第三勃極烈"。

七月庚辰，詔咸州都統司曰："自余睹來，灼見遼
國事宜，已決議親征，其治軍以俟師期。"尋以連雨罷
親征。命昃勃極烈昃爲都統，移賫勃極烈宗翰副之，帥
師而西。

十二月辛丑，[1]以忽魯勃極烈杲爲内外諸軍都統，[2]
以昃、宗翰、宗幹、宗望、宗盤等副之。[3]甲辰，詔曰：
"遼政不綱，人神共棄。今欲中外一統，故命汝率大軍
以行討伐。爾其慎重兵事，擇用善謀，賞罰必行，粮餉
必繼。勿擾降服，勿縱俘掠，見可而進，無淹師期。事
有從權，毋須申稟。"戊申，詔曰："若克中京，所得禮
樂儀仗圖書文籍，並先次津發赴闕。"

[1]十二月：原作"十一月"，從中華點校本改。

[2]内外諸軍都統：按本書卷四四《兵志》："天輔五年襲遼
主，始有内外諸軍都統之名。"即指此。

[3]宗望：本名斡離不，太祖第二子。本書卷七四有傳。　宗
盤：又作宗磐，本名蒲魯虎，太宗吳乞買子。本書卷七六有傳。

六年正月癸酉，都統杲克高、恩、回紇三城。[1]乙
亥，取中京，遂下澤州。[2]

[1]高、恩、回紇三城：高，治所在今内蒙古赤峰市東北哈拉
木頭村西土城子古城。恩，治所在今内蒙古喀喇沁旗東西橋鄉東土
城子古城。回紇，此回紇城，並非古回鶻城。以進兵路綫看，當在

遼恩州與中京大定府之間。具體地點待考。

[2]澤州：治所在今河北省平泉縣西南二十里察罕城。

二月庚寅朔，日有食之。己亥，宗翰等敗遼奚王霞末于北安州，[1]降。奚部西節度使訛里剌以本部降。[2]壬寅，都統杲遣使來奏捷，并獻所獲貨寶。詔曰："汝等提兵于外，克副所任，攻下城邑，撫安人民，朕甚嘉之。所言分遣將士招降山前諸部，[3]計悉以撫定，續遣來報。山後若未可往，[4]即營田牧馬，俟及秋成，乃圖大舉。更當熟議，見可則行。如欲益兵，具數來上，不可恃一戰之勝，輒有弛慢。新降附者當善撫存。宣諭將士，使知朕意。"宗翰駐北安，遣希尹等略地，獲遼護衛耶律習泥烈，[5]知遼主獵鴛鴦濼，[6]以其子晋王賢而有人望，[7]惡而殺之，衆益離心。雖有西北、西南兩路兵馬，[8]皆羸弱。遂遣耨盌溫都等報都統杲進兵襲之。[9]

[1]奚王霞末：即《遼史》卷二九《天祚紀三》、卷一〇二《耶律余睹傳》所見的蕭遐買。蕭遐買，原爲知奚王府事，遼保大元年（1121，金天輔五年）正月加爵奚王。並非蕭末或駙馬都尉柳城郡王蕭霞抹，其於遼道宗大康二年（1076）七月已死。　北安州：舊釋在今河北省承德市灤河鎮喀喇河屯。鄭紹宗《遼北安州考》認爲在今隆化縣皇姑屯土城子，即博羅河城（載《遼金史論集》第一輯，上海古籍出版社1987年版）。　降：《遼史·天祚紀》保大二年謂，二月"己亥，金師敗奚王霞末于北安州，遂降其城"。

[2]奚部西節度使：遼部族官。西奚居於可汗州，今河北省懷來縣東南。　訛里剌：奚人落虎之父。

[3]山前：指幽、薊、涿、易、檀、順、營、平等州一帶地方

（參見陳樂素《宋徽宗謀復燕雲之失敗》，《輔仁學報》四之一，1986 年，第 20、21 頁）。

[4]山後：指上述諸州以北，即燕山山脈以北之地。

[5]護衛：遼官名。遼設北與南護衛府掌北、南院護衛事。耶律習泥烈：契丹人。與本卷所見遼使習泥烈及趙王習泥烈，同姓同名不同人。

[6]鴛鴦濼：又名昂吉泊，即今河北省張北縣西北的安固里淖。

[7]晋王：遼封號。此指敖魯斡。天祚第一子，文妃生，遼保大二年（1122）賜死。

[8]西北路：指西北路招討司。治所鎮州，在今蒙古國鄂爾渾上游哈達桑北古回鶻城。 西南路：指西南路招討司。治豐州，治所在今内蒙古自治區呼和浩特市東南白塔村。

[9]耨盌温都：女真復姓，據本書卷七四《宗翰傳》，當指耨盌温都移剌保。本書卷八四有傳。傳謂："耨盌温敦思忠，本名乙剌補，阿補斯水人。"

　　三月，[1]都統杲出青嶺，[2]宗翰出瓢嶺，[3]追遼主于鴛鴦濼。遼主奔西京。宗翰復追至白水濼，[4]不及，獲其貨寶。己巳，至西京。壬申，西京降。希尹追遼主于乙室部，[5]不及。乙亥，西京復叛。是月，[6]遼秦晋國王耶律捏里即位于燕。[7]

　　[1]三月：按《遼史》卷七〇《屬國表》載，保大二年（1122，金天輔六年）三月，"聞金師將出嶺西，遂趨白水濼。群牧使謨魯斡歸金"。又 "聞金師將及，輕騎以遁。殿前點檢耶律高八率衛士歸金"。施國祁謂，謨魯斡與耶律高八歸金事，《太祖紀》略。據《遼史》卷二九，前者降金在三月乙丑，後者降金在三月戊辰。

[2]青嶺：據《讀史方輿紀要》，大青山或云青嶺，在開平故衛西南。

[3]瓢嶺：據《讀史方輿紀要》，瓢嶺在青嶺北。

[4]白水濼：今内蒙古自治區察哈爾右翼前旗北的黄旗海。

[5]乙室部：當指乙室大王及都監所鎮的西南之境，今内蒙古自治區呼和浩特市以東一帶。

[6]是月：施國祁謂當作“丙子”。

[7]燕：即燕京。

四月辛卯，復取西京。壬辰，遣徒單吴甲、高慶裔如宋。[1]戊戌，都統杲自西京趨白水濼。昃勃極烈昱襲毗室部于鐵吕川，[2]爲敵所敗，還會察剌兵，[3]追至黄水北，[4]大破之。耶律坦招徠西南諸部，[5]西至夏，其招討使耶律佛頂降。[6]金肅、西平二郡漢軍四千餘人叛去，[7]耶律坦等襲取之。闍母、婁室招降天德、雲内、寧邊、東勝等州，[8]獲阿踈而還。是時，山西城邑諸部雖降，人心未固，遼主保陰山，[9]耶律捏里在燕京。都統杲遣宗望入奏，請上臨軍。

[1]徒單吴甲：姓徒單，名吴甲。《宋史》作徒孤旦烏歇。　高慶裔：渤海人。熙宗天會十三年（1135）十一月爲左丞，十五年六月伏誅。

[2]毗室部：遼部族名。又作脾室、皮室。指遼太祖、太宗選天下精甲所建立的御帳親軍皮室軍，又稱腹心部。　鐵吕川：當在遼之西南邊境，似在今山西省大同市南應縣一帶。

[3]察剌：奚人。即降金的遼西京留守蕭察剌。

[4]黄水北：此指今黄河河曲以北之地。

[5]耶律坦：契丹人。曾爲遼左夷离畢、惕隱、同知南京留守，後降金。

[6]耶律佛頂：契丹人。時爲遼西南路招討使。

[7]金肅：遼州名。治所在今内蒙古自治區准格爾旗北。　西平：《遼史·地理志》無西平。施國祁《金史詳校》謂“西平”當作“河清”。河清軍屬西南路招討司，治所在今内蒙古自治區鄂爾多斯市東勝區北。

[8]天德：州軍名。即豐州，天德軍節度使，治所在今内蒙古自治區呼和浩特東南白塔村。　雲内：州名。治所在今内蒙古自治區土默特旗東南。　寧邊：州名。治所在今内蒙古自治區清水河縣西南。　東勝：州名。治所在今内蒙古自治區托克托縣。

[9]陰山：在今内蒙古自治區呼和浩特市西北。《遼史》卷二九《天祚紀三》保大二年（1122，金天輔六年）謂，天祚帝，三月“乘輕騎入夾山”，四月“遁於訛莎烈”。

五月辛酉，宗望來奏捷，百官入賀，賜宴歡甚。先是，獲遼樞密使得里底，[1]節度使和尚、雅里斯、余里野等，[2]都統杲使阿鄰護送赴闕。[3]得里底道亡，阿鄰坐誅。耶律捏里遣使請罷兵。戊寅，使楊勉以書諭捏里，[4]使之降。謀葛失遣其子菹泥刮失貢方物。[5]

[1]樞密使得里底：當是遼北院樞密使蕭得里底。《遼史》卷一○○有傳。

[2]和尚：人名。被擒後令招其弟，有異心，爲謾都本所殺。雅里斯：金取中京時與迪六、和尚等人棄城遁走被襲，後與和尚同時被擒。與遼穆宗時的雅里斯同名。　余里野：即遼天慶七年（1117，金天輔元年）以同知樞密院事爲北院大王的余里也。

[3]阿鄰：女真人。另見於本書卷七四《宗望傳》。

[4]楊勉：曾以遼大理寺提點的官銜，與蕭習泥烈在天慶九年（1119，金天輔三年）使金。後降附於金。

[5]謀葛失：北部陰山室韋人，又作謨葛失。金太宗天會三年（1125，遼保大五年）遼主爲金所獲後，降金。據《遼史》載，保大二年（金天輔六年，1122）四月，遼主遁於訛莎烈，謨葛失嘗贐馬、駝、食羊。六月，以兵援遼，敗於洪灰水。保大四年（金天會二年，1124）正月，遼封其爲神于越王。

六月戊子朔，上親征遼，發自上京，[1]諳班勃極烈吳乞買監國。辛亥，詔諭上京官民曰：[2]“朕順天弔伐，已定三京，[3]但以遼主未獲，兵不能已。今者親征，欲由上京路進，恐撫定新民，驚疑失業，已出自篤密呂。[4]其先降後叛逃入險阻者，詔後出首，悉免其罪。若猶拒命，孥戮無赦。”是月，耶律捏里卒。[5]斡魯、婁室敗夏人於野谷。[6]

[1]上京：據本書卷七四《宗望傳》，“宗望至京師，百官入賀。太祖曰：‘朕以六月朔啟行。’”此所謂的“上京”，乃指金之“京師”。

[2]辛亥，詔諭上京官民：按，其時已離京師二十四日，此詔所諭之上京官民，乃指遼上京之官民。

[3]三京：指遼之上京、中京、東京。

[4]篤密呂：地名。本書僅此一見，不可確指。

[5]是月，耶律捏里卒：施國祁《金史詳校》卷一謂，據《遼紀會編》耶律捏里卒於六月二十四日，即辛亥日。“是月”當削。

[6]野谷：據本書《西夏傳》及《婁室傳》所載，野谷在宜水附近，今陝西省榆林市東北。

七月甲子，詔諸將無得遠迎，以廢軍務。乙丑，上京漢人毛八十率二千餘户降，[1]因命領之。丙寅，以斡苔剌招降者衆，命領八千户，以忽薛副之。[2]壬午，希尹以阿疎見，杖而釋之。

[1]上京漢人毛八十率二千餘户降：毛八十，即毛子廉。本書卷七五有傳。本傳謂其"天輔四年"來歸，與此異。《遼史》卷二九《天祚紀三》保大二年（1122）七月所載，則與此相同。

[2]斡苔剌：即前於太祖二年所見的斡苔剌。亦即本書《毛子廉傳》的謀克辛斡特剌，《盧彦倫傳》初取臨潢時爲彦倫所殺的辛訛特剌。是以本紀所載"乙丑"與"丙寅"之事，皆似天輔四年（1120）之事。　忽薛：即本書《毛子廉傳》所見的移剌窟斜。

八月己丑，次鴛鴦濼。都統杲率官屬來見。癸巳，上追遼主于大魚濼。[1]昱、宗望追及遼主于石輦鐸，[2]與戰，敗之，遼主遁。己亥，次居延北。[3]辛丑，中京將完顏渾黜敗契丹、奚、漢六萬于高州，[4]孛堇麻吉死之。[5]得里得滿部降。[6]昱、宗望追遼主于烏里質鐸，[7]不及。

[1]大魚濼：又作大漁泊。本書卷二四《地理志上》謂，撫州柔遠境内有大漁泊與鴛鴦泊。柔遠在今河北省張北縣。

[2]石輦鐸：地名。又作石輦驛。據本文與《遼史·天祚紀》，距"居延北"不遠。其地不可確指。

[3]居延：古邊塞名。故城在今内蒙古自治區額濟納旗西北。

[4]敗契丹、奚、漢六萬于高州：施國祁謂"漢"字下當加一"兵"字。

　　[5]麻吉：宗室子，銀术可母弟。本書卷七二有傳。

　　[6]得里得滿部：部名。也稱特里特勉部。據《遼史》卷三三《營衛志下》，部設節度使，隸南府，戍倒塌嶺，居橐駝崗。在今内蒙古自治區赤峰市英金河一帶。

　　[7]烏里質鐸：地名。本書卷六五《蒲家奴傳》載有胡离畛川，疑此地即胡离畛川，而"鐸"字爲"澤"字之誤。

　　九月庚申，次草澤。[1]閣母平中京部族之先叛者，及招撫沿海郡縣。節度使耶律慎思領諸部入内地。[2]乙丑，詔六部奚曰：[3]"汝等既降復叛，扇誘衆心，罪在不赦。尚以歸附日淺，恐綏懷之道有所未孚，故復令招諭。若能速降，當釋其罪，官皆仍舊。"歸化州降。[4]戊辰，次歸化州。甲戌，宗雄薨。丁丑，奉聖州降。[5]

　　[1]草澤：本書卷一九《顯宗紀》謂"山後高凉"之地。當在歸化州以北，今河北省張北、崇禮縣一帶。

　　[2]耶律慎思：完顔元宜父。天輔六年（1122）宗望追遼主於天德，慎思來降，仍襲節度使。後賜姓完顔。　内地：金之舊土海古之地，天眷元年（1138）始號上京。

　　[3]六部奚：也稱奚六部，即奚人遥里部、伯德部、墮瑰部、楚里部、奥里部、梅只部。主要分布於遼中京道各地。

　　[4]歸化州：治所在今河北省張家口市宣化區。

　　[5]奉聖州：治所在今河北省涿鹿縣。

　　十月丙戌朔，次奉聖州。詔曰："朕屢勅將臣，安輯懷附，無或侵擾。然愚民無知，尚多逃匿山林，即欲加兵，深所不忍。今其逃散人民，罪無輕重，咸與矜免。有能率衆歸附者，授之世官。或奴婢先其主降，並釋爲良。其布告之，使諭朕意。”蔚州降。[1]庚寅，余覩等遣蔚州降臣翟昭彥、徐興、田慶來見。[2]命昭彥、慶皆爲刺史，興爲團練使。詔曰：“比以幽、薊一方招之不服，今欲帥師以往，故先安撫山西諸部。汝等既已懷服，宜加撫存。官民未附已前，罪無輕重及係官逋負，皆與釋免，諸官各遷叙之。”丁酉，蔚州翟昭彥、田慶殺知州事蕭觀寧等以叛。[3]丙午，復降。

[1]蔚州：治所在今河北省蔚縣。

[2]遣：原文作“遺”。誤，依殿本改。　翟明彥、徐興、田慶：三人名。當爲遼蔚州漢官。其人其事，本書僅見於此。

[3]知州事：金初州官名。不掌武備。　蕭觀寧：奚人。本書僅此一見。

十一月，詔諭燕京官民，王師所至，降者赦其罪，官皆仍舊。

十二月，上伐燕京。宗望率兵七千先之，迪古迺出得勝口，[1]銀术哥出居庸關，[2]婁室爲左翼，婆盧火爲右翼，取居庸關。丁亥，次嬀州。[3]戊子，次居庸關。庚寅，遼統軍都監高六等來送款。[4]上至燕京，入自南門，使銀术哥、婁室陣于城上，乃次于城南。遼知樞密院左企弓、虞仲文，[5]樞密使曹勇義，[6]副使張彥忠，[7]參知政事康公弼，[8]僉書劉彥宗奉表降。[9]辛卯，遼百官詣軍門叩頭請罪。詔一切釋之。壬辰，上御德勝殿，[10]群臣稱賀。甲午，命左企弓等撫定燕京諸州縣。詔西京官吏曰："乃者師至燕都，已皆撫定。唯蕭妃與官屬數人遁去，[11]已發兵追襲，或至彼路，可執以來。"黃龍府叛，宗輔討平之。[12]

[1] 得勝口：關名。在今北京市昌平區西北。

[2] 居庸關：關名。在得勝口之西。

[3] 媯州：即可汗州。在今河北省懷來縣東，官廳水庫北。

[4] 高六：人名。按本書卷七五《左企弓傳》："都監高六等送款于太祖，太祖徑至城下，高六等開門待之。"《契丹國志》卷一二則謂，啟城門者"統軍蕭乙信"。高六似姓蕭，又名乙信（辛）。

[5] 知樞密院：遼南面朝官漢人樞密院。掌漢人兵馬之政。長官爲樞密使或知樞密院事。　左企弓：燕人。本書卷七五有傳。虞仲文：武州寧遠人。本書卷七五有傳。

[6] 樞密使：遼官名。漢人樞密院長官。　曹勇義：廣寧人。本書卷七五有傳。

[7] 副使：遼官名。即樞密副使，位在樞密使、知樞密使事、知樞密院事之下。　張彥忠：本書僅此一見。

[8] 參知政事：遼官名。爲遼南面朝官中書省屬官。掌漢人政事。　康公弼：其先應州人。本書卷七五有傳。

[9] 僉書：遼官名。即簽書樞密院事，爲漢人樞密院屬官。劉彥宗：大興宛平人。本書卷七八有傳。

[10] 得勝殿：《金史》僅此一見，又不見於《遼史》。當爲遼耶律捏里自立於燕或太祖入燕時，對遼南京皇城正殿所加之名。

[11] 蕭妃：蕭姓，名普賢女。耶律捏里自立於燕，封爲德妃。捏里死，議立爲皇太后，主軍國事，稱制，改元德興。太祖伐燕，蕭妃出古北口趨天德軍。保大三年（1123，金天輔七年）二月，爲天祚所誅。

[12] 宗輔：又名宗堯，太祖子，世宗父。廟號睿宗。本書卷一

九有紀。

　　七年正月丁巳，遼奚王回离保僭稱帝。[1]甲子，遼平州節度使時立愛降。[2]詔曲赦平州。又詔諳班勃極烈曰：“比遣昂徙諸部民人于嶺東，[3]而昂悖戾，騷動煩擾，致多怨叛。其違命失衆，當置重典。若或有疑，禁錮以待。”庚午，詔中京都統斡論曰：[4]“聞卿撫定人民，各安其業，朕甚嘉之。回离保聚徒逆命，汝宜計畫，無使滋蔓。”壬申，詔招諭回离保。癸酉，以時立愛言招撫諸部。己卯，宋使來議燕京、西京地。[5]庚辰，宜、錦、乾、顯、成、川、豪、懿等州皆降。[6]甲申，詔曰：“諸州部族歸附日淺，民心未寧。今農事將興，可遣分諭典兵之官，無縱軍士動擾人民，以廢農業。”

　　[1]回离保僭稱帝：太祖入居庸關，回离保出奔，至盧龍嶺，僭稱帝，改元天復，改置官屬，籍渤海、奚、漢丁壯爲軍。

　　[2]平州節度使：遼州官名。治所在今河北省盧龍縣。　時立愛：涿州人。本書卷七八有傳。

　　[3]昂：本名吾都補，世祖幼子。本書卷六五有傳。　嶺東：此指大興安嶺東。

　　[4]斡論：即完顏晏，景祖孫、阿离合懣次子。本書卷七三有傳。

　　[5]宋使：此指趙良嗣。

　　[6]宜州：治所在今遼寧省義縣。　錦州：治所在今遼寧省錦州市。　乾、顯、成、川、豪、懿等州皆降：前於天輔元年（1117）十二月已降，此復載之，當是叛後再降。

二月乙酉朔，命撒八詔諭興中府，[1]降之。遼來州節度使田顥、隰州刺史杜師回、遷州刺史高永福、潤州刺史張成皆降。[2]壬辰，詔諳版勃極烈曰："郡縣今皆撫定，有逃散未降者，已釋其罪，更宜招諭之。前後起遷戶民，去鄉未久，豈無懷土之心？可令所在有司，深加存恤，毋輒有騷動。衣食不足者，官賑貸之。"癸巳，詔曰："頃因兵事未息，諸路關津絕其往來。今天下一家，若仍禁之，非所以便民也。自今顯、咸、東京等路往來，聽從其便。其間被虜及鬻身者，並許自贖爲良。"仍令馳驛布告。興中、宜州復叛。宋使趙良嗣來，請加歲幣以代燕稅，及議畫疆與遣使賀正旦生辰，置権塲交易，并計議西京等事。癸卯，銀术哥、鐸剌如宋。[3]乙巳，詔都統杲曰："新附之民有材能者，可録用之。"戊申，詔平州官與宋使同分割所與燕京六州之地。[4]癸丑，大赦。是月，改平州爲南京，以張覺爲留守。[5]

[1]撒八：人名。事迹不詳。　興中府：治所在今遼寧省朝陽市。

[2]來州：治所在今遼寧省綏中縣西南。　田顥：興中人，權來州歸德軍節度使。本書卷八一有傳。原作"顯"，從中華點校本改。　隰州：治所在今遼寧省綏中縣東北瀕海處。　杜師回：《遼史》載其權隰州刺史。　遷州：治所在今河北省秦皇島市東北。高永福：《遼史》載其權遷州刺史。　潤州：治所在今河北省秦皇島市西。　張成：《遼史》載其權潤州刺史。

[3]鐸剌：契丹人。《三朝北盟會編》卷一四，稱其爲耶律松，鐸剌爲本名，松爲漢名。施國祁謂，此鐸剌即天慶六年（1116，金收國二年）五月降金的鐸剌。考之本書卷七一《斡魯傳》："撻不

野執永昌及鐸剌以獻，皆殺之。"與此鐸剌非一人。但據《遼史》
卷二八與卷七〇所載，當時女真軍攻下沈州，復陷東京，東京州縣
契丹族人降女真的十三人中，既有鐸剌，又有道剌。而《大金弔伐
錄》載此時如宋的正作"道喇"。道剌與鐸剌爲同音異寫，本文中
的鐸剌，當是《遼史》中的"道剌"。

　　[4]燕京六州：指薊、景、檀、順、涿、易六州。《續資治通
鑑》卷九五《考異》謂："《建炎以來繫年要錄》作檀、順、景、
薊四州。按涿、易二州，宋人自取。此云六州者，金人誇大其詞，
意在多得歲幣耳。"

　　[5]張覺：又作張愨，平州義豐人。本書卷一三五有傳。

　　三月甲寅朔，將誅昂，以習不失諫，杖之七十，仍
拘泰州。戊午，都統杲等言耶律麻哲告余覩，[1]吳十、[2]
鐸剌等謀叛，宜早圖之。上召余覩等，[3]從容謂之曰：
"朕得天下，皆我君臣同心同德以成大功，固非汝等之
力。今聞汝等謀叛，若誠然耶，必須鞍馬甲冑器械之
屬，當悉付汝，朕不食言。若再爲我擒，無望免死。欲
留事朕，無懷異志，吾不汝疑。"余覩等皆戰慄不能對。
命杖鐸剌七十，餘並釋之。宋使盧益、趙良嗣、馬宏以
國書來。[4]

　　[1]耶律麻哲：又作耶律麻者。據《完顏希尹傳》，乃天輔六
年（1122）三月降金的遼將。

　　[2]吳十：遼東京州縣契丹人，收國二年（1116）五月降金。
原脫"告"字，從中華點校本補。

　　[3]余覩等：原脫"等"字，從中華點校本補。下文"余覩等
皆戰慄不能對"同。

[4]宋使盧益、趙良嗣、馬宏以國書來：本書卷六〇《交聘表上》記載相同。《三朝北盟會編》卷一五謂，宋"差中大夫試工部尚書盧益、龍圖閣直學士大中大夫趙良嗣充國信使，閤門宣贊舍人馬擴充國信副使"。施國祁《金史詳校》據《大金弔伐録》謂，此上當加"丙寅"二字。

　　四月丁亥，遣斡魯、宗望襲遼主于陰山。壬辰，復書于宋。師初入燕，遼兵復犯奉聖州，林牙大石壁龍門東二十五里。[1]都統斡魯聞之，遣照立、婁室、馬和尚等率兵討之，生獲大石，[2]悉降其衆。癸巳，詔曰："自今軍事若皆中覆，不無留滯。應此路事務申都統司，餘皆取決樞密院。"[3]契丹九斤聚黨興中府作亂，[4]擒之，九斤自殺。命習古乃、婆盧火監護長勝軍，及燕京豪族工匠，由松亭關徙之内地。[5]己亥，次儒州。[6]斡魯、宗望等襲遼權六院司喝离質于白水濼，[7]獲之。其宗屬秦王、許王等十五人降。[8]聞遼主留輜重青塚，以兵萬人往應州，遣照里、背苔、宗望、婁室、銀术哥等追襲之。[9]宗望追及遼主，決戰，大敗之，獲其子趙王習泥烈及傳國璽。[10]

　　[1]林牙大石：即耶律大石，遼太祖八代孫。《遼史》卷三〇有紀。遼以翰林爲林牙，大石曾爲翰林應奉及承旨，故稱林牙大石。　　龍門：今河北省赤城縣西南，長城界上的龍關。
　　[2]照立：即天輔二年（1118）十二月所見的紇石烈照里。馬和尚：奚人。後於海陵時嘗任臨潢府總管。　　生獲大石：《遼史》卷二九《天祚紀三》謂，該年四月"丙申，金兵至居庸關，擒耶律大石"。

［3］都統司：此指爲襲遼主所置的西南都統府。時以斡魯爲都統，宗望副之。 樞密院：金攻下燕山後，循遼制於廣寧府設樞密院。天會三年（1125）以伐宋更爲元帥府。

［4］契丹九斤：契丹，族名。九斤，人名。時與契丹昭古牙作亂，合興中兵攻胡力特寨。

［5］習古乃：宗室子。本書卷七二有傳。 長勝軍：又作常勝軍。遼募遼東人爲兵，號“怨軍”，及耶律捏里自立改名爲“常勝軍”。 松亭關：在今河北省遷西縣北境，長城關隘，女真名“斜烈只”。

［6］儒州：治所在今北京市延慶縣。

［7］權六院司：權，攝、代理。六院司，遼太祖以迭剌部受禪，分本部爲五院、六院，統以皇族。 喝離質：人名。又稱北王喝離質。

［8］秦王：天祚帝第五子定。 許王：天祚帝第六子寧。 十五人降：本書卷七四《宗望傳》記載，遼太叔胡盧瓦妃，國王捏里次妃，遼漢夫人，並其子秦王、許王，女骨欲、餘里衍、斡里衍、大奧野、次奧野，趙王妃斡里衍，招討迪六，詳穩六斤，節度使孛迭、赤狗兒皆降。

［9］青塚：即漢王昭君墓。墓在今内蒙古自治區呼和浩特市南。應州：治所在今山西省應縣。 背苔：女真人。西南都統司部將。

［10］趙王習泥烈：天祚帝第四子。

五月甲寅，南京留守張覺據城叛。丙寅，次野狐嶺。[1]己巳，次落藜濼。[2]斡魯等以趙王習泥烈、林牙大石、駙馬乳奴等來獻，[3]並上所獲國璽。宗儁以所俘遼主子秦王、許王，女奧野等來見。[4]奚路都統撻懶攻速古、啜里、鐵尼所部十三巖，皆平之。[5]又遣奚馬和尚攻下品、達魯古并五院司諸部，執其節度乙列。[6]回离保爲其下所殺。辛巳，詔諭南京官民。

[1]野狐嶺：山名。所指地不同，此野狐嶺爲《遼史》卷一八與卷六八所云，距鴛鴦泊與龍門縣不甚遠的野狐嶺。當在今河北省張北縣南，長城界上的狼窩溝附近。

[2]落藜灤：本書僅此一見。在野狐嶺與鴛鴦泊之間，亦當在今河北省張北縣境。

[3]駙馬乳奴：《遼史》卷二九保大三年（1123，金天輔七年）載，四月天祚西遁雲内，駙馬都尉乳奴詣金降。

[4]宗雋：太祖子，宗望同母弟。本書卷六九有傳。

[5]奚路都統：奚路，地區名。都統，都統司長官。奚路都統司置於天輔五年（1121），後改稱六部路都統司。　撻懶：漢名昌，穆宗子。本書卷七七有傳。　速古、啜里、鐵尼：石烈名。據《遼史》卷三三《營衛志下》伯德部條，即奚人伯德部的速古石烈、啜里石烈、脾你（鐵尼）石烈。在今内蒙古自治區寧城縣以西，北自赤峰市，南至河北省盧龍縣間。

[6]攻下品、達魯古并五院司諸部，執其節度乙列：中華點校本據本書《奚王回离保傳》，先以爲“品”字爲衍文，據删。後又復原，認爲“下品”未詳其地，疑品字或爲衍文。按《遼史·營衛志》載，太祖十八部有五院部，隸北府，以鎮西境。有品部，隸北府，屬西北路招討司。有品達魯虢部，以所俘達魯虢部置，隸南府，節度使屬西南路招討司。遼聖宗三十四部有术哲達魯虢部，以達魯虢户置，隸北府，節度使屬東北路統軍司。以此推之，“品達魯古并五院司諸部”，似指隸於北府的品部、术哲達魯古部及五院部，而不包括隸於南府的品達魯古部。“品”字，并“品達魯古部”，更非衍文或“下品”。乙列，時爲達魯古部節度使。

六月壬午朔，次鴛鴦灤。是日，闍母敗張覺于營州。[1]丙申，上不豫，將還上京，命移賚勃極烈宗翰爲都統，昃勃極烈昱、迭勃極烈斡魯副之，駐兵雲中，以備邊。[2]己酉，次斡獨山驛，[3]召諳班勃極烈吳乞買。

[1]營州：治所在今河北省昌黎縣。

[2]上京：此處及九月"梓宮至上京"的上京，皆指"京師"。宗翰爲都統：指西北、西南兩路都統。　雲中：指西京大同府，以前代舊稱代指。

[3]斡獨山驛：驛站名。似與西京群牧斡獨椀或斡睹只地有關，待考。

七月辛酉，[1]次牛山。[2]宗翰還軍中。[3]

[1]七月：施國祁據本書卷七〇《習不失傳》謂，此下當加"阿買勃極烈辭不失薨"。

[2]牛山：在遼西京境內。宋王曾《上契丹事》，記有自雄州至遼中京大定府行程，謂從牛山館至中京大定府，共五日程，三百四十里。

[3]宗翰還軍中：指宗翰自駕鴛鴦泊還至雲中。

八月辛巳朔，日有食之。[1]乙未，次渾河北。[2]諳班勃極烈吳乞買率宗室百官上謁。戊申，上崩于部堵濼西行宮，[3]年五十六。

[1]八月辛巳朔日有食之：《續資治通鑑》卷九五《考異》謂："《宋史》作日當食不見，《遼史》不書。"

[2]渾河：此渾河當指臨潢府東北的渾河，即今呼林河。

　　[3]部堵瀫：在今吉林省扶餘縣北。《吉林通志》謂，部堵即伯都，今伯都訥。

　　九月癸丑，梓宫至上京。乙卯，葬宫城西南，建寧神殿。[1]丙辰，諳班勃極烈即皇帝位。天會三年三月，[2]上尊謚曰武元皇帝，[3]廟號太祖，立原廟于西京。[4]天會十三年二月辛酉，改葬和陵，[5]立《開天啟祚睿德神功之碑》于燕京城南嘗所駐蹕之地。皇統四年，[6]改和陵曰睿陵。五年十月，增謚應乾興運昭德定功睿神莊孝仁明大聖武元皇帝。貞元三年十一月，改葬于大房山，仍號睿陵。[7]

　　[1]葬宫城西南：宫城，時稱“皇帝寨”，即金上京北城所在地。其北城西南約一里處的裴家屯，今仍有太祖陵遺迹。　建寧神殿：本書卷三〇《禮志三》謂：“建寧神殿於陵上。”原脱“建”字，從中華點校本補。

　　[2]天會：金太宗年號（1123—1135），熙宗初年（1135—1137）仍沿用之。　三月：據《大金集禮》卷三與本書卷三二《禮志五》，當爲“十二月”。

　　[3]上尊謚曰武元皇帝：本書卷三二《禮志五》稱，天會三年“十二月二十五日，奉玉册、玉寶，恭上尊謚曰大聖武元皇帝”，“大聖武元”，與此有異。

　　[4]原廟：正廟之外別立之廟。按本書卷三《太宗紀》與卷二四《地理志上》，皆謂“天會三年”建太祖原廟於西京。然卷三三《禮志六》與《大金集禮》卷二〇，則謂“天會二年”。

　　[5]和陵：今黑龍江省阿城市平山鄉老母豬頂子山，即和陵所在的胡凱山。此山西南坡山坳中，至今仍有東西並排的兩座墓葬遺

迹（景愛《金上京》，生活·讀書·新知三聯書店 1991 年版，第
70 頁）。

[6]皇統：金熙宗年號（1141—1149）。

[7]貞元：金海陵王年號（1153—1156）。　大房山：在今北京
市房山區。

　　贊曰：太祖英謨叡略，豁達大度，知人善任，人樂
爲用。世祖陰有取遼之志，是以兄弟相授，傳及康宗，
遂及太祖。臨終以太祖屬穆宗，[1]其素志蓋如是也。初
定東京，即除去遼法，減省租稅，用本國制度。遼主播
越，宋納歲幣，以幽、薊、武、朔等州與宋，[2]而置南
京于平州。宋人終不能守燕、代，卒之遼主見獲，宋主
被執。雖功成于天會間，而規摹運爲實自此始。金有天
下百十有九年，[3]太祖數年之間算無遺策，兵無留行，
底定大業，傳之子孫。嗚呼，雄哉。

[1]屬：通“囑”，意囑托。

[2]幽州：指遼之燕京析津府，古稱幽州，今北京市。　薊州：
治所在今天津市薊縣。　武州：治所在今山西省神池縣。　朔州：
治所在今山西省朔州市。

[3]金有天下百十有九年：施國祁謂，金九帝，起太祖收國元
年乙未（1115），盡哀宗天興三年甲午（1234），百二十年。此復
言百十有九年者，乃蒙古史臣削去哀宗天興甲午十日耳。

金史 卷三

本紀第三

太宗

　　太宗體元應運世德昭功哲惠仁聖文烈皇帝，諱晟，本諱吳乞買，世祖第四子，[1]母曰翼簡皇后拏懶氏，[2]太祖母弟也。遼太康元年乙卯歲生。[3]初爲穆宗養子。[4]收國元年七月，命爲諳班勃極烈。[5]太祖征伐，常居守。[6]天輔五年，[7]賜詔曰："汝惟朕之母弟，義均一體，是用汝貳我國政。凡軍事違者，閲實其罪，從宜處之。其餘事無大小，一依本朝舊制。"

　　[1]世祖：廟號。名劾里鉢。1074年至1092年在位。本書卷一有紀。

　　[2]翼簡皇后拏懶氏：世祖原配。本書卷六三有傳。"拏"，原作"挐"，從中華點校本改。

　　[3]太康：遼道宗年號（1075—1084）。

　　[4]穆宗：廟號。世祖母弟，本名盈歌。1094年至1102年在位。本書卷一有紀。

　　〔5〕收國：金太祖年號（1115—1116）。　諳班勃極烈：女真朝官名，直譯爲"大勃極烈"。居守、貳國政，爲國初儲嗣的專稱。女真承嗣制，父死子繼與兄終弟及並行，太祖於母弟中最愛斡帶，因其早亡，故命吳乞買爲諳班勃極烈。

　　〔6〕太祖：廟號。名阿骨打，漢名旻。1115 年至 1123 年在位。本書卷二有紀。

　　〔7〕天輔：金太祖年號（1117—1123）。

　　天輔七年六月，太祖次鴛鴦濼，有疾。[1]至斡獨山驛，[2]召赴行在。詔曰："今遼主盡喪其師，[3]奔于夏國。遼官特列、遙設等劫其子雅里而立之，已留宗翰等措畫。[4]朕親巡已久，功亦大就，所獲州部，政須綏撫，是用還都。八月中旬，可至春州，汝率內戚迎我，若至豹子崖尤善。"[5]

　　〔1〕鴛鴦濼：今河北省張北縣西北的安固里淖。

　　〔2〕斡獨山驛：驛站名。似與西京群牧斡獨椀或斡睹只地有關。待考。

　　〔3〕遼主：此指遼天祚帝。

　　〔4〕特列：即遼軍將耶律敵烈。雅里立，命爲樞密使。　遙設：即遼軍將耶律遙設。雅里立，以爲西北路招討使。　雅里：遼天祚帝第二子。遼保大三年（1123，金天輔七年）五月，自立爲帝，改元神曆。《遼史》卷三〇有紀。　宗翰：國相撒改長子。本書卷七四有傳。

　　〔5〕春州：遼州名，即長春州。在金爲泰州，又稱新泰州。一說在今吉林省洮南市東雙塔鄉城四家子古城；一說在今吉林省前郭爾羅斯蒙古族自治縣他虎城（參見張博泉《遼金女真達魯古部與達魯古城再議》，《黑龍江民族叢刊》1998 年第 4 期）。　豹子崖：地

名。《大金國志》卷三載國主避暑之地豹子河，其地當距春州不甚
遠。待考。

八月乙未，會于渾河北。[1]戊申，太祖崩。

　　[1]渾河：金渾河有三，此當指在原遼臨潢府東北之渾河，即
今呼林河。

　　九月乙卯，葬太祖于宮城西。[1]國論勃極烈杲、鄆
王昂、宗峻、宗幹率宗親百官請正帝位，[2]不許。固請，
亦不許。宗幹率諸弟以赭袍被體，置璽懷中。丙辰，即
皇帝位。己未，告祀天地。丙寅，大赦中外，改天輔七
年爲天會元年。癸酉，發春州粟，賑降人之徙于上京
者。[3]戊寅，詔諸猛安賦米，給户口在内地匱乏者。[4]南
路軍帥闍母敗張覺于樓峰口。[5]

　　[1]葬太祖于宮城西：《太祖紀》謂，“葬宮城西南”，與此異。
按今太祖陵遺迹所在的裴家屯，在上京北城西南約一里處，此地又
正在上京南北故城之西。修史者所指的“宮城”，在《太祖紀》
中，指的應是當時的“皇帝寨”，即今上京遺址的北城所在地。而
在《太宗紀》中，指的則應是後來包括南北兩城的上京城。
　　[2]國論勃極烈：女真朝官名。直譯爲“國之勃極烈”，或左
右置，即所謂國相。　　杲：本名斜也，太祖與太宗母弟。本書卷七
六有傳。　　鄆王：封爵國名。天眷格，次國封號第二十三。　　昂：
本名吾都補，世祖最幼子，熙宗皇統二年（1142）封爲鄆王。本書
卷六五有傳。　　宗峻：本名繩果，熙宗父，熙宗即位追上尊謚曰景
宣皇帝。本書卷一九有紀。　　宗幹：本名斡本，太祖庶長子。本書

卷七六有傳。

[3]賑降人之徙于上京者："上京"指金上京。據本書《食貨志》，金上京指金之舊土海古之地，又稱內地。所徙之降人，乃山西部民及燕京路六州豪强與工匠。

[4]詔諸猛安賦米，給户口在內地匱乏者：按前者是賑撫徙於內地的降人，此則是濟助留在內地的猛安謀克户民。

[5]南路軍帥：南路，地區名。指遼陽府一帶。軍帥，軍帥司長官。　闍母：世祖第十一子。本書卷七一有傳。　張覺：亦書作張殼。本書卷一三三有傳。　樓峰口：地名。在今河北省秦皇島市撫寧縣城西。

十月壬辰，詔以空名宣頭百道給西南、西北兩路都統宗翰，[1]曰："今寄爾以方面，如當遷授，必待奏請，恐致稽滯，其以便宜從事。"己亥，上京慶元寺僧獻佛骨，[2]却之。闍母及張覺戰于兔耳山，[3]闍母敗績。

[1]空名宣頭：簽署皇帝旨意的遷授文書，稱宣頭。空缺遷授人姓名的宣頭，稱空名宣頭。　西南、西北兩路都統：金初官名。設於天輔七年（1123）六月。治所初在雲中，今山西省大同市。

[2]上京慶元寺：本書僅此一見，亦不見於《遼史》與金《上京寶勝寺前管內都僧錄寶嚴大師塔銘志》所記當時上京寺院的名錄。唯本書《地理志》上京路條，見有慶元宫。依熙宗爲皇太子濟安去世建儲慶寺之例，疑慶元宫原名慶元寺，本爲慶賀太祖建元稱帝而建。待考。

[3]兔耳山：本書《地理志》中都路順州溫陽條謂，舊名懷柔，有兔耳山。當在今北京市順義區境。

十一月壬子，命宗望問闍母罪，[1]以其兵討張覺。

壬戌，復以空名宣頭及銀牌給上京路軍帥實古迺、婆盧火等。[2]癸亥，宗望以闇母軍發廣寧，[3]下瀕海諸郡縣。詔諭南京，割武、朔二州入于宋。[4]婁室破朔州西山，擒其帥趙公直。[5]勃菫斡魯別及勃剌速破走乙室白荅於歸化。[6]己巳，徙遷、潤、來、隰四州之民于瀋州。[7]庚午，宗望及張覺戰于南京東，[8]大敗之。張覺奔宋，城中人執其父及二子以獻，戮之軍中。壬申，張忠嗣、張敦固以南京降，[9]遣使與張敦固入諭城中，復殺其使者以叛。己卯，詔女直人，先有附於遼，今復虜獲者，悉從其所欲居而復之。其奴婢部曲，昔雖逃背，今能復歸者，並聽爲民。

[1]宗望：本名斡離不，太祖第二子。本書卷七四有傳。

[2]銀牌：女真建國後，始有金牌、銀牌之制。以銀牌授猛安。上京路：時實古迺爲臨潢府軍帥，婆盧火爲泰州都統。此上京路當指遼上京，金初沿用其名。　實古迺：宗室子，亦作習古迺。本書卷七二有傳。　婆盧火：安帝五代孫。本書卷七一有傳。

[3]廣寧：府名。治所在今遼寧省北寧市。

[4]南京：當指燕京樞密院，即本書卷四四《兵志》所云的"燕山既下，循遼制立樞密院于廣寧府"的樞密院。　武州：治所在今山西省神池縣。　朔州：治所在今山西省朔州市。

[5]婁室：完顏部人。本書卷七二有傳。　趙公直：西夏將帥。

[6]勃菫：女真官名。部長稱勃菫，部將亦稱勃菫。　斡魯別：女真人。本書僅此一見。　勃剌速：女真人。本書卷七一《斡魯傳》作勃剌淑，西南路都統斡魯的部屬。　乙室白荅：契丹人。乙室爲其部姓，白荅爲其名。乙室部隸遼南府，其大王及都監鎮駐西南之境，司徒居鴛鴦泊，閣撒拔居車軸山。乙室爲后族蕭姓，白荅

亦當爲蕭氏。此不稱蕭白荅，而稱乙室白荅，似因其亦爲乙室部的首領之一。其居住地當在歸化。遼歸化縣屬中京大定府，治所在今遼寧省朝陽市西南十二臺營子。

[7]遷州：治所在今河北省秦皇島市東北。　潤州：治所在今河北省秦皇島市西。　來州：治所在今遼寧省綏中縣西南。　隰州：治所在今遼寧省綏中縣東北。　瀋州：治所在今遼寧省瀋陽市。

[8]南京：地名。天輔七年（1123）二月改平州爲南京，此南京指平州，在今河北省盧龍縣。

[9]張忠嗣：張覺部將，叛金入宋又降金。天會三年（1125）權簽南京中書樞密院事，九年爲宣正殿大學士知三司使事。　張敦固：張覺部將，叛金入宋又降金。後又復叛，自爲都統。天會二年爲閽母所殺。

十二月辛巳，蠲民間貸息。詔以咸州以南，蘇、復州以北，[1]年穀不登，其應輸南京軍粮免之。甲午，詔曰：“比聞民間乏食，至有鬻其子者，其聽以丁力等者贖之。”是日，以國論勃極烈杲爲諳班勃極烈，宗幹爲國論勃極烈。遣勃菫李靖如宋告哀。[2]

[1]咸州：治所在今遼寧省開原市老城鎮。　蘇州：治所在今遼寧省普蘭店市。　復州：治所在今遼寧省瓦房店市。

[2]李靖：兀惹人。宋人洪皓《松漠紀聞》稱“千户李靖”。又《宣和乙巳奉使金國行程錄》第三十五程：“離漫七離行六十里即古烏舍寨……金人太師李靖居於是，靖累使南朝。”《三朝北盟會編》卷一九誤記爲“漢人李簡”。嘗以光禄知同州，是月以國信副使如宋。

二年春正月庚戌朔，以謾都訶爲阿捨勃極烈，[1]參議國政。壬子，命賞宗望及將士克南京之功，赦闍母罪。甲寅，以空名宣頭五十、銀牌十給宗望。戊午，詔孛堇完顏阿實賚曰：[2]"先帝以同姓之人有自鬻及典質其身者，命官爲贖。今聞尚有未復者，其悉閱贖之。"癸亥，以東京比歲不登，[3]詔減田租、市租之半。甲戌，西南、西北兩路都統宗翰、宗望請勿割山西郡縣與宋。[4]上曰："是違先帝之命也，其速與之。"夏國奉表稱藩，以下寨以北、陰山以南、乙室耶剌部吐禄濼西之地與之。[5]丙子，貽宋書，索俘虜叛亡。丁丑，始自京師至南京每五十里置驛。[6]

[1]謾都訶：景祖子。本書卷六五有傳。　阿捨勃極烈：女真朝官名。天會元年（1123）底與二年初，第三次調整朝廷諸勃極烈時，始見其名。當是遞補阿買勃極烈之闕。

[2]完顏阿實賚：又作鶻實答。時爲同知南路都統，合蘇館路孛堇。

[3]東京：治所在今遼寧省遼陽市。原遼京路名，此指地區。

[4]山西郡縣：指天會元年十一月記載（1123）的武、朔二州之地。

[5]下寨：地名。在今内蒙古自治區四子王旗大青山以南。陰山：今河套以上、大漠以南的山脉總稱。　乙室耶剌部吐禄濼：地名。即古之雲中，今山西省大同市西北一帶。

[6]始自京師至南京每五十里置驛：許亢宗《宣和乙巳奉使行程録》、洪皓《松漠紀聞》對此均有記載。金毓黻《東北通史》、李建才《東北史地考略》亦有考證。

二月，詔有盜發遼諸陵者，罪死。庚寅，詔命給宗翰馬七百疋、田種千石、米七千石，以賑新附之民。丁酉，命徙移懶路都勃堇完顏忠于蘇瀕水。[1]乙巳，詔諭南京官僚，小大之事，必關白軍帥，無得專達朝廷。丙午，宗翰乞濟師，詔有司選精兵五千給之。丁未，命宗望，凡南京留守及諸闕員，可選勳賢有人望者就注擬之，具姓名官階以聞。

[1]移懶路：地區名。以水爲名，又作耶懶、押懶。今俄羅斯濱海邊疆區塔烏黑河流域。　都勃堇：女真官名。即都部長，以統數部者稱之。　完顏忠：本名迪古迺。太祖入燕，代其兄石土門爲耶懶路都勃堇。本書卷七〇有傳。　蘇瀕水：又作蘇濱、恤品。今大綏芬河。

三月己酉朔，命宗望以宋歲幣銀絹分賜將士之有功者。庚戌，叛人活字帶降，[1]詔釋之。宗望請選良吏招撫遷、潤、來、隰之民保山砦者，從之。己未，宗望以南京反覆，凡攻取之計，乞與知樞密院事劉彥宗裁決之。[2]劉公胄、王永福棄家踰城來降，以公胄爲廣寧尹，永福爲奉先軍節度使。[3]辛未，夏國王李乾順遣使上誓表。[4]

[1]活字帶：人名。本書僅此一見。
[2]知樞密院事：天輔七年（1123），如遼南院之制，始置樞密院於廣寧。知樞密院事，時以此職主持樞密院事。　劉彥宗：大興宛平人。本書卷七八有傳。
[3]劉公胄：張敦固部屬。本書僅見於此。　王永福：張敦固

部屬。本書僅見於此。　　踰城：指逾張敦固所據的南京城。　　廣寧尹：府長官。廣寧府治所在今遼寧省北寧市。　　奉先軍節度使：此即廣寧奉先軍節度使，治廣寧府。

[4]夏國王李乾順：西夏崇宗（1086—1139）。

　　閏月戊寅朔，賜夏國誓詔。辛巳，命置驛上京、春、泰之間。[1]己丑，烏虎里、迪烈底兩部來降。[2]丙午，既許割山西諸鎮與宋，以宗翰言罷之。是月，斜野襲遙輦昭古牙，[3]走之，獲其妻孥群從及豪族。孛堇渾啜等破奚七巖而撫其民人。[4]

　　[1]命置驛上京、春、泰之間：按本書卷四《熙宗紀》，天眷元年（1138）八月"以京師爲上京，府曰會寧，舊上京爲北京"。據卷二四《地理志上》，舊上京即遼上京臨潢府。然《金史》叙天眷以前事，"上京"稱謂所指比較混亂，或爲舊上京即遼上京，或爲會寧府即金上京。此處或謂置驛於遼上京臨潢至春、泰二州之間，但該綫是遼帝赴春水漁獵之所的必經路綫，舊亦有驛路驛站。前於正月已自京師置南下的驛路驛站，此爲置京師西去的驛路驛站。此處所稱之上京，實指金之京師。　　泰：遼泰州，在金爲金安縣，又稱舊泰州。有關舊泰州治所主要有二説。一説在今黑龍江省泰來縣塔子城；一説在今吉林省洮南市東雙塔鄉城四家子古城。

　　[2]烏虎里：部名。亦作烏古、烏古里。　　迪烈底：部名。又作敵烈。

　　[3]斜野：人名。撻懶僚屬，即天會三年（1125）伐宋爲撻懶之副的斜也。　　遙輦昭古牙：遙輦，部名。昭古牙，人名。其部族在建州，今遼寧省建平縣與朝陽市之間。是年十月率衆降金，命爲親管猛安。

　　[4]渾啜：女真人。即天輔六年（1122）所見的中京將完顏渾

黜，大定間贈徐國公，定爲衍慶亞次功臣。 巖：奚人軍政合一的村寨組織。

四月己酉，以宗翰經略西夏及破遼功，賜以十馬，使自擇其二，餘以分諸帥。賑上京路、西北路降者及新徙嶺東之人。戊午，以實古迺所築上京新城名會平州。[1]乙亥，詔贖上京路新遷寧江州戶口賣身者六百餘人。[2]宋遣使來弔喪。[3]以高朮僕古等充遣留國信使，高興輔、劉興嗣等充告即位國信使，如宋。[4]

[1]以實古迺所築上京新城名會平州：實古迺時爲"臨潢府軍帥"，所築名爲會平州的新城實在臨潢府，上京乃指遼上京。本書卷二四《地理志上》，誤繫會平州於金上京路（參見王可賓《金上京新證》，《北方文物》2000年第2期）。

[2]寧江州：州名。治所在今何地說法甚多。主要有：大烏拉，即今吉林省永吉縣烏拉街（高士奇《扈從東巡日錄》）；厄黑木站，即今吉林省蛟河市天崗（楊賓《柳邊紀略》）；石頭城子，即今吉林省松原市三岔河鄉石頭城子（《吉林通志》卷一一）；吉林省松原市榆樹溝（池內宏《遼代混同江考》，載《滿鮮史研究》中世第一冊）；吉林省松原市小城子或五家站（三上次男《金史研究》第一冊《金代女真社會的研究》）；吉林省松原市伯都訥古城（李健才《東北史地考略》）；吉林省榆樹市大坡古城（紹維、志國《榆樹大坡古城調查——兼論遼寧江州治地望》，《博物館研究》1982年創刊號；張英《遼代寧江州治地望新證》，《長春文物》1982年第2期）。

[3]宋遣使來弔喪：本書《交聘表》謂宋弔喪使者爲"太常少卿連南夫等"。

[4]高朮僕古：奚人。《三朝北盟會編》卷一九，作"辰州管

内都勃堇富謨古”。亦即後於正隆二年（1157）以侍衞親軍馬步軍
副都指揮使爲賀宋正旦使的高助不古。　高興輔、劉興嗣：二人
名。又見於本書《交聘表》。

　　五月丁丑朔，上京軍帥實古迺以所獲印綬二十二及
銀牌來上。癸未，詔曰：“新降之民，訴訟者衆，今方
農時，或失田業，可俟農隙聽決。”丁亥，婆速路猛安
僕盧古以贓罷，以謀克習泥烈代之。[1]乙巳，曷懶路軍
帥完顏忽剌古等言：[2]“往者歲捕海狗、海東青、鴉鶻
於高麗之境。[3]近以二舟往，彼乃以戰艦十四要而擊
之，[4]盡殺二舟之人，奪其兵仗。”上曰：“以小故起戰
爭，甚非所宜。今後非奉命，毋輒往。”闍母克南京，
殺都統張敦固。

　　[1]婆速路：亦稱婆速府路。國初置統軍司，治所在今遼寧省
丹東市東北二十里九連城。　猛安僕盧古、謀克習泥烈：二人，本
書僅此一見。猛安千夫長，謀克百夫長。
　　[2]曷懶路：又作合懶路。治所在今朝鮮咸鏡南道咸興城南五
里處。　完顏忽剌古：人名。本書僅此一見。
　　[3]鴉鶻：中華點校本“鴉”“鶻”二字中間有頓號。明楊慎
《丹鉛總録》第七稱“鶻有兔鶻、鴉鶻”。《續通志》卷一八〇《昆
蟲草木略》稱“鶻有二種，一玉爪，一黑爪。又有鴉鶻、金眼鴉
鶻、兔鶻之別”。知“鴉鶻”爲鷙鳥名，又作鴉虎。中間不應斷開。
　　[4]要：通“邀”。

　　七月壬午，皇子宗峻薨。丙戌，禁外方使介冗從多
者。壬辰，鶻實答言：[1]“高麗納吾叛亡，增其邊備，

必有異圖。"詔曰："納我叛亡而弗歸，其曲在彼。凡有通問，毋違常式。或來侵略，整爾行列，與之從事。敢先犯彼，雖捷必罰。"乙未，以烏虎部及諸營叛，以昃勃極烈昱等討平之。^[2]

[1]鶻實荅：時爲同知南路都統，天會三年四月南路軍帥察剌以罪罷，又爲權南路軍帥。

[2]烏虎部：即前閏三月降金的烏虎里部。　昃勃極烈：女真朝官名。直譯爲"第二勃極烈"，乃陰陽之官。　昱：本名蒲家奴。景祖孫，劾孫子。本書卷六五有傳。

　　八月乙巳朔，以孛菫烏爪乃等爲賀宋生辰使。^[1]丁巳，撒离改部猛安雛思以贓罷，以奚金家奴代之。^[2]六部都統撻懶擊走昭古牙，殺其隊將曷魯燥、白撒曷等。^[3]又破降駱駝山、金源、興中諸軍，^[4]詔增給銀牌十。

[1]孛菫烏爪乃：《宋史》稱富謨弼。

[2]撒离改部：部名。按本書卷二四《地理志上》臨潢府條小注，"有撒里乃地"，其部原應居於此。　雛思：人名。本書僅此一見。　金家奴：奚人。本書僅此一見。

[3]六部都統：即六部路都統。按太祖襲遼主，以奚路未平置奚路都統司，以撻懶爲奚路軍帥。及遥輦昭古牙降，以其九營爲九猛安，與上京及泰州凡六處置司，改稱六部路都統司。　撻懶：漢名昌。穆宗子。本書卷七七有傳。　曷魯燥、白撒曷：二人名。係遥輦九營的隊將。

[4]駱駝山：在大定府金源縣。　金源：縣名。治所在今遼寧

省朝陽市西北。　　興中：府名。治所在今遼寧省朝陽市。

　　十月甲辰朔，夏國遣使謝誓詔。戊午，天清節，[1]宋、夏遣使來賀。甲子，詔發寧江州粟，賑泰州民被秋潦者。遙輦昭古牙率衆來降。興中府降。[2]丙寅，詔有司運米五萬石于廣寧，以給南京、潤州戍卒。命南路軍帥闍母，以甲士千人益合蘇館路孛堇完顏阿實賚，[3]以備高麗。戊辰，西南、西北兩路權都統斡魯言：[4]“遼詳穩撻不野來奔，言耶律大石自稱爲王，[5]置南北官屬，有戰馬萬疋。遼主從者不過四千户，有步騎萬餘，欲趨天德，駐余都谷。”[6]詔曰：“追襲遼主，必酌事宜。其討大石，則俟報下。”

　　[1]天清節：指金太宗吳乞買誕辰。此爲金以皇帝誕辰爲節慶之日並受使節來賀之始。此制承唐宋。

　　[2]興中府降：施國祁《金史詳校》卷一：“案此在十月。《遼天祚紀》，八月，國舅詳穩撻不也、筆硯祇侯察剌降金。又，《屬國表》，九月建州降金。《紀》並略。”

　　[3]合蘇館路：地區名。即曷蘇館的同名異寫。金初曷蘇館在遼陽府鶴野縣的長宜鎮，即今遼寧省蓋州市東南。天會七年（1129）徙治寧州，即今遼寧省瓦房店市；一説在今遼寧省大連市金州區南。

　　[4]權都統：權，代行。此指代行西南西北兩路都統事。　　斡魯：韓國公劾者子，撒改弟。本書卷七一有傳。

　　[5]詳穩撻不野：詳穩，遼諸官府監治長官。此撻不野，即遼國舅詳穩蕭撻不也。前於八月降金。　　耶律大石：又稱林牙大石，遼太祖八代孫。《遼史》卷三〇有紀。

[6]天德：軍州名。當指豐州天德軍。治所在今内蒙古自治區呼和浩特市東南白塔村。　余都谷：地名。北監本、殿本、局本作“余睹谷”。本卷下文以及卷七〇《習室傳》、卷七六《宗幹傳》均作“余睹谷”。本書《宗翰傳》謂，在應州西，應州即今山西省應縣。《遼史》卷三〇謂，在應州新城東六十里。

十一月癸未，闍母下宜州，拔杈枒山，殺節度使韓慶民。[1]癸卯，詔以米五萬石給撻懶、實古迺。[2]

[1]宜州：治所在今遼寧省義縣。　杈枒山：又作叉牙山、查牙山。在今遼寧省錦州市北。　韓慶民：時爲遼宜州節度使。

[2]詔以米五萬石給撻懶、實古迺：按本書《撻懶傳》與《實古迺傳》均不見記載。《闍母傳》謂，詔“‘命有司運米五萬石于廣寧，給南京、潤州戍卒。’遂下宜州，拔叉牙山，殺其節度使韓慶民”。

十二月戊申，以孛堇高居慶等爲賀宋正旦使。[1]

[1]十二月戊申，以孛堇高居慶等爲賀宋正旦使：按《三朝北盟會編》卷一九，宣和六年（1124）即金天會二年，正月“二十九日戊寅，大金賀正旦使盧州管内觀察使、都孛堇高居慶，副使大中大夫、守大理寺卿楊意朝於紫宸殿”。該書卷二一又稱，宣和七年（1125）即金天會三年，正月“二十四日丙申，金國賀正旦大使盧州管内觀察使孛堇高居慶，副使大夫守大理卿楊意入見於紫宸殿”。《宋史》卷二二《徽宗紀》，宣和五年即金天會元年“十一月乙巳，金人遣高居慶等來賀正旦”。高居慶一行宣和五年十一月至宋，賀宣和六年正旦。所繫年月與此異。

三年正月癸酉朔，宋、夏遣使來賀。戊子，同知宣徽院事韓資正加尚書左僕射，爲諸宮都部署。[1]乙未，夏國遣使奠幣及賀即位。宋遣使賀即位。[2]

[1]韓資正：本書僅此一見。所任之官，皆爲金置於漢地的漢官稱號。　同知宣徽院事：宣徽院的副職。　加尚書左僕射：加，在此當爲加銜，即授予高於本職的虛銜。尚書左僕射，尚書省長官。　爲諸宮都部屬：爲，在此意爲擔當。諸宮都部屬，屬宣徽院。

[2]宋遣使賀即位：宋使，即宋龍圖閣直學士許亢宗。施國祁《金史詳校》卷一據《宣和乙巳奉使行程錄》《遼朔考》及本書《交聘表》考證，認爲“宋遣使賀即位”上，當加“辛丑朔”三字，並移置於本年“六月”下。

二月壬戌，婁室獲遼主于余睹谷。[1]丁卯，以厖葛城地分授所徙烏虎里、迪烈底二部及契丹民。[2]

[1]婁室獲遼主于余睹谷：施國祁《金史詳校》卷一：“案《會編》引《北征紀實》定爲粘罕所獲，而以《亡遼錄》《茅齋自叙》等書爲非，乃傳聞之譌。”

[2]厖葛城：當在嫩江中游之西，具體地點待考。　烏虎里迪烈：施國祁《金史詳校》卷一謂“‘烈’下當加‘底’字”。中華點校本據上文天會二年（1124）閏三月“己丑，烏虎里、迪烈底兩部來降”，以及本書卷七二《習古迺傳》“以厖葛城地分賜烏虎里、迪烈底二部及契丹人”，補“底”字。按“迪烈”又作“敵烈”，是遼代北方部族，《遼史》卷三三《營衛志》下有“敵烈八部”。《金史》作“迪烈”或“迪烈底”，如卷五《海陵紀》載“買珠于烏古、迪烈部及蒲與路”。故“迪烈”後不必補“底”字。

三月乙亥，阿捨勃極烈謾都訶薨。丙子，賑奚、契丹新附之民。辛巳，建乾元殿。[1]斡魯獻傳國寶，[2]以謀葛失來附，[3]請授印綬。是日，賜完顏婁室鐵券。[4]

[1]乾元殿：金上京皇城中區第二臺基，爲當年乾元殿的遺址（參見景愛《金上京》，生活·讀書·新知三聯書店1991年版，第53頁）。

[2]傳國寶：按本書卷三一《禮志四》寶玉條謂，“獲於遼者，玉寶四、金寶二。玉寶，‘通天萬歲之璽’一，‘受天明命惟德乃昌之寶’一，‘嗣聖’寶一，御封不辨印文寶一。金寶，‘御前之寶’一，‘書詔之寶’一，二寶金初用之。”斡魯於天輔七年（1123）五月與此次所獻之國璽或傳國寶，以及是年五月蕭八斤所獻遼玉璽，即上述寶玉。

[3]謀葛失：又作謨葛失，北部陰山室韋首領。遼時封爲神于越王，後降金。

[4]鐵券：又名金券、誓券、券書。以鐵爲之，狀如卷瓦，刻字畫欄，以金填之。外以御寶爲合，半留內府，以賞功臣。有罪，除反逆、赦所不原外，餘並勿論。金初，完顏婁室、宗翰、完顏希尹、銀术可以及宗弼等人皆賜有鐵券。

四月壬寅朔，詔以遼主赴京師。丁巳，南路軍帥察剌以罪罷。[1]

[1]察剌：南路軍帥司長官。察剌，本書凡三見。或即蒲家奴追襲遼主至鐵呂川，以兵來會的察剌。然而本文之察剌，此時爲南路軍帥，又似世祖子查剌。查剌，漢名暈。熙宗時，爲咸州詳穩，封沂王。天眷二年（1139），坐與宗磐謀反伏誅。待考。

五月己丑，蕭八斤獲遼玉寶來獻。[1]

[1]蕭八斤：本書僅此一見。

六月庚申，以獲遼主，遣李用和等充告慶使如宋。[1]

[1]李用和：《三朝北盟會編》卷二二，稱其爲“渤海李孝和”。《續資治通鑑》謂，此次遣使如宋，實是金將舉兵，先以使來窺視。

七月壬申，禁內外官、宗室毋私役百姓。己卯，南京帥以錦州野蠶成繭，[1]奉其絲綿來獻，命賞其長吏。詔權勢之家毋買貧民爲奴，其脅買者一人償十五人，詐買者一人償二人，皆杖一百。甲申，詔南京括官豪牧馬，以等第取之，分給諸軍。以耶律固等爲宋報謝使。[2]

[1]錦州：治所在今遼寧省錦州市。
[2]耶律固：契丹人。遼道宗時，嘗任牌印郎君與總知翰林院事。入金，嘗爲廣寧尹，又嘗奉詔譯書、修遼史。

八月癸卯，斡魯以遼主至京師。甲辰，告于太祖廟。丙午，遼主延禧入見，[1]降封海濱王。壬子，詔有司揀閱善射勇健之士以備宋。

［1］延禧：遼天祚皇帝名諱。

九月壬午，廣寧府獻嘉禾。癸巳，保州路都孛菫加古撒喝有罪伏誅，以孛菫徒單烏烈代之。[1]

［1］保州路：地區名。治所在今朝鮮平安北道義州與新義州之間。　加古撒喝：又作加古撒喝、夾谷撒喝。太祖收國元年（1115）十一月爲保州路都統。　徒單烏烈：徒單部姓，烏烈人名。本書僅此一見。

十月甲辰，詔諸將伐宋。以諳班勃極烈杲兼領都元帥，[1]移賚勃極烈宗翰兼左副元帥，先鋒經略使完顏希尹爲元帥右監軍，[2]左金吾上將軍耶律余睹爲元帥右都監，[3]自西京入太原。[4]六部路軍帥撻懶爲六部路都統，斜也副之，[5]宗望爲南京路都統，闍母副之，知樞密院事劉彥宗兼領漢軍都統，自南京入燕山。[6]詔建太祖廟于西京。[7]召耶魯赴京師教授女直字。[8]戊申，有司言權南路軍帥鶻實苔官吏貪縱，詔鞫之。壬子，天清節，宋、夏遣使來賀。丁巳，以闍母爲南京路都統，埽喝副之，[9]宗望爲闍母、劉彥宗兩軍監戰。壬戌，詔曰："今大有年，無儲蓄則何以備饑饉，其令牛一具、賦粟一石，[10]每謀克爲一廩貯之。"宋易州戍將韓民毅以軍降，處之蔚州。[11]

［1］都元帥：官名。天會三年（1125）伐宋，更樞密院爲元帥府。置都元帥及左、右副元帥，左、右監軍，左、右都監。金制都

元帥初必以諳班勃極烈爲之，恒居守而不出。此時元帥府初建，官佐並未齊備，品階也未有定制。

[2]先鋒經略使：官名。中華點校本誤斷爲"宗翰兼左副元帥先鋒，經略使完顏希尹"。按唐宋於沿邊各路設有經略使，掌一路軍政。先鋒乃前驅之意，宗翰襲遼主，希尹爲前驅，故稱其爲先鋒經略使。　完顏希尹：本名谷神，歡都子。本書卷七三有傳。

[3]左金吾上將軍：遼官名，金初沿用。遼南面十六列衛，有左、右金吾衛，各衛有大將軍、上將軍、將軍。本書卷一三三《耶律余睹傳》作"金吾衛大將軍"。　耶律余睹：一名余都姑，遼主近族。天輔五年（1121），送款於咸州路都統，以所部降金。本書卷一三三及《遼史》卷一〇二有傳。

[4]西京：治所在今山西省大同市。　太原：府名。治所在今山西省太原市。

[5]斜也：女真人。與世祖子杲及徒單恭本名相同。

[6]燕山：即宋燕山府。治所在今北京市。

[7]詔建太祖廟于西京：按西京所建的太祖廟，乃正廟之外別立的原廟。本書卷三三《禮志六》與《大金集禮》卷二〇則謂天會二年（1124）建太祖原廟。與此異。

[8]耶魯：魯王幹者孫，海陵時死於撒離喝之難。似即與希尹共創女真字的葉魯。

[9]埽喝：本書卷七一《闍母傳》作掃喝。似即本書卷六五《麻頗傳》所見其孫掃合。

[10]其令牛一具、賦粟一石：按天會元年（1123）九月，已見賦諸猛安米。至此成爲猛安謀克女真戶所輸賦稅常制，稱爲牛頭稅或牛具稅。其制每耒牛三頭爲一具，限民口二十五受田四頃四畝有奇，歲輸粟大約不過一石，官民占田無過四十具。此時令牛一具賦粟一石，後又詔賦粟五斗，爲定制。

[11]宋易州：治所在今河北省易縣。　韓民毅：又作韓民義，易州常勝軍首領。　蔚州：治所在今河北省蔚縣。

　　十一月庚辰，以降封遼主爲海濱王詔中外。辛卯，南路軍帥司請禁契丹、奚、漢人挾兵器，詔勿禁。以張忠嗣權簽南京中書樞密院事。

　　十二月庚子，宗翰下朔州。甲辰，宗望諸軍及宋郭藥師、張企徽、劉舜仁戰於白河，[1]大破之。蒲莧敗宋兵于古北口。[2]丙午，郭藥師降，燕山州縣悉平。戊申，宗翰克代州。[3]乙卯，中山降。[4]丙辰，宗望破宋兵五千于真定。[5]戊午，宗翰圍太原。耶律余睹破宋河東、陝西援兵于汾河北。[6]甲子，[7]宗望克信德府。[8]

　　[1]郭藥師：渤海人。時爲常勝軍渠帥，佐宋守燕山。本書卷八二有傳。　張企徽、劉舜仁：《三朝北盟會編》卷二三引許采《陷燕記》作張令徽、劉舜臣。　白河：今河北省三河市西南的潮白河。

　　[2]蒲莧：宗望軍部將。　古北口：今北京市密雲縣東北長城界口。

　　[3]代州：治所在今山西省代縣。

　　[4]中山：府名。治所在今河北省定州市。

　　[5]真定：府名。治所在今河北省正定縣。

　　[6]汾河北：當指今山西省代縣與太原市之間。汾河，即今山西省的汾河。

　　[7]甲子：施國祁據本書卷三二《禮志五》謂，此上當加“壬戌上太祖尊謐”七字。

　　[8]信德府：治所在今河北省邢臺市。

　　四年春正月丁卯朔，始朝日。[1]降臣郭藥師、董才皆賜姓完顏氏。[2]戊辰，宗弼取湯陰，大㚖攻下濬州，迪古補取黎陽。[3]己巳，諸軍渡河。庚午，取滑州。[4]宗望使吳孝民等入汴，問宋取首謀平山童貫、譚稹、詹度及張覺等。[5]宋太上皇帝出奔。[6]癸酉，諸軍圍汴。甲戌，宋使李梲來謝罪，[7]且請修好。宗望許宋修好，[8]約質，割三鎮地，[9]增歲幣，載書稱伯姪。戊寅，宋以康王構、少宰張邦昌爲質。[10]辛巳，宋上誓書、地圖，稱姪大宋皇帝、伯大金皇帝。癸未，諸軍解圍。

[1]始朝日：本書卷二九《禮志二》朝日、夕月儀條謂："其親行朝日，初用本國禮。天會四年正月，始朝日於乾元殿，而後受賀。"施國祁據本書卷六〇《交聘表上》謂，此下當加"夏遣使來賀"五字。

[2]董才：《秀水閒居錄》載其原名董龐兒，燕地劇寇。歸宋後，自號扶宋破虜大將軍董才。宋賜名趙詡。

[3]宗弼：本名兀朮，太祖第四子。本書卷七七有傳。 湯陰：縣名。治所在今河南省湯陰縣。 大㚖（zé）：本名撻不野，其先遼陽渤海人。本書卷八〇有傳。 濬州：治所在今河南省濬縣。迪古補：即天會六年（1128）正月敗宋將趙子昉兵的迪古補。 黎陽：此黎陽當指今河南省衛輝市。

[4]滑州：治所在今河南省滑縣。

[5]吳孝民：《三朝北盟會編》卷二九，謂其女真官銜爲"從軍字董"。 汴：宋京師東京開封府。治所在今河南省開封市。首謀平山：中華點校本據本書卷六〇《交聘表上》，天會四年（1126）"正月己巳，宗望諸軍渡河，使吳孝民入汴，問宋取首謀平山者"，補"者"字。查《交聘表》"問宋取首謀平山者"後面未列人名。而《大金弔伐錄·次事目劄子》叙此事稱"可囚縛首先謀取平山童貫、詹度，並逆賊張覺、李石、衛甫、趙仁彥等來詣軍

前", 無"者"字, 不必補。平山即平州, 今河北省盧龍縣。　童貫: 北宋宦官,《宋史》卷四六八有傳。　譚稹: 宋收燕京, 爲河東燕山府路兼河北路宣撫使, 後降爲順昌軍節度副使。　詹度: 歸宋後, 與郭藥師同職, 後爲知中山府。　及張覺等: 按張覺, 前已爲宋宣撫司所殺, 函其首以與金人。本書卷七四《宗望傳》謂, "使吳孝民入汴, 以詔書問納平州張覺事"。本文"及張覺等"四字, 似應爲"及納張覺等事"之誤。

[6]宋太上皇帝出奔: 宋太上皇帝, 指宋徽宗趙佶。按《宋史》載, 趙佶在"靖康元年 (1126, 金天會四年) 正月己巳, 詣亳州"。此七字。當移至"己巳諸軍渡河"下。

[7]李梲: 宋臨河人。時爲同知樞密院事。

[8]宗望許宋修好: 施國祁《金史詳校》卷一據本書《交聘表》謂, 此上當加"丙子"二字。按《三朝北盟會編》卷二九, 亦作"丙子", 並載有復書。

[9]三鎮: 指太原、中山、河間三鎮之地。

[10]康王構: 即南宋高宗趙構。宋宣和三年 (1121), 進封康王。　少宰: 宋官名。徽宗政和年間, 改尚書左、右僕射爲太宰、少宰。　張邦昌:《宋史》卷四七五、《大金國志》卷三〇有傳。

二月丁酉朔, 夜, 宋將姚平仲兵四十萬來襲宗望營, 敗之。[1]己亥, 復進師圍汴。宋使宇文虛中以書來, 改以肅王樞爲質, 遣康王構歸。[2]師還。[3]壬子, 以滑、濬二州與宋。宗翰定威勝軍, 攻下隆德府。[4]丁巳, 次澤州。[5]海濱王家奴誣其主欲亡去, 詔誅其首惡, 餘並杖之。

[1]姚平仲: 宋隴干人。保静軍節度使姚古養子, 時爲宋京畿路宣撫司都統制。　兵四十萬: 乃誇大之詞。趙甡之《中興遺史》

作"兵七千",《東都事略》作"步騎萬人"。

[2]宇文虛中:宋成都人。本書卷七九、《宋史》卷三七一有傳。 蕭王樞:宋徽宗第五子。《宋史》卷二四六有傳。

[3]師還:按《建炎以來繫年要錄》作"丙午金人退師"。《東都事略》作"丁未金人退師"。《三朝北盟會編》卷三六作"十一日丁未金人質蕭王同行"。

[4]威勝軍:軍州名。治所在今山西省沁縣。 隆德府:治所在今山西省長治市。

[5]澤州:治所在今山西省晋城市。

三月癸未,銀术可圍太原,[1]宗翰還西京。

[1]銀术可:宗室子。本書卷七二有傳。

四月癸卯,宗望使宗弼來奏捷。乙丑,耿守忠等大敗宋兵于西都谷。[1]

[1]耿守忠:遼節度使。降金後爲宗翰部將,仍官以節度使。西都谷:地名。據本書卷八〇《突合速傳》,在今山西省文水縣的西山。

五月辛未,宋种師中以兵出井陘。[1]癸酉,完顏活女敗之于殺熊嶺,斬師中於陣。[2]是日,拔离速敗宋姚古軍於隆州谷。[3]

[1]种師中:宋人。种師道之弟。時爲宋河北制置副使。 井陘:今河北省井陘縣。

[2]完顏活女:完顏婁室子。本書卷七二有傳。 殺熊嶺:據

《三朝北盟會編》卷四七有關記載，當在今山西省晋中市境，去太原百里。

[3]拔离速：宗室子。銀术可弟。本書卷七二有傳。　姚古：宋人。時爲宋河東制置使。　隆州谷：在今山西省太谷縣南境。

六月丙申朔，高麗國王王楷奉表稱藩。[1]庚戌，宗望獻所獲三象。庚申，以宗望爲右副元帥。

[1]王楷：高麗國王仁宗。1122年至1146年在位。

七月丙寅，遣高伯淑等宣諭高麗。[1]壬申，出金牌，命孛堇大臬以所領渤海軍八猛安爲萬户。[2]戊子，以鐵勒部長奪离剌不從其兄夔里本叛，[3]賜馬十一、豕百、錢五百萬。蕭仲恭使宋還，以所持宋帝與耶律余睹蠟書自陳。[4]

[1]高伯淑：據《高麗史》載，其時爲金宣諭使，同簽樞密院事。

[2]金牌：太祖收國二年（1116）九月，始製金牌，蓋授以萬户。　萬户：國初元帥以下惟有萬户，所統軍士不下數萬人，專制一路。

[3]鐵勒部：部名。又作鐵驪、鐵力。其部，原居今黑龍江省呼蘭河上游至松花江北岸。遼興宗曾徙鐵驪户於今吉林省農安縣萬金塔東北蘇家店，置祥州。　奪离剌：人名。又作突离剌，天會八年（1130）十月命爲同中書門下平章事。　夔里本：人名。本書僅此一見。

[4]蕭仲恭：遼宗戚子弟。本書卷八二有傳。　宋帝：即下文閏月“宋主桓”，指宋欽宗趙桓。　與耶律余睹蠟書：事見本書卷

八二《蕭仲恭傳》及《三朝北盟會編》卷五八、《大金弔伐録》卷二。

八月庚子，詔左副元帥宗翰、右副元帥宗望伐宋。宋張灝率兵出汾州，[1]拔离速擊走之。劉臻以兵出壽陽，[2]婁室破之。庚戌，宗翰發西京。辛亥，婁室等破宋張灝軍于文水。[3]癸丑，宗望發保州。[4]是日，耶律鐸破宋兵于雄州，[5]那野等敗宋兵于中山。[6]甲寅，新城縣進白烏。[7]庚申，突撚取新樂。[8]

[1]張灝：宋人。時爲宋陝西路都漕兼河東察訪，受勑旨令總陝西、河東路將帥俾救太原。　汾州：治所在今山西省汾陽市。
[2]劉臻：宋人。時爲宋統制。　壽陽：縣名。治所在今山西省壽陽縣。
[3]文水：縣名。治所在今山西省文水縣。
[4]保州：州名。治所在今河北省保定市。
[5]耶律鐸：契丹人。宗望部屬。　雄州：州名。治所在今河北省雄縣。
[6]那野：遼中京奚楚里部人。天輔末年降金，後爲權楚里部猛安，天德四年（1152）爲海陵所誅。
[7]新城：縣名。治所在今河北省高碑店市東南。
[8]突撚：中京奚人。婁室部屬。　新樂：縣名。治所在今河北省新樂市北境。

九月丙寅，宗翰克太原，執經略使張孝純。[1]鶻沙虎取平遥、靈石、孝義、介休諸縣。[2]己巳，復以南京爲平州。[3]辛未，宗望破宋种師閔軍於井陘，取天威軍，克真定，殺其守李邈。[4]

[1]張孝純：時爲宋檢校少保、知太原府、兼河東路經略安撫使。被執降金後，官至權行臺左丞相。熙宗皇統四年（1144）卒。

[2]鶻沙虎：昭祖孫習不失之子。　平遙：縣名。治所在今山西省平遙縣。　靈石：縣名。治所在今山西省靈石縣。　孝義：縣名。治所在今山西省孝義市。　介休：縣名。治所在今山西省介休市。

[3]平州：天輔七年（1123）二月改爲南京，至是復爲平州。

[4]种師閔：《續資治通鑑考異》謂，《金史》“師道作師閔，蓋傳聞之誤”。時种師道爲宋兩河宣撫使。　天威軍：宋河北西路真定府井陘縣三寨之一。在今河北省井陘縣境。　克真定：按《宋史》卷二三，作十月“丁酉金人陷真定”。《三朝北盟會編》卷三二謂，十月六日戊戌“陷真定府”。　李邈：時以宋青州觀察使知真定府事。《宋史》卷四四七有傳。

十月，婁室克汾州，石州降。[1]蒲察克平定軍，遼州降。[2]丁未，天清節，高麗、夏遣使來賀。中京進嘉禾。[3]

[1]石州：治所在今山西省離石縣。

[2]蒲察：又作蒲查，穆宗子。贈濟國公，大定間定爲衍慶亞次功臣。　平定軍：金爲平定州，治所在今山西省平定縣。　遼州：治所在今山西省左權縣。

[3]中京：即遼中京，金初因之。治所在今内蒙古自治區寧城縣西大明城。

十一月甲子，宗翰自太原趨汴。丙寅，宗望自真定趨汴。戊辰，宗翰下威勝軍。癸酉，撒刺荅破天井關。[1]乙亥，宗翰克隆德府。活女渡盟津。[2]西京、永安軍、鄭州皆降。[3]庚辰，宗翰克澤州。宗望諸軍渡河，臨河、大名二縣，清德軍、開德府皆下。[4]丙戌，克懷州。[5]是日，宗望至汴。

[1]撒刺荅：宗翰部將。　天井關：在今山西省晋城市南境。

[2]盟津：即孟津，在今河南省孟州市南十八里。

[3]西京：指宋西京河南府洛陽，今河南省洛陽市。　永安軍：當指宋京西北路河南府的永安，金貞元元年（1153）更名爲芝田。在今河南省鞏義市南。　鄭州：治所在今河南省鄭州市。

[4]臨河縣：治所在今河南省内黄縣。　大名縣：治所在今河北省大名縣。　德清軍：治所在今河南省清豐縣。　開德府：治所在今河南省濮陽市。

[5]懷州：治所在今河南省沁陽市。

閏月壬辰朔，[1]宋出兵拒戰，宗望等擊敗之。癸巳，宗翰至汴。丙辰，克汴城。庚申，以高隨充高麗生日使。[2]辛酉，宋主桓出居青城。[3]

[1]閏月：《靖康紀聞拾遺》謂，金天會四年（1126）閏八月。施國祁謂《靖康紀聞拾遺》有誤。

[2]高隨：人名。另見於本書卷六〇、一三五。

[3]青城：在今河南省開封市城南。

十二月癸亥，宋主桓降，是日，歸于汴城。庚辰，詔曰：“朕惟國家，四境雖遠而兵革未息，田野雖廣而

畎畝未闢，百工略備而禄秩未均，方貢僅修而賓館未
贍。是皆出乎民力，苟不務本業而抑游手，欲上下皆
足，其可得乎。其令所在長吏，敦勸農功。"[1]

[1]敦勸農功：施國祁據本書卷五五《百官志一》、卷七八
《韓企先傳》、卷八三《張通古傳》謂，此下當加"是歲始建尚書
省"。

五年正月辛卯朔，高麗、夏遣使來賀。癸巳，宗
翰、宗望使使以宋降表來上。乙未，知樞密院事劉彥宗
上表，請復立趙氏，不聽。丁巳，回鶻喝里可汗遣使
入貢。[1]

[1]回鶻：原稱回紇，唐德宗時改爲回鶻。《新唐書》卷二一
七有傳。入遼爲外十部之一，鄰遼之西境。　喝里可汗：本書僅此
一見。

二月丙寅，詔降宋二帝爲庶人。[1]

[1]二月丙寅，詔降宋二帝爲庶人：宋二帝，指宋徽宗、欽宗。
《續資治通鑑考異》謂："沈良《靖康餘録》作二月六日宣金主詔，
即丙寅也。何烈《靖康草史》作丁卯，誤。"

三月丁酉，[1]立宋太宰張邦昌爲大楚皇帝。[2]割地賜
夏國。

[1]三月丁酉：按《建炎以來繫年要録》卷三、《大金弔伐録》

卷四、《大金國志》卷三二，均載有立楚國張邦昌册文。其册文簽署於二月辛巳，行册禮則在三月丁酉。

［2］太宰：原作“少宰”。本書卷七七《張邦昌傳》云“天會五年，宗望軍圍汴……邦昌爲宋太宰，與肅王樞俱爲質以來”，所載“邦昌爲宋太宰”的時間實爲天會四年（1126），本卷上文稱天會四年正月“宋以康王構、少宰張邦昌爲質”，是知張邦昌入金營爲質時爲“少宰”。《宋史》卷四七五《張邦昌傳》：“欽宗即位，拜少宰……會姚平仲夜斫金人營，斡離不怒責邦昌，邦昌對以非出朝廷意。俄進太宰。”張邦昌被立爲大楚皇帝時當稱“太宰”。中華點校本改爲“太宰”，今從。

四月乙酉，克陝府，取虢州。[1]丙戌，以六部路都統撻懶爲元帥左監軍，南京路都統闍母爲元帥左都監。宗翰、宗望以宋二帝歸。己丑，詔曰：“合蘇館諸部與新附人民，其在降附之後同姓爲婚者，離之。”

［1］陝府：即陝州，治所在今河南省三門峽市。　虢州：治所在今河南省靈寶市。

五月庚寅朔，宋康王構即位於歸德。[1]宋殺張邦昌。[2]婁室降解、絳、慈、隰、石、河中、岢嵐、寧化、保德、火山諸城。[3]撻懶徇地山東，下密州，迪虎下單州。[4]廣信軍降。[5]

［1］歸德：府名。宋南京應天府，金稱歸德府。治所在今河南省商丘市。

［2］宋殺張邦昌：按《建炎以來繫年要録》卷九謂，建炎元年

（1127，金天會五年）九月“壬子，詔責昭化軍節度副使張邦昌，賜死”。

[3]解：州名。治所在今山西省運城市西南解州。　絳：州名。治所在今山西省新絳縣。　慈：州名。治所在今山西省吉縣。隰：州名。治所在今山西省隰縣。　河中：府名。治所在今山西省永濟市西蒲州。　岢嵐：軍州名。治所在今山西省岢嵐縣。　寧化：軍州名。治所在今山西省寧武縣。　保德：軍州名。治所在今山西省保德縣。　火山：軍州名。治所在今山西省河曲縣。

[4]密州：治所在今山東省諸城市。　迪虎：時爲撻懶部將，後爲宗弼部將。　單州：治所在今山東省單縣。

[5]廣信軍降：廣信軍，治所在今河北省徐水縣。按本書卷七四《宗望傳》謂：“宗望乃分諸將鎮守河北。董才降廣信軍及旁近縣鎮。”降廣信軍者乃董才。

六月庚申，詔曰：[1]“自河之北，今既分畫，重念其民或見城邑有被殘者，不無疑懼，遂命堅守。若即討伐，生靈可憫。其申諭以理，招輯安全之。儻執不移，自當致討。若諸軍敢利於俘掠輒肆蕩毁者，底于罰。”庚辰，右副元帥宗望薨。漢國王宗傑繼薨。[2]

[1]詔曰：按本書卷七四《宗望傳》，應是“詔宗望曰”。

[2]漢國王：本書卷六九《宗傑傳》謂，天眷元年（1138）追封越王，大定間進封趙王。《宗室表》亦作“趙王”。　宗傑：太祖子。本書卷六九有傳。

七月甲午，賜宗翰券書，除反逆外，咸貰勿論。以石州戍將烏虎棄城喪師，[1]杖之，削其官。

[1]烏虎：又作芋菫烏谷，突合速部將。事見本書卷八〇《突合速傳》。

八月戊寅，以宋捷，遣耶律居謹等充宣慶使使高麗。[1]丙戌，以宗輔爲右副元帥。[2]詔曰：“河北、河東郡縣職員多闕，宜開貢舉取士，以安新民。其南北進士，各以所業試之。”[3]

[1]耶律居謹：契丹人。《高麗史》卷一五《世宗世家》稱，“永州管內觀察使耶律居謹”。

[2]宗輔：又名宗堯，世宗父。世宗立，追諡爲皇帝。本書卷一九有紀。

[3]其南北進士，各以所業試之：以遼宋之制不同，詔南北各因其素所習之業取士，號爲南北選。

九月丁未，詔曰：“内地諸路，每耕牛一具賦粟五斗，以備歉歲。”辛亥，賜元帥右監軍完顏希尹、萬户銀术可券書，除赦所不原，餘並勿論。闍母取河間，大敗宋兵于莫州，雄州降。[1]撻懶克祁州，永寧軍、保州、順安軍皆降。[2]

[1]河間：府名。治所在今河北省河間市。　莫州：治所在今河北省任丘市。

[2]祁州：治所在今河北省安國市。　永寧軍：軍州名。治所在今河北省蠡縣。　順安軍：軍州名。治所在今河北省高陽縣舊城。

冬十月丁卯，沙州回鶻活剌散可汗遣使入貢。[1]辛未，天清節，高麗、夏遣使來賀。宋二帝自燕徙居于中京。[2]

[1]沙州回鶻：回鶻的一支。居今甘肅省敦煌市一帶。　活剌散可汗：本書僅此一見。

[2]宋二帝自燕徙居于中京：按宋二帝北遷，經邢、趙至真定。又次代州，度太和嶺至雲中。繼之，又由雲中次燕山。後又由燕山徙中京，就居於相府院。

十二月丙寅，右副元帥宗輔伐宋，徇地淄、青。[1]烏林荅泰欲敗宋將李成于淄州。[2]趙州降。[3]阿里刮徇地濬州，[4]敗敵兵，遂取滑州。乙亥，西南路都統斡魯慕。己卯，賽里下汝州。[5]

[1]淄：州名。治所在今山東省淄博市淄川區。　青：州名。治所在今山東省青州市。

[2]烏林荅泰欲：伐宋曾爲前鋒，大定間贈鎮國將軍，定爲衍慶亞次功臣。　李成：雄州歸信人。本書卷七九有傳。

[3]趙州降：本書卷七七《撻懶傳》作"蒙刮取趙州"。趙州，治所在今河北省趙縣。

[4]阿里刮：撻懶部將。

[5]賽里：女真人。習不失之孫宗賢賽里。本書卷七〇有傳。汝州：治所在今河南省汝州市。

六年正月丙戌朔，高麗、夏遣使來賀。宗弼破宋鄭宗孟軍于青州。[1]銀术可取鄧州。[2]薩謀魯入襄陽。[3]拔

离速入均州。[4]馬五取房州。[5]癸巳，克青州。癸卯，闍
母克濰州。[6]丁未，迪古補敗宋將趙子昉兵。[7]撒离喝敗
宋兵于河上。[8]甲寅，宋將馬括兵次樂安，[9]宗輔擊敗
之，聞宋主在維揚，以農時還師。[10]宗弼敗宋兵于
河上。

[1]鄭宗孟：宋人。另見本書卷七七《宗弼傳》。

[2]鄧州：治所在今河南省鄧州市。

[3]薩謀魯：銀术可部將。　襄陽：府名。治所在今湖北省襄
樊市。

[4]均州：治所在今湖北省丹江口市西境。

[5]馬五：銀术可部將。即大定間所定衍慶亞次功臣金吾衛上
將軍耶律馬五。　房州：治所在今湖北省房縣。

[6]濰州：治所在今山東省濰坊市。

[7]趙子昉：宋人。另見本書卷七一《闍母傳》。

[8]撒离喝：又名杲，安帝六代孫。本書卷八四有傳。　河上：
河即黄河。

[9]樂安：縣名。治所在今山東省廣饒縣。

[10]宋主：指宋高宗趙構。　維揚：揚州的別稱，治所在今江
蘇省揚州市。

　　二月乙卯朔，拔离速取唐州。[1]癸亥，取蔡州。[2]己
巳，移剌古敗宋將臺宗雋等兵于大名。[3]庚午，再破其
軍，獲臺宗雋及宋忠。甲戌，拔离速取陳州。[4]癸未，
克潁昌府。[5]鄭州叛入于宋，復取鄭州。遷洛陽、襄陽、
潁昌、汝、鄭、均、房、唐、鄧、陳、蔡之民于河北。
宗翰復遣婁室攻下同、華、京兆、鳳翔，擒宋經制使傅

亮。^[6]阿隣破河中。^[7]斡魯入馮翊。^[8]

[1]乙卯朔：《宋史》作"戊午"，與此異。　唐州：治所在今河南省唐河縣。

[2]癸亥：《宋史》作"癸酉"，與此異。　蔡州：治所在今河南省汝南縣。

[3]移剌古：契丹人。曾任山東東路兵馬都總管。見本書卷九〇《移剌道傳》。　大名：府名。治所在今河北省大名縣。

[4]陳州：治所在今河南省淮陽縣。

[5]潁昌府：宋潁昌府在金爲許州，治所在今河南省許昌市。

[6]同：州名。宋馮翊郡，治所在今陝西省大荔縣。　華：州名。治所在今陝西省華縣。　京兆：府名。治所在今陝西省西安市。　鳳翔：府名。治所在今陝西省鳳翔縣。　傅亮：時爲宋河東經制副使，降金後改名傅慎微。本書卷一二八有傳。《宋史》謂，正月乙未以兵降金。

[7]阿隣：宗室子名阿隣者多人，此難確指。

[8]斡魯：施國祁謂，婁室子，曾爲光禄大夫、迭剌部節度使。

三月壬辰，命南路軍帥實古迺，籍節制使完顏慎思所領諸部及未置猛安謀克户來上。^[1]己酉，撻懶下恩州。^[2]

[1]完顏慎思：契丹人。本姓耶律氏，天輔末年來降，賜姓完顏氏。此時命領咸州煙火事實古迺，將其所部改編爲猛安謀克。

[2]恩州：治所在今河北省清河縣。

五月戊戌，移沙土古思以本部來附。^[1]

[1]移沙土古思：人名。本書僅此一見。

六月己未，詔求祖宗遺事。[1]撻懶遣兵徇下磁州、信德府。[2]真定賊自稱元帥、秦王，撒離喝討平之。[3]

[1]詔求祖宗遺事：早在太祖時，阿離合懣與斜葛就曾同修本朝譜牒。宗翰亦好訪問女真老人，多得祖宗遺事。至是，詔書求訪祖宗遺事，以備國史，命勗與耶律迪越掌之。後勗等采摭遺言舊事，自始祖以下十帝，綜爲三卷。

[2]磁州：治所在今河北省磁縣。

[3]真定賊自稱元帥、秦王：中華點校本原將"秦王"下讀爲"秦王撒離喝"，後又改正爲"自稱元帥、秦王"。據《三朝北盟會編》卷一一五至一一七，聚衆於真定五馬山寨者，自稱爲趙佶子信王榛，爲金所俘，隱於民間，以梁爲姓。宋授以河外兵馬都元帥。"秦王"當爲"信王"之誤。宋確有信王榛，《宋史》卷二四六有傳。但其言及五馬山寨事，卻言"黃潛善、王伯彥疑其非真"。既除河外兵馬都元帥，"潛善、伯彥終疑之"。由此看來，聚衆在五馬山寨者，恐非趙佶子。

七月乙巳，宋主遣使奉表請和，詔進兵伐之。以宋二庶人赴上京。

八月乙卯，婁室敗宋兵于華州，訛特剌破敵于渭水，遂取下邽。[1]丁丑，以宋二庶人素服見太祖廟，遂入見于乾元殿。封其父昏德公、子重昏侯。是日，告于太祖廟。以州郡職員名稱及俸給因革詔中外。

[1]訛特剌：女真人。婁室部將。　渭水：今陝西省的渭河。

下邽：縣名。治所在今陝西省渭南市北。

九月辛丑，繩果等敗宋兵于蒲城。[1]甲申，[2]又破敵於同州。乙丑，取丹州。[3]

[1]繩果：女真人。時爲婁室軍監戰，與太祖嫡子繩果宗峻同名。　蒲城：縣名。治所在今陝西省蒲城縣。

[2]甲申：按天會六年（1128）九月壬午朔，辛丑後無甲申。據本書卷七二《婁室傳》載，繩果等破敵於同州，距敗宋兵於蒲城不久。"甲申"，當爲"甲辰"之誤。

[3]乙丑取丹州：中華點校本謂，十月壬子朔，"乙丑"當在下文"十月"下。　丹州：治所在今陝西省宜川縣。

十月丙寅，天清節，高麗、夏遣使來賀。癸酉，知樞密院事劉彥宗薨。丁丑，蒲察、婁室敗宋兵于臨真。[1]戊寅，徙昏德公、重昏侯于韓州。[2]庚辰，宗翰、宗輔會于濮，伐宋。[3]

[1]蒲察、婁室：爲專事陝事的穆宗子蒲察與完顏婁室二人。臨真：縣名。治所在今陝西省宜川縣北的臨鎮。

[2]戊寅，徙昏德公、重昏侯于韓州：《宋史》卷二五《高宗紀二》謂，建炎二年（1128）八月"二帝徙居韓州"。趙翼《廿二史劄記》謂"金徙宋二帝於韓州，《金紀》在十月，《宋紀》在八月"。八月，乃抵金京師行幄之時，非徙韓州之日。韓州，遼金兩代其治所曾三徙。是時，當在今遼寧省昌圖縣的八面城。

[3]濮：水名。此指濮水之濱，即今河南省濮縣以東之地。伐宋：施國祁謂，"粘罕自會濮後，《宋紀》詳載其犯東平，降濟南，陷襲慶等事。翌年，正月降徐州，趨淮甸，至泗州，（二月）

犯楚州，過楊子橋，入真州，焚揚州，陷京東諸郡等事。（宗翰）本傳亦載一二，《紀》皆不書”。

十一月庚寅，蒲察、婁室取延安府。[1]壬辰，賑移懶路。[2]乙未，取濮州。[3]綏德軍降。[4]婁室再攻晉寧軍，其守徐徽言固守，不能克。[5]

[1]庚寅：《宋史》作“壬辰”。　延安府：治所在今陝西省延安市。

[2]移懶路：本書卷二四《地理志上》恤品路條載，“太宗天會二年，以耶懶路都孛堇所居地痻，遂遷於此”。此“移懶路”，指遷於今大綏芬河流域的耶懶路都孛堇所屬猛安謀克户。

[3]濮州：治所在今河南省濮陽市東的濮城。

[4]綏德軍：軍州名。治所在今陝西省綏德縣。

[5]晉寧軍：軍州名。治所在今陝西省佳縣。　徐徽言：宋西安人。武功大夫，晉寧軍守臣，忠州刺史。城破後不屈而死，宋贈晉州觀察使，謚忠壯。

十二月丙辰，宗弼取開德府。丁卯，宗輔克大名府。鶻沙虎敗宋兵于鞏。[1]

[1]鞏：州名。治所在今甘肅省隴西縣。

七年正月庚辰朔，高麗、夏遣使來賀。辛巳，吳國王闍母薨。[1]甲午，以南京留守韓企先同中書門下平章事、知樞密院事。[2]

[1]吴國王：熙宗時追封，此稱吳國王乃是追記。

[2]南京留守：按本書卷七八《韓企先傳》：“宗翰爲都統經略山西，表署西京留守。天會六年，劉彥宗薨，企先代之，同中書門下平章事、知樞密院事”。疑此處“南京”爲“西京”之誤。　韓企先：燕京人。本書卷七八有傳。　同中書門下平章事、知樞密院事：中書省與樞密院兩府長官。初置於廣寧府，後移置於平州，又移置於燕京。初始其全稱就是“中書樞密院”，簡稱爲“樞密院”。張忠嗣於天會三年（1125）十一月嘗任“權簽南京中書樞密院事”。凡漢地選授、調發租稅，中書樞密院皆承制行之。

二月戊辰，宋麟府路安撫使折可求以麟、府、豐三州降。[1]己巳，[2]婁室、塞里、鶻沙虎等破晉寧軍，其守徐徽言據子城拒戰。庚午，率衆潰圍走，擒之。使之拜，不拜。臨之以兵，不動。命降將折可求諭之降，折可求大駡，出不遜語，遂殺之。其統制孫昂及士卒皆不屈，[3]盡殺之。甲戌，詔禁醫巫閭山遼代山陵樵采。[4]

[1]折可求：宋人。降於婁室後屯綏德。議立劉豫時，嘗議及折可求。　麟：州名。治所在今陝西省神木縣北。　府：州名。治所在今陝西省府谷縣。　豐：州名。治所在今陝西省府谷縣西北。施國祁《金史詳校》卷一：“案豐州即天德軍，屬西京路。麟、府二州自五年割以與夏，此復受降。至熙宗皇統六年以邊地賜夏國，乃復與耳。亦見《張奕傳》。”

[2]己巳：《宋史》卷二五建炎三年（1129）謂，二月“壬戌”金人陷晉寧軍。壬戌在己巳前七日，與此相異。

[3]孫昂：宋人。時爲宋武德大夫、太原府路兵馬都監、嵐石路兵馬統領。後贈左武功大夫、成州團練使。

[4]醫巫閭山：在今遼寧省北寧市。山有遼東丹王耶律倍及其

子世宗耶律兀欲陵墓。

三月己卯朔，日中有黑子。壬寅，詔軍興以來，良人被略爲驅者，聽其父母夫妻子贖之。尚書左僕射高貞罷。[1]

[1]尚書左仆射：宰相之稱。本書卷八四《高楨傳》謂："天會六年，遷尚書左仆射，判廣寧尹"。唐宋之制，以高官任低職稱判。此尚書左仆射乃是虛銜，其實職則爲廣寧尹。故而《高楨傳》又稱其"在鎮"云云。　高貞：遼陽渤海人。中華點校本據本書卷八四《高楨傳》改作"高楨"。是月罷爲廣寧尹。

四月，蒲察、婁室取鄜、坊二州。[1]

[1]鄜州：治所在今陝西省富縣。　坊州：治所在今陝西省黃陵縣。

五月乙卯，拔离速等襲宋主于揚州。[1]

[1]五月乙卯：《續資治通鑑》卷一〇三《考異》謂："《宋史》及《建炎以來繫年要録》作（二月）壬子。《金史》卷三《太宗紀》作五月乙卯，蓋誤。"

九月丙午朔，日有食之。庚午，宗弼敗宋兵于睢陽。[1]辛未，降其城。是月，曹州降。[2]

[1]睢陽：即宋南京應天府，治所在今河南省商丘市。

〔2〕曹州：治所在今山東省定陶縣。

十月丙子朔，京兆府降。丁丑，鞏州降。庚寅，天清節，高麗、夏遣使來賀。[1]丁酉，阿里、當海、大臬破敵于壽春。[2]己亥，安撫使馬世元以城降。[3]甲辰，廬州降。[4]

〔1〕庚寅，天清節，高麗、夏遣使來賀：《高麗史》卷一六，仁宗己酉七年（1129，金天會七年）謂："閏（八）月己卯，遣兵部郎中崔灌，如金賀天清節。"

〔2〕阿里：即斜卯阿里。本書卷八〇有傳。 當海：烏古論蒲魯虎之父。國初有功，海陵正隆元年（1156）六月爲樞密副使。壽春：南宋時又稱安豐軍，治所在今安徽省壽縣。

〔3〕馬世元：《建炎以來繫年要録》卷二八，作"淮西提點刑獄、閤門宣贊舍人、馬識遠代知府事"。

〔4〕廬州：治所在今安徽省合肥市。

十一月庚戌，徙曷蘇館都統司治寧州。[1]乙卯，高麗遣使來貢。[2]丙辰，宗弼取和州。[3]壬戌，宗弼渡江，敗宋副元帥杜充軍于江寧。[4]丁卯，守臣陳邦光以城降。[5]

〔1〕寧州：原遼地名，在今遼寧省瓦房店市永寧鎮。金明昌四年（1193）廢。施國祁誤以爲寧州即會寧州。

〔2〕乙卯，高麗遣使來貢：按本書《交聘表》不見記載，疑與天會八年（1130）高麗遣使來賀相重。

〔3〕和州：治所在今安徽省和縣。

〔4〕杜充：宋人。《建炎以來繫年要録》卷二九，稱其爲尚書右僕射、江淮宣撫使。《宋史》卷四七五有傳。　江寧：即建康府，治所在今江蘇省南京市。

〔5〕陳邦光：宋顯謨閣直學士、沿江都制置使、建康府守臣。

　十二月丙戌，宗弼取湖州。[1]丁亥，克杭州。[2]阿里、蒲盧渾追宋主于明州。[3]越州降。[4]大㚊敗宋樞密使周望于秀州，[5]又敗宋兵于杭州東北。戊戌，阿里、蒲盧渾敗宋兵于東關，[6]遂濟曹娥江。[7]壬寅，敗宋兵于高橋。[8]宋主入于海。

〔1〕湖州：治所在今浙江省湖州市。

〔2〕杭州：即臨安府，治所在今浙江省杭州市。

〔3〕蒲盧渾：即烏延蒲盧渾，曷懶路烏古敵昏山人。本書卷八〇有傳。　明州：治所在今浙江省寧波市。

〔4〕越州：治所在今浙江省紹興市。

〔5〕周望：宋同知樞密院事、兩浙宣撫使。　秀州：治所在今浙江省嘉興市。

〔6〕東關：地名。即會稽的東關，今浙江省上虞市的東關鎮。

〔7〕曹娥江：即今浙江省的曹娥江。自南而來，至今上虞市的東關鎮折而西向注入杭州灣。

〔8〕高橋：地名。在今浙江省寧波市西北。

　八年正月甲辰朔，高麗、夏遣使來賀。[1]丁巳，以同中書門下平章事韓企先爲尚書左僕射兼侍中。[2]己未，阿里、蒲盧渾克明州，執其守臣趙伯諤。[3]庚申，詔曰：“避役之民，以微直鬻身權貴之家者，[4]悉出還本貫。”

阿魯補、斜里也下太平、順昌及濠州。[5] 是月，宋副元帥杜充以其衆降。

[1] 高麗、夏遣使來賀：按《高麗史》卷一六，世宗己酉七年（1129，金天會七年）謂："十一月乙卯，遣胡仁穎如金賀正。丙辰，遣盧令琚、洪若伊如金進誓表。"高麗遣使來賀，指的是前者，後者本書失載。

[2] 韓企先爲尚書左僕射兼侍中：按本書卷七八《韓企先傳》謂："七年，遷尚書左僕射兼侍中，封楚國公。"繫年與此異。

[3] 趙伯諤：宋人。時爲明州守臣。事迹另見本書卷七七、卷八〇。

[4] 微直：此指較少的錢。直，通"值"。

[5] 阿魯補：冶訶子。本書卷六八有傳。　斜里也：阿魯補部將。本書僅此一見。　太平：州名。治所在今安徽省馬鞍山市。順昌：府名。治所在今安徽省阜陽市。　濠州：治所在今安徽省鳳陽縣。

二月乙亥，宗弼還自杭州。庚寅，取秀州。戊戌，取平江。[1]

[1] 平江：府名。治所在今江蘇省蘇州市。

汴京亂，三月丁卯，大迪里復取之。[1] 宗弼及宋韓世忠戰于鎮江，[2] 不利。

[1] 大迪里：渤海人。本書僅此一見。

[2] 韓世忠：時爲宋浙西制置使，守鎮江。《宋史》卷三六四有傳。　鎮江：府名。治所在今江蘇省鎮江市。

四月丙申，復戰于江寧，敗之，諸軍渡江。是日，阿魯補戰于拓皋。[1]己亥，周企戰于壽春，[2]辛丑，婁室戰于淳化，[3]皆勝之。醴州降，遂克邠州。[4]

[1]拓皋：地名。在今安徽省巢湖市北。本書卷七三《宗雄傳附子阿鄰傳》、卷八二《胡里改傳》、卷一三二《完顏元宜傳》作“柘皋”。本書“拓皋”與“柘皋”互見，《宋史》二字亦互見。“拓皋”古名作“橐皋”，宋改爲同音之“拓皋”，猶存古音。後世訛“拓”爲“柘”，現地名已作“柘皋”。

[2]周企：人名。本書僅此一見。

[3]淳化：地名。在今陝西省淳化縣。

[4]醴州：據本書卷二六《地理志下》乾州條，治所在今陝西省乾縣。　邠州：治所在今陝西省彬縣。

五月癸卯，禁私度僧尼及繼父繼母之男女無相嫁娶。戊申，詔曰：“河北、河東簽軍，[1]其家屬流寓河南被俘掠爲奴婢者，官爲贖之，俾復其業。”

[1]簽軍：此指差簽的漢人步兵。

六月壬申，詔遣遼統軍使耶律曷禮質、節度使蕭別離剌等十人，[1]分治新附州鎮。癸酉，詔以昏德公六女爲宗婦。

[1]耶律曷禮質：契丹人。本書僅此一見。　蕭別離剌：奚人。本書僅此一見。

　　七月辛亥，詔給泰州都統婆盧火所部諸謀克甲胄各五十。先遣婁室經略陝西，所下城邑叛服不常，其監戰阿盧補請益兵。[1]帥府會諸將議曰："兵威非不足，綏懷之道有所未盡。誠得位望隆重、恩威兼濟者以往，可指日而定。若以皇子右副元帥宗輔往，爲宜。"以聞。詔曰："婁室往者所向輒克，今使專征陝西，淹延未定，豈倦于兵而自愛耶？關、陝重地，卿等其戮力焉。"丁卯，上如東京溫湯。[2]徙昏德公、重昏侯于鶻里改路。[3]

　　[1]阿盧補：又作阿离補，系出景祖。本書卷八〇有傳。
　　[2]東京溫湯：今遼寧省鞍山市湯崗子溫泉。
　　[3]鶻里改路：即胡里改路，治所在今黑龍江省依蘭縣的喇嘛廟。

　　九月戊申，立劉豫爲大齊皇帝，[1]世修子禮，都大名府。辛酉，諳班勃極烈、都元帥杲薨。癸亥，宗輔等敗宋張浚軍于富平。[2]耀州降。[3]乙丑，鳳翔府降。

　　[1]劉豫：宋景州阜城人。本書卷七七有傳。《續資治通鑑考異》謂："金人命使册豫，實在七月丁卯。至九月戊申，乃豫受册僭位之日。"
　　[2]張浚：時爲宋知樞密院事、川陝宣撫處置使。《宋史》卷三六一有傳。　富平：縣名。治所在今陝西省富平縣。
　　[3]耀州：治所在今陝西省耀縣。

　　十月乙亥，上至自東京。齊帝劉豫遣使謝封册。甲申，天清節，齊、高麗、夏遣使來賀。以鐵驪突离剌同中書門下平章事。[1]詔遼、宋官上本國誥命，等第換授。

[1]突离剌：鐵驪人。本書僅此一見。

十一月甲辰，宗輔下涇州。[1]丁未，渭州降。[2]敗宋
劉倪軍于瓦亭。[3]戊申，原州降。[4]宋涇原路統制張中
孚、知鎮戎軍李彦琦以衆降。[5]馬五等擊宋吳玠軍于隴
州。[6]庚戌，以遥鎮節度使烏克壽等爲齊劉豫生日使。[7]
癸亥，宗輔以陝西事狀聞，詔獎諭之。

[1]涇州：治所在今甘肅省涇川縣。
[2]渭州：治所在今甘肅省平涼市。
[3]劉倪：按《宋史》卷二六謂，退屯瓦亭者爲經略使劉錡。
瓦亭：地名。治所在今寧夏回族自治區固原市南境。
[4]原州：治所在今甘肅省鎮原縣。
[5]涇原路：包括涇、渭、原等州。　張中孚：本書卷七九有
傳。　鎮戎軍：軍州名。治所在今寧夏回族自治區固原市。　李彦
琦：降金後曾爲秦鳳經略使。
[6]吳玠：時爲宋秦鳳路都統制。《宋史》卷三六六有傳。
隴州：治所在今陝西省隴縣。
[7]遥鎮節度使：即遥領節度使，爲虛銜。　烏克壽：人名。
本書僅此一見。

十二月丁丑，完顔婁室薨。乙酉，宗輔敗宋劉維輔
軍。[1]壬辰，熙州降。[2]

[1]劉維輔：宋熙州總管。兵敗被執死之。

[2]熙州：治所在今甘肅省臨洮縣。

九年正月己亥朔，齊、高麗、夏遣使來賀。戊申，命以徒門水以西，渾疃、星顯、僝蠢三水以北閑田，給曷懶路諸謀克。[1]辛亥，蒲察、鶻拔魯、完顏忒里討張萬敵于白馬湖，陷于敵。[2]癸丑，以同中書門下平章事時立愛爲侍中、知樞密院，張忠嗣爲宣政殿大學士、知三司使事。[3]宗弼、阿盧補撫定鞏、洮、河、樂、西寧、蘭、廓、積石等州，涇原、熙河兩路皆平。[4]

[1]徒門水：又作統門水。今圖們江。　渾疃水：又作渾蠢水。今琿春河。　星顯水：今布爾哈通河。　僝蠢水：今嘎呀河。

[2]鶻拔魯：又作鶻巴魯、胡巴魯。曾擊奚王霞末於中京西，又曾與斡魯攻奪西京城西浮圖。中華點校本謂蒲察鶻拔魯爲一人，陳述《金史拾補五種》則認爲蒲察鶻拔魯與蒲察胡巴魯爲兩人，皆誤（參見王可賓《穆宗子蒲察事迹考略》，《北方文物》1998年第3期）。　完顏忒里：女真人。本書僅此一見。海陵時之大理正忒里，當是另一人。　張萬敵：本書僅此一見。《三朝北盟會編》卷一四五引《金虜節要》曰："撻懶攻淮東，撻不也攻張敵萬泰州縮頭湖水寨，爲敵萬所敗，獲撻懶之壻户不剌蘆達。"《會編》卷一四三、《建炎以來繫年要錄》卷三三均稱泰州水寨張榮"軍中號爲張敵萬"。是知此"張萬敵"即泰州縮頭湖水寨"張敵萬"，爲張榮綽號。　白馬湖：在今江蘇省寶應縣西。

[3]時立愛：涿州人。本書卷七八有傳。　知樞密院：即知樞密院事。據《時立愛傳》載，乃天會九年（1131）時立愛所任的新官名。中華點校本誤斷爲張忠嗣的原官名。　宣政殿大學士：無官守，以備顧問。　知三司使事：三司長官。"三司"即本書卷二四《地理志上》平州條所言天輔七年（1123）以"錢帛司爲三司"

的三司。三司是以鹽鐵、度支、户部三部合爲三司。本唐宋之制，北宋爲全國最高財政機構。金初的三司，是其在漢地的最高財政機構。供給軍旅錢糧之需是其主要職掌，與泰和八年（1208）中央朝廷所置三司不同。

[4]洮州：治所在今甘肅省臨潭縣。　河州：治所在今甘肅省臨夏市北。　樂州：即湟州。治所在今青海省樂都縣。　西寧州：治所在今青海省西寧市。　蘭州：治所在今甘肅省蘭州市。　廓州：治所在今青海省尖扎縣北。　積石：軍州名。本宋積石軍溪哥城，在今青海省貴德縣。　熙河路：包括熙、河等州。當今甘肅省臨洮縣與臨夏市等地。施國祁《金史詳校》卷一稱“樂州、廓州乃宋地，見《杲》《昂》《高彪》等傳”。

四月己卯，詔：“新徙戍邊户，匱于衣食，有典質其親屬奴婢者，官爲贖之。户計其口而有二三者，以官奴婢益之，使户爲四口。又乏耕牛者，給以官牛，別委官勸督田作。戍户及邊軍資糧不繼，糴粟于民而與賑卹。其續遷戍户在中路者，姑止之，即其地種藝，俟畢穫而行，及來春農時，以至戍所。”

五月丙午，分遣使者諸路勸農。

六月壬辰，賜昏德公、重昏侯時服各兩襲。

八月辛巳，回鶻隈欲遣使來貢。[1]

[1]隈欲：人名。本書僅此一見，當爲回鶻一支的首領。

九月己酉，和州回鶻執耶律大石之黨撒八、迪里突迭來獻。[1]

[1]和州回鶻：居今新疆吐魯番一帶的回鶻部。　撒八：契丹人。　迪里突迭：似爲迪烈部人，名突迭者。中華點校本析爲兩人。待考。

十月戊寅，天清節，齊、高麗、夏遣使來賀。撒离喝攻下慶陽。[1]慕洧以環州降。[2]宗弼與宋吴玠戰于和尚原，[3]敗績。

[1]慶陽：府名。治所在今甘肅省慶陽縣。
[2]慕洧：宋熙河經略使。降金後，天眷初金以河南、陝西地賜宋，慕洧又奔於夏。　環州：治所在今甘肅省環縣。
[3]和尚原：地名。在今陝西省寶鷄市南，大散關東。

十一月己未，遷趙氏疏屬于上京。[1]以陝西地賜齊。[2]

[1]遷趙氏疏屬于上京：《續資治通鑑》謂，金遷趙氏疏屬五百余人於上京。
[2]以陝西地賜齊：本書卷七七《劉豫傳》謂："從張邦昌所受封略故也。"

十年正月癸巳朔，齊、高麗、夏遣使來賀。己酉，齊表謝賜地。壬子，詔曰："昔遼人分士庶之族，賦役皆有等差，其悉均之。"
二月庚午，賑上京路戍邊猛安民。
四月丁卯，詔："諸良人知情嫁奴者，聽如故爲妻；其不知而嫁者，去住悉從所欲。"移賚勃極烈、左副元帥宗翰朝京師。庚午，以太祖孫亶爲諳班勃極烈，[1]皇子宗磐爲國論忽魯勃極烈，[2]國論勃極烈宗幹爲國論左勃極烈，移賚勃極烈、左副元帥宗翰爲國論右勃極烈兼都元帥，右副元帥宗輔爲左副元帥。庚寅，聞鴨淥、混同江暴漲，[3]命賑徙戍邊户在混同江者。

［1］亶：即熙宗完顏亶。1135 年至 1149 年在位。本書卷四有紀。

［2］宗磐：太宗嫡子。本書卷七六有傳。

［3］鴨淥：似指今中朝界河鴨綠江。　混同江：即今松花江自哈爾濱市往北至同江市的一段，和黑龍江自同江市往北直至入海口的一段，金通稱爲混同江。此似指其上游。

閏月辛卯，詔分遣鶻沙虎等十三人閲諸路丁壯，[1]調赴軍。

［1］十三：南監本、北監本、殿本、局本作“十二”。

七月甲午，賑泰州路戍邊户。上如中京。

九月，元帥右都監耶律余睹謀反，出奔。其党燕京統軍使蕭高六伏誅，蔚州節度使蕭特謀葛自殺。[1]

［1］蕭高六：人名。《金虜節要》與《建炎以來繫年要録》作“稿里”。　蕭特謀葛：人名。本書卷一三三《耶律余睹傳》作蕭特謀。

十月壬寅，天清節，大赦。齊、高麗、夏遣使來賀。上如興中府。齊使使來告母喪。

十一月癸亥，以武良謨爲齊弔祭使。[1]癸未，撒离喝請取劍外十三州，[2]從之。部族節度使土古厮捕斬余睹及其諸子，[3]函其首來獻。

[1]武良謨：人名。本書僅此一見。

[2]劍外十三州：指劍閣關以北的宋十三州之地。劍閣關，在今四川省劍閣縣。

[3]土古厮：據《完顏希尹神道碑》所載，當爲轄軨人一部族之首領。

十二月庚子，撒离喝克金州。[1]上至自興中府。

[1]撒离喝克金州：《建炎以來繫年要録》卷六二載，次年正月乙丑，金人陷金州。金州，治所在今陝西省安康市。

十一年正月丁巳朔，齊、高麗、夏遣使來賀。丁卯，撒离喝敗吳玠于饒峰關。[1]戊辰，取洋州。[2]甲戌，入興元府。[3]

[1]丁卯，撒离喝敗吳玠于饒峰關：饒峰關，又作饒風關，在今陝西省石泉縣西北。《宋史》卷二七載，二月辛卯，吳玠遇金人於饒風關。丁酉，饒風關破。所記時日，與本書相異。

[2]洋州：治所在今陝西省洋縣。

[3]甲戌，入興元府：興元府，治所在今陝西省漢中市。《宋史》卷二七載，二月己亥金帥撒离喝入興元府。時日與此異。

二月己亥，元帥府言："承詔賑軍士，臣恐有司錢幣將不繼，請自元帥以下有祿者出錢助給之。"詔曰："官有府庫，而取於臣下，此何理耶？其悉從官給。"

八月甲申，黃龍府置錢帛司。[1]戊子，趙楀誣告其父昏德公謀反，楀及其婿劉文彥伏誅。[2]戊戌，詔曰："比以軍旅未定，嘗命帥府自擇人授官，今並從朝廷選注。"

[1]黃龍府：治所在今吉林省農安縣。　錢帛司：金初掌管統籌地方軍政開支的財政機構。

[2]戊子，趙楀誣告其父昏德公謀反，楀及其婿劉文彥伏誅：按趙佶子沂王趙楀、婿駙馬都尉劉文彥，在五國城誣告其父謀反一事，蔡鞗《北狩行錄》、《三朝北盟會編》卷二一一及《建炎以來繫年要錄》卷六六引《太上道君北狩行錄》，記之較詳。其首發日在六月丁未，其伏誅時則是八月戊子。

十月丙申，天清節，齊、高麗、夏遣使來賀。

十一月丙寅，賑移懶路。宗弼克和尚原。

十二月癸未，賑曷懶路。

十二年正月辛亥朔，齊、高麗、夏遣使來賀。甲子，初改定制度，詔中外。[1]丙寅，如東京。

[1]初改定制度，詔中外：按前此，天會八年（1130）十月"詔遼、宋官上本國誥命，等第換授"。天會十一年八月，詔"今並從朝廷選注"。均爲金太宗改定制度的準備。施國祁據《韓企先傳》謂，此句上當加"韓企先爲尚書右丞相"。《建炎以來繫年要錄》卷八四謂，"初，金太宗晟嘗下詔改正官名而未畢"。至熙宗

"置三省六部，略仿中國之制"。

二月丁酉，撒离喝敗宋吳玠軍于固鎮。[1]

[1]固鎮：即河池，今甘肅省徽縣。

四月，至自東京。

六月甲午，以阿盧補爲元帥右都監。

十月庚寅，天清節，齊、高麗、夏遣使來賀。

十三年正月丙午朔，日有食之。[1]己巳，上崩于明德宮，[2]年六十一。庚午，諳班勃極烈即皇帝位于柩前。三月庚辰，上尊諡曰文烈皇帝，廟號太宗。[3]乙酉，葬和陵。[4]皇統四年，[5]改號恭陵。五年，增上尊諡曰體元應運世德昭功哲惠仁聖文烈皇帝。貞元三年十一月戊申，[6]改葬于大房山，[7]仍號恭陵。

[1]正月丙午朔，日有食之：按《宋史》卷二八，紹興五年（1135，金天會十三年）謂："春正月乙巳朔，日有食之。"《三朝北盟會編》卷一六六、《建炎以來繫年要錄》卷八四所載朔日相同，與此"丙午朔"相差一日。施國祁謂，宋金兩史此月不同朔，各有所憑。宋日官陳得一言：日食八分半，虧在巳初，可爲《宋史》記載之據。熙宗即位在庚午，《大金集禮》謂是日爲正月二十五日，可爲本書記載丙午朔之一證。又苗耀《神麓記》所謂，丁卯歲正旦，"見佛在東方，從日而現"，乃日食耳，又可爲《金史》所載一證。蓋是時，遼曆已失，金曆未頒，應闕疑爲是。

[2]明德宮：按本書卷二四《地理志上》上京條謂："有明德宮、明德殿，熙宗嘗享太宗御容於此，太后所居也。"明德宮、明

德殿，乃太宗寢宮。

[3]三月庚辰，上尊謚曰文烈皇帝，廟號太宗：詳見本書卷三二《禮志五》上尊謚條。

[4]和陵：本書卷六八《歡都傳》謂："胡凱山者，所謂和陵之地是也。"舊以爲今黑龍江省賓縣西南標高 827 米之山，即胡凱山。近經考古工作者實地踏查，認定黑龍江省阿城市平山鄉老母豬頂子山，即胡凱山（參見景愛《金上京》，第 70 頁）。

[5]皇統：金熙宗年號（1141—1149）。

[6]貞元：金海陵年號（1153—1156）。

[7]大房山：在今北京市房山區。

贊曰：天輔草創，未遑禮樂之事。太宗以斜也、宗幹知國政，以宗翰、宗望總戎事。既滅遼舉宋，即議禮制度，治曆明時，纘以武功，述以文事，經國規摹，至是始定。在位十三年，宮室苑籞無所增益。[1]末，聽大臣計，傳位熙宗，使太祖世嗣不失正緒，可謂行其所甚難矣。

[1]籞（yù）：古代帝王的禁苑。

金史　卷四

本紀第四

熙宗

　　熙宗弘基纘武莊靖孝成皇帝，諱亶，本諱合刺，[1]
太祖孫，[2]景宣皇帝子。[3]母蒲察氏。[4]天輔三年己亥
歲生。[5]

　　[1]合刺：金熙宗女真語名，諸書記載不一，《大金國志》卷
九《熙宗孝成皇帝》爲曷刺馬，《三朝北盟會編》卷一六六引苗耀
《神麓記》作喝羅，熊克《小紀》作哈爾滿，《金史紀事本末》卷
一八作哈喇。

　　[2]太祖：廟號。即完顏阿骨打，漢名旻。世祖第二子。1115
年至1123年在位。

　　[3]景宣皇帝：謚號。即完顏繩果，漢名宗峻。本書卷一九
《世紀補》有傳。

　　[4]蒲察氏：金熙宗即位後追謚爲惠昭皇后。本書無傳。

　　[5]天輔：金太祖年號（1117—1123）。

天會八年，[1]諳班勃極烈杲薨，[2]太宗意久未決。[3]十年，左副元帥宗翰、右副元帥宗輔、左監軍完顏希尹入朝，[4]與宗幹議曰：[5]"諳班勃極烈虛位已久，今不早定，恐授非其人。合剌，先帝嫡孫，當立。"相與請於太宗者再三，迺從之。四月庚午，詔曰："爾爲太祖之嫡孫，故命爾爲諳班勃極烈，其無自謂冲幼，狎于童戲，惟敬厥德。"[6]諳班勃極烈者，太宗嘗居是官，及登大位，以命弟杲。杲薨，帝定議爲儲嗣，故以是命焉。[7]

[1]天會：金太宗年號（1123—1135）；熙宗初期沿用不改（1135—1137）。

[2]諳班勃極烈：諳班義爲大，勃極烈猶如宰輔。諳班勃極烈爲諸勃極烈之長，金初確立爲儲嗣者例爲此職。熙宗立其子濟安爲太子，不再稱諳班勃極烈。　杲：女真人。本名斜也。本書卷七六有傳。

[3]太宗：廟號。即完顏吳乞買，漢名晟。金朝第二任皇帝。1123年至1135年在位。

[4]左副元帥：都元帥府屬官。金太宗天會三年（1125）設都元帥府，掌征討之事。設左副元帥一員，位僅次於都元帥，正二品。　宗翰：本名粘罕，宋人又稱宗維。本書卷七四有傳。本書卷一九《世紀補》稱宗輔"於是班師，與宗翰俱朝京師，立熙宗爲諳班勃極烈"，贊云："宗翰請立熙宗，宗望不敢違，太宗不能拒，其義正，其理直矣。"施國祁《金史詳校》認爲首倡立熙宗者爲宗輔，故稱贊中"翰當作輔，望原作翰是"。中華點校本作"宗翰請立熙宗，宗幹不敢違"，兩説互異。　右副元帥：都元帥府屬官。位次於都元帥、左副元帥。正二品。　宗輔：女真人。本名訛里

朵。大定間尊爲帝，廟號睿宗。本書卷一九《世紀補》有傳。《大金國志》卷一六《世宗聖明皇帝上》："以父故名宗輔，非帝王所稱，改曰宗堯。" 左監軍：元帥左監軍的簡稱。據本書卷三《太宗紀》，完顏希尹是以先鋒經略使任元帥右監軍，本書卷七三《完顏希尹傳》同。《三朝北盟會編》卷一六六引《金虜節要》、《建炎以來繫年要錄》卷八四均作右監軍，此處"左"當是"右"之誤。元帥右監軍位在元帥左監軍之下，二者均爲正三品。 完顏希尹：女真人。又作谷神、固新、兀室、悟室。本書卷七三有傳。

［5］宗幹：女真人。本名斡本，《建炎以來繫年要錄》卷八四載其收繼熙宗生母。本書卷七六有傳。

［6］"爾爲太祖之嫡孫"至"惟敬厥德"：《大金集禮》卷八所收詔書本文與此小異："太祖之世嫡皇孫，故命爾爲諳班勃極烈，其無自謂幼冲，狎于童戲，惟敬修厥德。"

［7］杲薨，帝定議爲儲嗣，故以是命焉：《三朝北盟會編》卷八四、《松漠紀聞》卷一皆載太宗病或死後，宗磐、宗幹爭做儲嗣事，多屬傳聞。實際是依太宗意立宗磐、還是依太祖遺訓立嗣之爭。最後主張立太祖嫡孫合刺者勝。依太宗曾爲諳班勃極烈之制，立之爲儲嗣。時爲天會十年（1132）四月庚午，非太宗病和死後，宗磐、宗幹、宗翰爭儲嗣。

十三年正月己巳，[1]太宗崩。庚午，[2]即皇帝位。甲戌，詔中外。[3]詔公私禁酒。癸酉，遣使告哀于齊、高麗、夏及報即位，[4]仍詔齊自今稱臣勿稱子。

［1］己巳：本書卷三《太宗紀》記是月爲丙午朔，《三朝北盟會編》、《建炎以來繫年要錄》、《宋史》卷二八《高宗紀五》、《續資治通鑑》皆記是月爲乙巳朔，因金宋曆法不同，是月朔日相差一天。《建炎以來繫年要錄》卷八四引《神麓記》云，金太宗死於

"天會十三年乙卯歲正旦"，則太宗之死當在此月乙巳，依宋人曆法爲朔日，依金人曆法爲次日。此處當係乙巳之誤。

[2]庚午：《三朝北盟會編》繫於十三日丁巳，與此異。

[3]甲戌詔中外：《大金國志》卷九《熙宗孝成皇帝一》："天會十三年春，諸郡立太宗之靈，拋盞燒飯，吏民挂服，及禁音樂，一月而罷。"與此同。説明金太宗去世的當月即普告諸路。《建炎以來繫年要録》卷八四引《金虜節要》："紹興四年冬，烏奇邁以病死，時大兵相拒江上，不敢發喪，至軍回，于次年方普告諸路。"誤。另，按甲戌爲癸酉次日，故甲戌條記事當在癸酉條記事之後。

[4]齊：天會八年（1130），金太宗册立宋降將劉豫爲帝，國號齊。天會十五年（1137）廢，以原齊國統治區設行臺尚書省。高麗：指王建建立的王氏高麗政權（918—1392）。　夏：指西夏（1038—1227）。甲戌應該是癸酉之次日，此條應該列於"甲戌，詔中外"之上。施國祁《金史詳校》卷一認爲："當作：癸酉，詔公私禁酒，甲戌，詔中外，遣使。"

　　二月乙巳，[1]追謚太祖后唐括氏曰聖穆皇后，[2]裴滿氏曰光懿皇后。[3]追册太祖妃僕散氏曰德妃，[4]烏古論氏曰賢妃。[5]辛酉，改葬太祖于和陵。

[1]二月乙巳：按本書卷三《太宗紀》，是年正月丙午朔，則二月無乙巳日。按《宋史》卷二八《高宗紀五》，是年閏二月，此處所記干支皆在閏二月，則此處二月上應脱"閏"字。乙巳日實爲閏二月初一。《大金集禮》記此事爲二月十一日，與此不同。

[2]唐括氏：宗峻生母，熙宗親祖母。見本書卷六三。此爲金追謚后妃之始。

[3]裴滿氏：宗幹生母，熙宗後祖母。見本書卷六三。

[4]僕散氏：即太祖宣獻皇后。睿宗生母，世宗親祖母。見本

書卷六三。此爲金後宮封妃之始。　德妃：后妃稱號。據本書卷五七《百官志三》"內命婦品"，其位在元妃、貴妃、淑妃之下。正一品。

[5]烏古論氏：女真人。本書卷四一《后妃傳》不載，據本書卷六九《太祖諸子傳》，烏古論氏生梁王宗弼、衛王宗强、蜀王宗敏。但稱其爲元妃，與此不同。　賢妃：后妃稱號。據本書卷五七《百官志三》"內命婦品"，位在元妃、貴妃、淑妃、德妃之下。正一品。

　　三月己卯，齊、高麗使來弔祭。庚辰，謚大行皇帝曰文烈，廟號太宗。乙酉，葬太宗于和陵。甲午，以國論右勃極烈、都元帥宗翰爲太保，[1]領三省事，[2]封晋國王。[3]戊戌，詔諸國使賜宴，不舉樂。

[1]國論右勃極烈：官名。天會十年（1129）將移賚勃極烈改稱國論右勃極烈。其主要職掌是處理外交事務、參議軍國大政並擔任軍事統帥，太宗時又兼任中央在華北地區的最高軍政長官。　都元帥：都元帥府長官。掌征討之事。從一品。據本書卷七四《宗翰傳》："遂立熙宗爲諳班勃極烈。於是，宗翰爲國論右勃極烈，兼都元帥。"卷三《太宗紀》，宗翰任此職始於天會十年。　太保：三師之一。正一品。《大金集禮》卷三與《建炎以來繫年要錄》卷八四引《神麓記》皆記此時宗翰的官職爲丞相，與此異。

[2]領三省事：屬於金初中央官制改革期間，由勃極烈制向三省制轉變過程中的過渡性官稱。原勃極烈以三師的身份出任領三省事，爲三省實際負責人。

[3]晋國王：封爵名。天眷格，《太金集禮》爲大國封號第六，《金史·百官志》爲大國封號第五。

四月戊午，齊、高麗遣使賀即位。丙寅，昏德公趙佶薨，[1]遣使致祭及賻贈。是月，甘露降于熊岳縣。[2]

[1]昏德公趙佶：即宋徽宗（1082—1135）。1127 年爲金兵所俘，1128 年金太宗封其爲昏德公。《建炎以來繫年要録》卷八八與《宋史》卷二二《徽宗紀四》記其去世爲四月甲子日，《國史拾遺》則作"正月二十五日"，皆與此異。

[2]甘露降于熊岳縣：本書卷二三《五行志》："熙宗天會十三年五月，甘露降於盧州熊岳縣。"繫月與此異。熊岳縣，治所在今遼寧省蓋州市西南熊岳城。

五月甲申，左副元帥宗輔薨。[1]

[1]左副元帥宗輔：據本書卷三《太宗紀》、卷一九《世紀補》，宗輔任左副元帥始於天會十年（1129）。

九月壬申，追尊皇考豐王爲景宣皇帝，[1]廟號徽宗，皇妣蒲察氏爲惠昭皇后。戊寅，尊太祖后紇石烈氏、太宗后唐括氏皆爲太皇太后，[2]詔中外。乙酉，改葬徽宗及惠昭后于興陵。

[1]豐王：據本書卷一九《世紀補》，"海陵弑立，降熙宗爲東昏王，降帝（景宣皇帝）爲豐王"，則此處不應稱豐王。《大金集禮》繫此事於九月初二。

[2]尊太祖后紇石烈氏、太宗后唐括氏皆爲太皇太后：紇石烈氏，即太祖欽憲皇后，見本書卷六三。唐括氏，即太宗欽仁皇后，見本書卷六三。《大金集禮》繫此事於本月八日。

十一月，以尚書令宋國王宗磐爲太師。[1]乙亥，初頒曆。[2]己卯，以元帥左監軍完顏希尹爲尚書左丞相兼侍中，[3]太子少保高慶裔爲左丞，[4]平陽尹蕭慶爲右丞。[5]己丑，建天開殿于爻剌。[6]

[1]尚書令：尚書省長官。總領紀綱，儀刑端揆。正一品。宋國王：封爵名。天眷格，《大金集禮》爲大國封號第四，《金史·百官志》爲大國封號第三。　宗磐：女真人。本名蒲魯虎。金太宗長子。本書卷七六有傳。　太師：三師之一。正一品。

[2]初頒曆：按本書卷二一《曆志上》：“金有天下百餘年，曆惟一易。天會五年，司天楊級始造《大明曆》，十五年春正月朔，始頒行之。”本書卷四《熙宗紀》亦於天會十五年下稱“初用《大明曆》”。此時及下文天會十四年（1136）正月“頒曆於高麗”，均不詳爲何曆。

[3]左丞相：即尚書左丞相。爲宰相，掌丞天子，平章萬機。從一品。金初稱丞相爲僕射，“熙宗始改僕射爲丞相”（參見張博泉《金史簡編》，遼寧人民出版社1984年版，第129頁），此爲金稱丞相之始。《三朝北盟會編》卷一六六、《建炎以來繫年要錄》卷八四、《松漠紀聞》卷一皆記完顏希尹自元帥右監軍爲尚書右丞相，與此異。據本書卷三《太宗紀》：“先鋒經略使完顏希尹爲元帥右監軍。”卷七三《完顏希尹傳》：“及大舉伐宋，希尹爲元帥右監軍。”不載希尹何時升爲左監軍。另據本書卷七七《撻懶傳》：“宋二帝已降，大軍北還，撻懶爲元帥左監軍……劉豫以濟南府降，詔以豫爲安撫使，治東平，撻懶以左監軍鎮撫之，大事專決焉。”則此時撻懶官爲元帥左監軍。《撻懶傳》又稱其於天會十五年以前升爲右副元帥，據《建炎以來繫年要錄》卷八四：“左監軍昌爲魯王，遷右副元帥；右監軍宗弼爲沈王，遷左監軍。”卷九三：“金主以右副元帥魯王昌爲左元帥，左監軍沈王宗弼爲右元帥。”《大金國

志》卷九《熙宗孝成皇帝一》于天會十三年下云："冀王窩里嘔，魯王撻懶，正除左右副元帥……未幾，窩里嘔死，以撻懶代之。"據此可知，撻懶升右副元帥與希尹升右丞相同在天會十三年，接替撻懶爲元帥左監軍者爲宗弼。按，聯繫各書均稱熙宗即位以後忌宗翰與希尹，故以相位易兵權，則不可能將希尹由元帥右監軍升爲掌兵權的元帥左監軍，因此可以斷定，完顏希尹未曾任過元帥左監軍，此處其官職當爲元帥右監軍。　　侍中：門下省長官，金初例由丞相兼任。正隆元年（1156）"罷中書、門下省"，此官遂成爲宰相的加銜，故本書《百官志》不載。

[4]太子少保：東宮屬官。宮師府三少之一。正三品。　　高慶裔：渤海人。曾爲西京留守，制定"磨勘法"，爲宗翰親信，死於金初的派系門爭。關於其任尚書左丞前的官職，《三朝北盟會編》卷一六六引《松漠紀聞》爲"山西路兵馬都部署、留守大同府尹"，《大金集禮》則稱其爲"西京留守"，《建炎以來繫年要録》卷八四爲"山南西路兵馬都部署"。據本書卷一〇五《任熊祥傳》，高慶裔以西京留守攝樞密院事，本書卷五七《百官志三》載，金之留守例兼本府府尹、本路兵馬都總管。按，西京路在金初設兵馬都部署司，天德以後始改爲兵馬都總管府。則高慶裔此時官職應爲西京留守兼西京路兵馬都部署、大同府尹。疑《建炎以來繫年要録》衍"南"字，實與《三朝北盟會編》同，"山西路兵馬都部署"爲宋人對金西京路兵馬都部署的俗稱。　　左丞：即尚書左丞。尚書省屬官。爲執政官，宰相之貳，佐治省事。正二品。《三朝北盟會編》卷一六六載"除山西路兵馬都部署留守大同府尹高慶裔尚書右丞相"，與此不同。但《三朝北盟會編》同卷上文云，"除知燕京樞密院事韓企先尚書右丞相"，則此時尚書右丞相當爲韓企先，高慶裔官爲尚書左丞爲是。

[5]平陽尹：府官名。平陽即平陽府，爲河東南路首府，治所在今山西省臨汾市。尹即府尹，掌宣風導俗，肅清所部，總判府事，正三品。　　蕭慶：奚人。天輔五年（1121）與耶律余睹一同降

金，爲宗翰親信，後與完顏希尹同被處死。其爲尚書右丞之前的官
職，《三朝北盟會編》卷一六六引《松漠紀聞》作“河東南路兵馬
都部署、平陽尹”，應是正確的。《建炎以來繫年要錄》卷八四認
爲是“河南東路兵馬都部署”，“河南東路”顯係“河東南路”之
誤。　右丞：即尚書右丞。尚書省屬官。爲執政官，宰相之貳，佐
治省事。正二品。

[6]爻剌：地名。據本書卷二《太祖紀》，護步荅岡戰役以前，
金兵“行次爻剌”，後至熟結泊。則此地當與熟結泊（泊在今西流
松花江北）相距不遠。按“爻”女真語與“鴨”音近。女真語
“子”爲“剌”。疑爻剌即鴨子，指鴨子河。

十二月癸亥，始定齊、高麗、夏朝賀、賜宴、朝辭
儀。[1]以京西鹿囿賜農民。

[1]始定齊、高麗、夏朝賀、賜宴、朝辭儀：本書《禮志》所
載各國使者朝賀、賜宴、朝辭儀非熙宗時儀制，熙宗時儀禮不詳。

十四年正月己巳朔，上朝太皇太后于兩宮。[1]齊、
高麗、夏遣使來賀。癸酉，頒曆于高麗。[2]丁丑，太皇
太后紇石烈氏崩。乙酉，萬壽節，齊、高麗、夏遣使來
賀。上本七月七日生，以同皇考忌日，改用正月十
七日。[3]

[1]兩宮：太祖欽憲皇后與太宗欽仁皇后此時並爲太皇太后，
欽憲皇后號慶元宮太皇太后，欽仁皇后號明德宮太皇太后，各以所
居宮室爲號。

[2]頒曆于高麗：此時尚未使用《大明曆》，不知頒賜給高麗
何曆。

[3]"上本七月七日生"至"改用正月十七日"：《松漠紀聞》
卷一："金主生於七月七日，以國忌，用次日。今朝廷遣使以正旦
至彼，蓋循契丹故事，不欲使人兩至也。"考之《大金集禮》卷二
三："天會十三年六月二十一日，詔以每歲正月十七日爲萬壽節，
受諸國朝賀。"則本書記載正確，《松漠紀聞》顯誤。

二月癸卯，上尊謚曰欽憲皇后，[1]葬睿陵。

[1]欽憲皇后："憲"，原本、殿本皆作"獻"，本書卷六三本
傳作"欽憲"，中華點校本改爲"憲"，以此爲是。

三月壬午，以太保宗翰、太師宗磐、太傅宗幹並領
三省事。[1]丁酉，高麗遣使來弔。[2]

[1]太傅：三師之一。正一品。宋人洪皓《松漠紀聞》稱宗幹
前此官職爲"錄尚書省事"，《建炎以來繫年要録》卷八四引《神
麓記》同記。
[2]高麗遣使來弔：不見於本書卷六〇《交聘表上》、卷一三
五《外國傳》。

八月丙辰，追尊九代祖以下曰皇帝、皇后，定始
祖、景祖、世祖、太祖、太宗廟皆不祧。[1]癸亥，詔齊
國與本朝軍民訴訟相關者，文移署年，止用天會。

[1]八月丙辰：施國祁《金史詳校》卷一認爲當繫於八月丙
申朔。
始祖：名函普。見本書卷一《世紀》。 景祖：名烏古迺。見本書
卷一《世紀》。 世祖：名劾里鉢。見本書卷一《世紀》。

十月甲寅，以吳激爲高麗王生日使，[1]蕭仲恭爲齊劉豫回謝并生日正旦使。[2]

[1]吳激：本書卷一二五有傳。卷六〇《交聘表中》載其出使時的官職爲乾文閣待制。

[2]蕭仲恭：契丹人。本名术里者。本書卷八二有傳。　劉豫：本書卷七七及《宋史》卷二三四有傳。

十五年正月癸亥朔，上朝太皇太后于明德宮。[1]齊、高麗、夏遣使來賀。初用《大明曆》。[2]已卯，萬壽節，齊、高麗、夏遣使來賀。

[1]明德宮：在金上京會寧府皇宮中。熙宗曾於此供奉太宗御容，時爲太后居所。毀於正隆二年（1157）。

[2]大明曆：金初所用曆法。本書卷二一《曆志上》："天會五年，司天楊級始造《大明曆》。"

六月庚戌，尚書左丞高慶裔、轉運使劉思有罪伏誅。[1]

[1]轉運使：轉運司長官。掌稅賦錢穀，倉庫出納，權衡度量之制。正三品。　劉思：本書僅此一見，事迹不詳。據《建炎以來繫年要録》卷一一〇，是年三月高慶裔以贓下大理寺，"山西路轉運使劉思、河東北路轉運使趙温訊從累當誅，東京留守宗雋與温訊善，匿其斷命以俟赦，乃得免。其系連從甚衆，皆宗維之黨"。

　　七月辛巳，太保、領三省事、晉國王宗翰薨。[1]丙戌夜，京師地震。封皇叔宗雋、宗固，叔祖量皆爲王。[2]丁亥，汰兵興濫爵。

　　[1]宗翰薨：《三朝北盟會編》卷一七八引《節要》，"粘罕以慶裔故，絶食縱飲恚憤而死"，《大金國志》卷二七《開國功臣傳》，"慶裔不免於誅，而罕亦恚憤以死"，本書諱言。然《三朝北盟會編》繫此事於八月，誤。可能宋方知道這一事件發生於八月。另，本書卷七四《宗翰傳》作"天會十四年薨"，與此異。

　　[2]宗雋：女真人。本名訛魯觀，金太祖子。本書卷六九有傳，但未載此次受封事。《大金國志》卷九《熙宗孝成皇帝一》："除東京留守宗雋太保、領三省事，封兖國王。"而本書卷六九本傳則將此事繫於天眷二年（1139），卷四《熙宗紀》同，足證《大金國志》之誤。宗雋此次受封是何封號不詳。　宗固：女真人。本名胡魯，金太宗子。本書卷七六有傳。此時官爲燕京留守，受封爲幽王。　量：本卷下文稱"沂王"。本書卷五九《宗室表》無量，有沂王查剌，爲金世祖子，太祖弟，正是熙宗叔祖。查剌爲其本名，而量或爲其漢名。

　　十月乙卯，以元帥左監軍撻懶爲左副元帥，[1]封魯國王。[2]宗弼右副元帥，[3]封潘王。[4]知樞密院事兼侍中時立愛致仕。[5]

　　[1]撻懶：女真人。又名完顏昌。本書卷七七有傳。據其本傳，"撻懶以左監軍鎮撫之，大事專決焉。後爲右副元帥。天會十五年爲左副元帥，封魯王"。知其升任左副元帥之前官爲右副元帥，而非元帥左監軍。據《建炎以來繫年要錄》卷八四，"左監軍昌爲魯王，遷右副元帥；右監軍宗弼爲沈王，遷左監軍"。卷九三，"金主

以右副元帥魯王昌爲左元帥，左監軍沈王宗弼爲右元帥"。可知在此之前有過一次對撻懶與宗弼的擢升。《大金國志》卷九《熙宗孝成皇帝一》記此事較詳："冀王窩里嗢，魯王撻懶，正除左右副元帥……未幾，窩里嗢死，以撻懶代之。"據此可知，撻懶升右副元帥是在天會十三年。本傳所載正確，此處誤混爲一。另據本傳，撻懶封魯王爲天會十五年，與此同，則其爲右副元帥時未受封爲魯王，此處《建炎以來繫年要録》《大金國志》皆誤。

　　[2]魯國王：封爵名。天眷格，《大金集禮》爲大國封號第十四，《金史·百官志》爲大國封號第十二。

　　[3]宗弼：女真人。本書卷七七有傳。

　　[4]瀋王：封爵名。天眷格，《大金集禮》爲次國封號第九，《金史·百官志》爲次國封號第七。據《建炎以來繫年要録》卷九三，宗弼在升任右副元帥以前官爲元帥左監軍，本書失載。

　　[5]知樞密院事：天輔七年（1123）仿遼南樞密院設樞密院，襲此遼官名爲樞密院長官，後則無。故本書《百官志》不載。　時立愛：本書卷七八有傳。按其本傳，時立愛致仕前尚有中書令銜。

　　十一月丙午，廢齊國，降封劉豫爲蜀王，[1]詔中外。置行臺尚書省于汴。[2]

　　[1]蜀王：封爵名。天眷格，爲次國封號第一。關於齊之廢本書所載甚略，《三朝北盟會編》卷一八一、一八二所記較詳。

　　[2]行臺尚書省：官署名。管理原齊國統治區。天眷元年（1138）以河南地與宋，改燕京樞密院爲行臺尚書省。天眷三年復移置於汴京。行臺尚書省各官品級較尚書省相應各官品級低一級。汴：即汴京。貞元元年（1153）更名爲南京。治所在今河南省開封市。另，本書卷八六《李石傳》："天眷元年，置行臺省於汴，石爲汴京都巡檢使。"與此異。

十二月戊辰，劉豫上表謝封爵。癸未，詔改明年爲天眷元年。[1]大赦。命韓昉、耶律紹文等編修國史。[2]以昂爲尚書左丞、同中書門下平章事。[3]徙蜀王劉豫臨潢府。[4]

[1]天眷：金熙宗年號（1138—1140）。

[2]韓昉：本書卷一二五有傳。據其本傳，韓昉此時官職爲禮部尚書兼太常卿、翰林學士、修國史。則此次韓昉與耶律紹文奉命負責國史的編修工作，應皆加修國史衔。　耶律紹文：契丹人。本書僅此一見。據《建炎以來繫年要録》卷一三二曾以翰林待制使宋，其他不詳。

[3]昂：女真人。字勉道，本名烏野。本書卷六六有傳。　同中書門下平章事：遼制爲中書省屬官。據《遼史·百官志》，位在中書令、左右丞相、知中書省事、中書侍郎之下。金初沿遼制，後廢。故本書《百官志》不載。

[4]臨潢府：治所在今内蒙古自治區巴林左旗林東鎮遼上京舊址。據《三朝北盟會編》卷一八二引《金虜節要》："問豫所欲之，豫請居相州，及乞魏王宅。撻懶逼之行，既近相，繼發之燕山，又發之中京，既而發之上京。給夫子廟以居之。"

天眷元年正月戊子朔，上朝明德宫。高麗、夏遣使來賀。頒女直小字。[1]封大司空昱爲王。[2]甲辰，萬壽節，高麗、夏遣使來賀。

[1]女直小字：女真人的文字。區別於完顔希尹所製的女真文字而稱小字。本書稱其爲御製，具體製作人不詳。熙宗皇統五年（1144）五月始正式使用。

[2]司空：三公之一。正一品。　昱：女真人。本名蒲家奴，

劾孫之子。本書卷六五有傳。

二月壬戌，上如爻剌春水。[1]乙丑，幸天開殿。己
巳，詔罷來流水、混同江護邏地，[2]與民耕牧。

[1]春水：即春捺鉢。指皇帝春季外出游獵。
[2]來流水：下文又稱淶流河。即今拉林河。　混同江：即今
松花江自哈爾濱市往北至同江市的一段，和黑龍江自同江市往北直
至入海口的一段。

三月庚寅，以禁苑隙地分給百姓。戊申，以韓昉爲
翰林學士。[1]

[1]翰林學士：翰林學士院屬官。掌制撰詞命，凡應奉文字，
銜內帶知制誥。正三品。《大金集禮》卷三於天會十三年（1135）
三月已稱韓昉爲翰林學士，據本書卷一二五《韓昉傳》：“改禮部
尚書，遷翰林學士，兼太常卿、修國史，尚書如故。”則其爲修國
史是在爲翰林學士之後，而本書《熙宗紀》記其爲編修國史是在天
會十五年十二月，則其爲翰林學士當在天會十五年十二月之前，此
處誤。

四月丁卯，命少府監盧彥倫營建宮室，[1]止從儉素。
壬午，朝享于天元殿。[2]立裴滿氏爲貴妃。[3]

[1]少府監：官名。少府監長官。掌邦國百工營造之事。正四
品。　盧彥倫：此時官職應爲行少府監兼都水使者。本書卷七五
有傳。
[2]天元殿：按本書卷二四《地理志上》：“天眷元年以春亭名

天元殿，安太祖、太宗、徽宗及諸后御容。春亭者，太祖所嘗御之所也。"這當是上京皇城中最早的建築之一。

[3]裴滿氏：即熙宗悼平皇后。其本傳："熙宗即位，封貴妃。天眷元年，立爲皇后。"立后時間同本書《熙宗紀》封妃時間有異。本書卷六三有傳。 貴妃：内命婦稱號，位僅次於元妃，在淑妃、德妃、賢妃之上。正一品。

五月己亥，詔以經義、詞賦兩科取士。[1]

[1]五月己亥，詔以經義、詞賦兩科取士：據本書卷五一《選舉志一》，以詞賦、經義取士始於太宗天會元年（1123）十一月，"詞賦進士，試賦、詩、策論各一道。經義進士，試所治一經義、策論各一道"。自天會五年，"以河北、河東初降，職員多闕，以遼、宋之制不同，詔南北各因其素所習之業取士，號南北選。熙宗天眷元年（1138）五月，詔南北選各以經義、詞賦兩科取士"。則此年的進士考試不僅分兩科，而且仍舊分南北選進行。

六月戊午，上至自天開殿。

秋七月辛卯，左副元帥撻懶、東京留守宗雋來朝。[1]丁酉，按出澔河溢，[2]壞廬舍，民多溺死。壬寅，左丞相希尹罷。

[1]東京留守：東京留守司長官。例兼本府府尹、本路兵馬都總管。正三品。東京，遼行政區、京城名，金因之。治所在今遼寧省遼陽市。

[2]按出澔河：又作按出虎河，清稱阿勒楚喀河。即今黑龍江省哈爾濱市東南松花江支流阿什河。

八月甲寅朔，頒行官制。癸亥，回鶻遣使朝貢。[1]
己卯，以河南地與宋。[2]以右司侍郎張通古等使江南。[3]
以京師爲上京，[4]府曰會寧，舊上京爲北京。[5]

[1]回鶻：中國古族名。北魏時，東部鐵勒的袁紇部游牧於鄂
爾渾河與色楞格河流域。隋稱韋紇，大業元年（605）與僕固、同
羅、拔野古等成立聯盟，總稱回紇。唐貞元四年（788）改稱回鶻。
唐開成五年（840）以後，分成三支西遷：一支遷至吐魯番盆地，
稱高昌回鶻或西州回鶻；一支遷至葱嶺西楚河一帶，即葱嶺西回
鶻；一支遷至河西走廊，稱河西回鶻。

[2]河南：指後來的南京路轄區。

[3]右司侍郎：遼尚書省屬官。位次於尚書令、左右僕射、左
右丞與左司侍郎。金初沿之。後則無。故本書《百官志》不載，品
秩不詳。　張通古：本書卷八三有傳。　江南：指長江以南，此代
指南宋。

[4]京師：金太宗時金都城所在地，處於女真發源地中。此次
是把原女真發源地“內地”建爲上京路，把原皇帝所在地“皇帝
寨”建爲會寧府，確立爲首都。其治所在今黑龍江省阿城市（張博
泉《關於按出虎、會寧和上京幾個名稱之我見》，載《鮮卑新論·
女真新論》，吉林文史出版社1993年版）。

[5]上京：京路名。遼以臨潢府爲上京，金初因之，至是改爲
北京。治所在今內蒙古自治區巴林左旗林東鎮南波羅城。

九月甲申朔，以奭爲會寧牧，[1]封鄧王。[2]乙未，詔
百官誥命，女直、契丹、漢人各用本字，渤海同漢人。
丁酉，改燕京樞密院爲行臺尚書省。[3]戊戌，上朝明德
宮。甲辰，以奕爲平章政事。[4]己酉，省燕、中、西三

京，平州東、西等路州縣。^[5]辛亥，權行臺左丞相張孝純致仕。^[6]

[1]奭：完顏奭，女真人。宗傑之子，金太祖孫，事見本書卷六九《宗傑傳》中。　會寧牧：府官名。會寧即會寧府，治所在今黑龍江省阿城市。牧爲京府長官，職同府尹，掌宣風導俗，肅清所部，總制府事。正三品。

[2]鄧王：封爵名。天眷格，《大金集禮》爲次國封號第二十二，《金史·百官志》爲次國封號第二十。

[3]燕京樞密院：天輔七年（1123）初設樞密院於廣寧，天會二年（1124）移置於平州，天會三年移置於燕京。行臺尚書省原置於汴京，因此時金以河南地與宋，故遷行臺尚書省於燕京，取代樞密院。《建炎以來繫年要録》卷一一八繫此事於是年正月。按，本書卷九〇《趙元傳》，"行臺徙大名，再徙祁州"，施國祁《金史詳校》卷一認爲，此處的燕京樞密院即是祁州徙燕的行臺尚書省。

[4]奕：女真人。金宗室。熙宗時於職俸外另給二品親王俸以尊崇之。僅見於此及卷六六《晸傳》中。　平章政事：爲尚書省宰相，掌丞天子，平章萬機。始設於天眷元年（1138）。從一品。

[5]燕京：京路名。遼開泰元年（1012）建號燕京，金初因之，海陵貞元元年（1153）遷都於此，改名爲中都。治所在今北京市。　中京：京路名。治所在今内蒙古自治區寧城縣西大明城。海陵貞元元年改爲北京。　西京：京路名。治所在今山西省大同市。平州：治所在今河北省盧龍縣。按，平州未曾分爲東、西路，此處疑有脱文。施國祁《金史詳校》卷一："按《地志》，三京州縣省并，竝無天眷之文，多屬皇統元二三年事。而《紀》下皇統年絶無此語，其文乃見於此。殆是年有詔，至皇統始行之。"

[6]行臺左丞相：行臺尚書省屬官。位在領行臺尚書省事之下，負責行臺尚書省政務。正二品。唐以來稱代理、攝守之官爲"權"。

張孝純：宋降官。仕劉豫齊國，官至尚書省左丞相。後終於徐州。《三朝北盟會編》卷一九三記其事較詳。

十月甲寅朔，以御前管勾契丹文字李德固爲參知政事。[1]丙寅，封叔宗强爲紀王，[2]宗敏邢王，[3]太宗子斛魯補等十三人爲王。[4]己巳，始禁親王以下佩刀入宫。辛未，定封國制。[5]癸酉，以東京留守宗雋爲尚書左丞相兼侍中，[6]封陳王。[7]

[1]御前管勾契丹文字：官名。本書《百官志》不載。按本書卷八三《張浩傳》"太祖以浩爲承應御前文字"，金太宗時升爲"管勾御前文字"，疑與此御前管勾契丹文字俱爲金官制改革以前之官名，所掌當與後來的翰林學士院大體相同。官職低者爲承應御前文字，或稱御前承應文字，官職高者稱管勾御前文字，或稱御前管勾文字。但據《張浩傳》，浩自管勾御前文字改趙州刺史（正五品），則此職務應不超過五品。此處李德固自此官升參知政事（正二品），此官又似不應低於三品。待考。　李德固：後爲尚書右丞。海陵時自咸平尹升平章政事，封司空。貞元元年（1153）去世。曾領有漢人猛安。　參知政事：尚書省執政官。爲宰相之貳，佐治省事。從二品。始設於天眷元年（1138）。

[2]宗强：女真人。本名阿魯，金太祖之子。本書卷六九有傳。紀王：封爵名。天眷格，爲次國封號第十四。

[3]宗敏：女真人。本名阿魯補。本書卷六九有傳。　邢王：封爵名。天眷格，《大金集禮》爲次國封號第十八，《金史·百官志》爲次國封號第十六。

[4]斛魯補：女真人。又名宗雅，此次受封爲代王。本書卷七六有傳。據本書卷七六，太宗子共十四人。其中宗順死於天會二年（1124），宗固、宗磐此前皆已封王，此次受封共十一人，本書卷七

六《宗固傳》中所載甚詳。此處所説"十三人"是連同宗强、宗敏在内。

[5]定封國制：《大金集禮》載熙宗時所定封國之制：大國二十：遼、燕、梁、宋、秦、晉、漢、齊、魏、趙、越、許、楚、魯、冀、豫、雍、兖、陳、曹；次國三十：蜀、隋、鄭、衛、吳、韓、潞、豳、沈、岐、代、虞、徐、滕、薛、紀、原、邢、翼、豐、畢、鄧、鄆、霍、蔡、瀛、沂、榮、英、温；小國三十：濮、濟、道、定、景、申、崇、宿、息、莒、鄴、郜、舒、淄、郴、宋、郇、譚、應、向、郇、密、胙、任、戴、鞏、葛、蕭、莘、芮。與本書《百官志》所載不同，是爲天眷格和大定格。

[6]以東京留守宗雋爲尚書左丞相兼侍中：本書卷七六《宗磐傳》，"宗雋遂爲右丞相"，與此異。

[7]陳王：封爵名。天眷格，爲大國封號第十九。

十一月丙辰，[1]以康宗以上畫像工畢，[2]奠獻于乾元殿。[3]

[1]十一月丙辰：按，是月癸未朔，丙辰當在十二月。此處繫月或干支有誤。

[2]康宗：女真人。名烏雅束。本書卷一《世紀》有傳。

[3]乾元殿：在上京會寧府皇宫。始建於天會三年（1125），天眷元年（1138）更名爲皇極殿。此處似應稱皇極殿。

十二月癸亥，新宫成。甲戌，高麗遣使入貢。丁丑，立貴妃裴滿氏爲皇后。

二年正月壬午朔，高麗、夏遣使來賀。戊戌，萬壽節，高麗、夏遣使來賀。以左丞相宗雋爲太保、領三省事，進封兖國王。[1]興中尹完顔希尹復爲尚書左丞相兼侍中。[2]

[1]兖國王：封爵名。天眷格，《大金集禮》爲大國封號第十八，《金史·百官志》爲大國封號第十六。《建炎以來繫年要録》卷一一七繫此事於宋紹興七年（1137）十一月。

[2]興中尹：府官名。興中即興中府，治所在今遼寧省朝陽市。尹即府尹，正三品。

二月乙未，[1]上如天開殿。

[1]二月乙未：按，是年二月壬子朔，無乙未，月份或干支有誤。施國祁《金史詳校》卷一："案正月壬午朔，乙未乃十四日"，認爲"二月"兩字當删。

三月丙辰，[1]命百官詳定儀制。

[1]三月丙辰：按，是年二月辛巳朔，無丙辰，月份或干支有誤。施國祁《金史詳校》卷一認爲"三"當作"二"。

四月甲戌，百官朝參，初用朝服。己卯，宋遣使謝河南地。

五月戊子，太白晝見。乙巳，上至自天開殿。

六月己西朔，初御冠服。辛亥，吳十謀反，[1]伏誅。己未，上從容謂侍臣曰："朕每閲《貞觀政要》，[2]見其君臣議論，大可規法。"翰林學士韓昉對曰："皆由太宗温顔訪問，[3]房、杜輩竭忠盡誠。[4]其書雖簡，足以爲法。"上曰："太宗固一代賢君，明皇何如？"[5]昉曰：

171

"唐自太宗以來，惟明皇、憲宗可數。[6]明皇所謂有始而無終者。初以艱危得位，用姚崇、宋璟，[7]惟正是行，故能成開元之治。[8]末年怠于萬機，委政李林甫，[9]奸諛是用，以致天寶之亂。[10]苟能慎終如始，則貞觀之風不難追矣。"[11]上稱善。又曰："周成王何如主?"[12]昉對曰："古之賢君。"上曰："成王雖賢，亦周公輔佐之力。[13]後世疑周公殺其兄，以朕觀之，爲社稷大計，亦不當非也。"

[1]吳十：契丹人。按《遼史》卷二八《天祚紀二》，於天慶六年（1116）五月降金。據本書卷二《太祖紀》，曾於天輔七年（1123）三月謀反，"釋之"。本書卷一三三《耶律余睹傳》稱："耶律麻者告余睹、吳十、鐸剌結黨謀叛，及其未發宜先收捕……杖鐸剌七十，餘皆不問。"此當爲其第二次發動叛亂。《大金國志》卷二七作"吳矢"，《建炎以來繫年要錄》、熊克《小紀》作"仲和什"，又作"烏克紳"。畢沅《續資治通鑑》作"和什"，並云原作"謝什"。

[2]貞觀政要：唐吳兢撰。十卷四十篇。記載唐太宗與魏徵、房玄齡、杜如晦等大臣的問答及大臣們所上的諫章。

[3]太宗：指唐太宗李世民。627年至649年在位。

[4]房：指唐宰相房玄齡。《新唐書》卷九六與《舊唐書》卷六六有傳。　杜：指唐宰相杜如晦。《新唐書》卷九六與《舊唐書》卷六六有傳。

[5]明皇：指唐玄宗李隆基。712年至755年在位。

[6]憲宗：指唐憲宗李純。806年至820年在位。

[7]姚崇：《新唐書》卷一二四與《舊唐書》卷九六有傳。宋璟：《新唐書》卷一二四與《舊唐書》卷九六有傳。

[8]開元：唐玄宗年號（713—741）。

[9]李林甫：《新唐書》卷二二三與《舊唐書》卷一〇六有傳。

[10]天寶：唐玄宗年號（742—756）。

[11]貞觀：唐太宗年號（627—649）。

[12]周成王：周武王之子。姬姓，名誦。見《史記》卷四《周本紀》。

[13]周公：周武王之弟，名旦，西周初政治家。因采邑在周而稱周公。武王死後，成王年幼，由他攝政。平定管蔡之亂，定禮樂，後歸政成王。事見《史記》卷四《周本紀》。

　七月辛巳，宋國王宗磐、兗國王宗雋謀反，[1]伏誅。丙戌，以右副元帥宗弼爲都元帥，[2]進封越國王。[3]丁亥，以誅宗磐等詔中外。己丑，以左副元帥撻懶爲行臺左丞相，杜充爲行臺右丞相，[4]蕭寶、耶律暉行臺平章政事。[5]甲午，咸州詳穩沂王暈坐與宗磐謀反，[6]伏誅。辛丑，以太傅、領三省事宗幹爲太師，領三省如故，進封梁宋國王。[7]

[1]七月辛巳，宋國王宗磐、兗國王宗雋謀反：《松漠紀聞》卷一：“宗磐爲宋王、太傅、領尚書省事，與滕王、虞王皆爲烏舍所誅。”則同時被處死的還有金太宗之子滕王宗英與虞王宗偉。《建炎以來繫年要録》卷一三〇述宗英、宗偉被殺之由：“宗英、宗偉與宗磐同産，知其情。”《大金國志》卷二七《蒲路虎傳》：“郎君吳矢謀反，路虎連坐，被誅。”《建炎以來繫年要録》卷一三〇：“先是，郎君仲和什者謀反，下大理獄。事連宗磐等。”本書無證，殊不足據。《續資治通鑑》卷一二二載，是月爲己亥朔，“宗磐等以朔日入見，因伏兵執之。辛巳，皆坐誅”。則前此已將宗磐等下獄。《建炎以來繫年要録》卷一三〇同。

[2]都元帥：《三朝北盟會編》卷一九七稱是年八月十一日，

"金人族誅魯國王都元帥達蘭"。所引《金國節要》《神麓記》《征蒙記》皆稱撻懶爲都元帥，而本書未載。《神麓記》且明言："魯國王達蘭罷都元帥，以四太子烏珠代之。"則撻懶在此前應爲都元帥。

[3]越國王：封爵名。天眷格，《大金集禮》爲大國封號第十一，《金史·百官志》爲大國封號第九。

[4]杜充：仕宋爲尚書右僕射同平章事，與宗弼戰不利，遂降。仕金曾爲知相州、燕京三司使、簽書燕京行臺尚書省事。《宋史》卷四七六有傳。　行臺右丞相：行臺尚書省屬官。位在領行臺尚書省事、行臺尚書左丞相之下。正二品。

[5]蕭寶：奚人。天輔二年（1118）降金。僅見於此與卷二《太祖紀》。　耶律暉：契丹人。僅見於本卷及卷七四。　行臺平章政事：行臺尚書省屬官。又作平章行臺尚書省事、平章行臺事，位在領行臺尚書省事、行臺左右丞相之下。正二品。

[6]咸州：遼咸州。金初爲咸州路，置都統司。天德二年（1150）升爲府。治所在今遼寧省開原市開原老城。　詳穩：遼官名。爲漢語"將軍"的對譯。金初延用之，作爲某一地區軍事首長的稱號。後演變爲邊區部隊長官稱號。此處當爲咸州路軍事長官，品級不詳。　沂王：封爵名。天眷格，《大金集禮》爲次國封號第二十七，《金史·百官志》爲次國封號第二十五。

[7]梁宋國王：封爵名。天眷格，梁《大金集禮》爲大國封號第三，《金史·百官志》爲第二，宋《大金集禮》爲大國封號第四，《金史·百官志》爲第三。按《建炎以來繫年要錄》卷一三〇："金主封太師、領三省事、秦國王宗秀爲梁宋國王。"宗秀爲勗之子，誤。

八月辛亥，行臺左丞相撻懶、翼王鶻懶及活离胡土、撻懶子斡帶、烏達補謀反，[1]伏誅。丁丑，太白書見。

[1]翼王：封爵名。天眷格，《大金集禮》爲次國封號第十九，《金史·百官志》爲第十七。　鶻懶：女真人。金太宗第九子。天會十五年（1137）受封爲翼王。　活离胡土：女真人。金宗室。僅見於此與本書卷七七。　斡帶：女真人。僅見於此與本書卷七七。《三朝北盟會編》卷一九七引《神麓記》稱撻懶“三子及妃皆遇害”，其三子名爲“宗武、宗旦、宗望”。《松漠紀聞》：“達蘭封魯王，爲都元帥，後被誅，其子臺哈伊瑪亦被囚，因赦得出，庶子烏頁後名勗，字勉道，今爲平章。”《征蒙記》：“其長男實圖哈引大族下騎兵及萬户北入沙漠。”《建炎以來繫年要錄》卷一三一尚有撻懶之子“大伊瑪”，應是塔瑪噶的同音異譯。據本書卷六六《勗傳》，完顏勗字勉道，曾爲平章政事，本名烏野，是烏雅美應該是烏野的同音異譯。但勗本金穆宗第五子，撻懶之弟，而非其庶子，《松漠紀聞》誤。則撻懶子不只二人，本書失載。《金國節要》載撻懶受封爲行臺尚書省左丞相之後説：“我開國之功臣也，何罪而使我與降奴杜充爲伍耶！”“不受命，遂叛……烏珠遣右都監托卜嘉追而獲之，下祁州元帥府獄，至八月十一日伏誅。”是其未赴行臺而反，與本書卷七七所載不同。《建炎以來繫年要錄》卷一三一繫此事於戊午。　烏達補：女真人。僅見於此與本書卷七七。

九月戊寅朔，降封太宗諸子。[1]大司空昱罷。丙申，初居新宫。立太祖原廟于慶元宫。[2]壬寅，宋遣王倫等乞歸父喪及母韋氏等，[3]拘倫不遣。以温都思忠諸路廉問。[4]

[1]降封太宗諸子：本書卷七六《宗固傳》僅云：“宗固等但不得稱皇叔，其母妻封號從而降者，審依舊典。”不知宗固等人封

175

號降爲何稱號。本書卷四《熙宗紀》與卷七六《宗固傳》皆載宗固等人復王位是在皇統二年（1142）。

[2]慶元宮：在上京會寧府皇宮中。始建於天會十三年（1135），殿曰辰居，門曰景暉，天眷二年（1139）安太祖以下御容於此，爲原廟。　原廟：另立的太廟。據《史記集解》："謂原者，再也。先既已立廟，今又再立，故謂之原廟。"金上京最初的太廟設在太祖陵上的寧神殿，慶元宮是後設的太廟，所以稱原廟。另據本書卷二四《地理志上》："天眷元年以春亭名天元殿，安太祖、太宗、徽宗及諸后御容。春亭者，太祖所嘗御之所也。天眷二年作原廟，皇統七年改原廟乾文殿曰世德，正隆二年毀。"在立太祖原廟於慶元宮之前，已於天元殿設原廟。天元殿的原廟與慶元宮並存至正隆二年（1157），説明此次僅是改祀太祖於慶元宮，其他帝后仍祀於天元殿。

[3]王倫：本書卷七九有傳。　韋氏：即韋賢妃，宋高宗之母。《宋史》卷二四三有傳。按《宋史》記王倫此次出使較詳，卷二九《高宗紀六》與卷三七一《王倫傳》都載其於十月見熙宗。而本書卷六〇《交聘表上》與此同爲九月。

[4]温都思忠：女真人。耨盌温都思忠，本名乙剌補，又作移剌保。本書卷八四有傳。

十月癸酉，夏國使來告喪。[1]

[1]十月癸酉，夏國使來告喪：據《宋史》卷二九《高宗紀六》，是年六月"辛亥，夏國主李乾順卒"。卷四八六《夏國傳》作"六月四日，乾順卒"。此處所書應是夏使進見之日，而非李乾順去世之日，故本書卷六〇《交聘表上》作"十月癸酉，夏國王李乾順薨"，誤。

十二月，豫國公昱薨。[1]

卷
四

[1]豫國公：封爵名。天眷格，《大金集禮》爲大國封號第十六，《金史·百官志》爲第十四。

本
紀
第
四

三年正月丁丑朔，高麗、夏遣使來賀。癸巳，萬壽節，高麗、夏遣使來賀。以都元帥宗弼領行臺尚書省事。[1]

熙
宗

[1]領行臺尚書省事：行臺尚書省長官。位在行臺左右丞相、行臺平章事、行臺左右丞、參知行臺事之上。從一品。

四月乙巳朔，温都思忠廉問諸路，得廉吏杜遵晦以下百二十四人，[1]各進一階，貪吏張軨以下二十一人皆罷之。[2]癸丑，蜀國公完顏銀术哥薨。[3]丁卯，上如燕京。

[1]杜遵晦：本書僅此一見，事迹不詳。
[2]張軨：本書僅此一見，事迹不詳。
[3]蜀國公：封爵名。天眷格，爲次國封號第一。　完顏銀术哥：女真人。宗室子。又作銀术可。本書卷七二有傳。

五月丙子，詔元帥府復取河南、陝西地。己卯，詔册李仁孝爲夏國王。[1]命都元帥宗弼以兵自黎陽趨汴，[2]右監軍撒离合出河中趨陝西。[3]是月，河南平。

[1]李仁孝：即西夏仁宗。見本書卷一三四。

〔2〕黎陽：縣名。宋浚州首縣。治所在今河南省浚縣東。

〔3〕撒离合：女真人。又作撒离喝，一名杲。本書卷八四有傳。據本傳，撒离合自天會十四年（1136）起擔任元帥右監軍，與此所載同，《建炎以來繫年要録》卷一三五記其此時官職爲右副元帥，誤。　河中：宋府名。治所在今山西省永済市蒲州鎮。金天會六年降爲蒲州，天德元年（1149）升爲河中府。此時應稱蒲州。下文皇統四年（1144）十月條同。關於金人此次南下的具體時間，本書承上文，似乎應在五月己卯，實誤。《建炎以來繫年要録》卷一三五引《蜀口用兵録》："五月十三日，金人敗盟南侵，大兵渡河。丙戌，十三日也。"亦誤。據《三朝北盟會編》卷二〇〇，五月十三日，金人已經攻克拱州。應以《三朝北盟會編》卷二〇〇繫於五月庚辰爲是。則此處於"命都元帥"之上應脱"庚辰"二字。此處言金人分兩路進兵，而《大金國志》卷一一《熙宗孝成皇帝》則稱："兀术分四道征南……命聶黎孛堇出山東，撒离曷侵陝右，李成侵河南，兀术自將精兵十餘萬與孔彦舟、酈瓊、趙榮抵汴。"與此異。《三朝北盟會編》卷二〇〇則稱："金人敗盟，兀术率李成、孔彦舟、酈瓊、趙榮入寇。"似李成與兀术同爲一路。未詳孰是。

六月，陝西平。上次涼涇。[1]大旱。使蕭彦讓、田毅決西京囚。[2]

〔1〕涼涇：據本書卷二四《地理志上》桓州條："景明宮，避暑宮也，在涼陘。""涇"當作"陘"。涼陘，地名，在今河北省沽源縣西南閃電河上源處。

〔2〕蕭彦讓：人名。本書僅此一見。　田毅：人名。本書卷八九有傳。

秋七月癸卯朔，[1]日有食之。乙卯，宗弼遣使奏河

南、陝西捷。[2]丁卯，詔文武官五品以上致仕，給俸禄
之半，職三品者仍給傔人。

[1]癸卯朔：按《三朝北盟會編》卷二〇四作"七月二日癸
卯"，二者相差一日。

[2]宗弼遣使奏河南、陝西捷：據《三朝北盟會編》卷二〇
三、卷二〇四，七月上旬兀术在郾城、潁昌府的戰事中連連失利，
似不應於此時前來報捷。

八月辛巳，招撫諭陝西五路。[1]壬午，初定公主、
郡縣主及駙馬官品。[2]

[1]陝西五路：施國祁《金史詳校》卷一認爲指永興、秦鳳、
環慶、涇原、熙河等五路。

[2]駙馬：官名。即駙馬都尉。正四品。

九月壬寅朔，宗弼來朝。戊申，上至燕京。己酉，
親饗太祖廟。庚申，宗弼還軍中。夏國遣使謝賻贈。癸
亥，殺左丞相完顏希尹、右丞相蕭慶及希尹子昭武大將
軍把搭、符寶郎漫帶。[1]戊辰，夏國遣使謝封册。

[1]殺左丞相完顏希尹、右丞相蕭慶及希尹子昭武大將軍把搭、
符寶郎漫帶：據《鄱陽集拾遺》載洪皓《使金上母書》："九月二
十二日，悟室父子八人同右丞蕭慶父子四人，皆絞死城外。"可知
同時被處死的尚有希尹另五個兒子。《三朝北盟會編》繫此事於紹
興九年七月，誤。右丞相，中華點校本認爲"相"字衍。按，據
《建炎以來繫年要録》卷一三〇紹興九年（1139）秋七月，"以尚

書左丞蕭慶爲右丞相”，紹興十年九月，殺“右宰相蕭慶”。宋紹興九年爲金天眷二年，則此處應爲“右丞相”。把搭，希尹之長子。《松漠紀聞》作“源”，《鄱陽集》卷一作“彥清”。本書卷七三《完顏希尹傳》作“同修國史把答”。昭武大將軍，武散官。正四品上階。漫帶，希尹次子。即彥亨。符寶郎，殿前都點檢司屬官。舊名牌印祗候，大定二年（1162）改爲符寶祗候。掌御寶及金牌、銀牌等。

十一月癸丑，以孔子四十九代孫璠襲封衍聖公。[1]癸亥，以都點檢蕭仲恭爲尚書右丞，[2]前西京留守昂爲平章政事。[3]甲子，行臺尚書右丞相杜充薨。

[1]璠：人名。即孔璠。本書卷一〇五有傳。

[2]都點檢：即殿前都點檢。殿前都點檢司長官，兼侍衛親軍都指揮使。掌行從宿衛，關防門禁，督攝隊仗，總判司事。正三品。

[3]西京留守：西京留守司長官，例兼本府府尹、本路兵馬都總管。正三品。西京，京路名，治所在今山西省大同市。　昂：女真人。本名吾都補，一名烏特，金世祖幼子。本書卷六五有傳。

十二月乙亥，都元帥宗弼上言宋將岳飛、張俊、韓世忠率衆渡江，詔命擊之。[1]丁丑，地震。己亥，以元帥左監軍阿离補爲左副元帥，[2]右監軍撒离合爲右副元帥。

[1]都元帥宗弼上言宋將岳飛、張俊、韓世忠率衆渡江，詔命擊之：岳飛，宋將軍。《宋史》卷三六五有傳。張俊，宋將軍。《宋史》卷三六九有傳。韓世忠，宋將軍。《宋史》卷三六四有傳。

按是年宋劉錡有順昌之捷，岳飛收復蔡州、潁昌、淮寧，有郾城、朱仙鎮之捷，韓世忠有淮陽、潭城之捷，張俊有永城、亳州之捷，王德有宿州之捷，吳玠有扶風、石壁砦之捷，王彥有青谿嶺之捷，田晟有涇州之捷。自五月以來戰事甚多，本書一概不書，而於此統括一句，則出於諱敗。

[2]阿离補：女真人。一作阿魯補。宗室子。本書卷八〇有傳。

皇統元年正月辛丑朔，[1]高麗、夏遣使來賀。庚戌，群臣上尊號曰崇天體道欽明文武聖德皇帝。初御袞冕。癸丑，謝太廟。大赦。改元。丁巳，萬壽節，高麗、夏遣使來賀。己未，初定命婦封號。夏國請置榷場，[2]許之。己巳，封平章政事昂爲漆水郡王。[3]

[1]皇統：金熙宗年號（1141—1149）。

[2]榷場：金對外貿易市場。金在與南宋、高麗、西夏、蒙古交界的沿邊重鎮設立榷場，兼有政治作用。

[3]漆水郡王：封爵名。

二月戊寅，詔諸致仕官職俱至三品者，[1]俸禄人力各給其半。宗弼克廬州。[2]乙酉，改封海濱王耶律延禧爲豫王，[3]昏德公趙佶爲天水郡王，[4]重昏侯趙桓爲天水郡公。[5]

[1]官職俱至三品者：官指官階，職指職務。金代官階三品以上共二十階，詳見本書《百官志》。

[2]廬州：宋州名。治所在今安徽省合肥市。

[3]海濱王耶律延禧：遼天祚帝（1075—1128）。字延寧，小字

阿果，遼朝最後一位皇帝。天會三年（1125）爲金兵所擒，金太宗封其爲海濱王。　豫王：封爵名。天眷格，《大金集禮》爲大國封號第十六，《金史·百官志》爲第十四。

[4]天水郡王：封爵名。按本卷於天會十三年（1135）四月下載："丙寅，昏德公趙佶薨，遣使致祭及賻贈。"《建炎以來繫年要錄》卷八八、《宋史》卷二二二《徽宗紀》及《國史拾遺》也都記載其於此年去世。則此處所載改封實爲趙佶去世後對其生前封號的改定。

[5]重昏侯趙桓：宋欽宗（1100—1156）。1127年爲金兵所俘，1128年金太宗封其爲重昏侯。　天水郡公：封爵名。

　　三月戊午，[1]上親祭孔子廟，北面再拜。退謂侍臣曰："朕幼年游佚，[2]不知志學，歲月逾邁，深以爲悔。孔子雖無位，其道可尊，使萬世景仰。大凡爲善，不可不勉。"自是頗讀《尚書》《論語》及《五代》《遼史》諸書，[3]或以夜繼焉。己未，上宴群臣于瑤池殿，[4]適宗弼遣使奏捷，侍臣多進詩稱賀。帝覽之曰："太平之世，當尚文物，自古致治，皆由是也。"

　　[1]三月戊午：原脱"三月"。按本年二月庚午朔，無戊午，則戊午前應補"三月"。中華點校本據《大金集禮》卷三六之《宣聖廟祀儀》，"皇統元年二月戊子，帝詣文宣廟奠祭"，改爲戊子。然本書卷三五《禮志八》亦爲戊午。卷一〇五《孔璠傳》則爲："皇統元年三月戊午，上謁奠孔子廟。"故此處與卷三五皆爲繫月錯誤，而干支不誤。中華點校本補"三月"於下文"己未"之上，將此處干支改爲"戊子"，實不如在此處補"三月"二字。

　　[2]佚：同"逸"。

　　[3]遼史：此《遼史》指遼天祚帝乾統三年（1103）耶律儼所

撰《皇朝實錄》，共七十卷。

[4]瑤池殿：在中都路大興府皇宮。

四月丙子，以濟南尹韓昉參知政事。[1]辛巳，宗弼請伐江南，從之。[2]

[1]濟南尹：府官名。濟南即濟南府，散府，屬山東東路。治所在今山東省濟南市。尹即府尹，正三品。

[2]辛巳，宗弼請伐江南，從之：《宋史》卷二九《高宗紀六》載，是年正月，金人陷廬州；二月，王德敗金人於含山，楊沂中、劉錡敗金人於柘皋；三月，金兵退至濠州，王德等遇伏敗還。則用兵是在二、三月間，至四月金兵已還。此處誤。

五月己酉，太師、領三省事、梁宋國王宗幹薨。庚戌，上親臨。日官奏，戌、亥不宜哭泣。上曰：“君臣之義，骨肉之親，豈可避之。”遂哭之慟，命輟朝七日。
六月甲戌，詔都元帥宗弼與宰執同入奏事。庚寅，行臺平章政事耶律暉致仕。壬辰，有司請舉樂，上以宗幹新喪不允。甲午，衛王宗強薨，[1]上親臨、輟朝如宗幹喪。

[1]衛王：封爵名。天眷格，《大金集禮》爲次國封號第四，《金史·百官志》爲第三。“衛”，原作“紀”，本書卷六九《宗強傳》，天眷“三年，代宗固爲燕京留守，封衛王，太師”。中華點校本據此改爲“衛”，是。

七月癸卯，以景宣皇帝忌辰，命尚食徹肉。丙午，以宗弼爲尚書左丞相兼侍中，都元帥、領行臺如故。己酉，宗弼還軍中。辛亥，參知政事耶律讓罷。[1]

[1]耶律讓：本書僅此一見。

九月戊申，[1]上至自燕京。朝太皇太后于明德宮。詔賜鰥寡孤獨不能自存者，人絹二疋、絮三斤。是秋，蝗。都元帥宗弼伐宋，渡淮。以書讓宋，宋復書乞罷兵，宗弼以便宜畫淮爲界。

[1]九月戊申：《宋史》卷二九《高宗紀六》繫於是年十一月。

十一月己酉，高麗國賀受尊號。稽古殿火。[1]

[1]稽古殿：在上京會寧府皇宮中，爲“書殿”。

十二月癸巳，夏國賀受尊號。天水郡公趙桓乞本品俸，詔賙濟之。左丞勗進《先朝實錄》三卷，[1]上焚香立受之。

[1]先朝實錄：金實錄之一。本書卷六六作《祖宗實錄》，共三卷，記載金正式建國以前十帝的事迹。

二年正月乙未朔，高麗、夏遣使來賀。己亥，上獵于來流河。乙巳，命伐高麗。丁未，上至自來流河。辛亥，萬壽節，高麗、夏遣使來賀。壬子，衍聖公孔璠薨，子拯襲。[1]

〔1〕拯：即孔拯。本書卷一〇五有傳。本傳載，"皇統三年，璠卒。子拯襲封"，與此處所記時間不同。

二月丁卯，上如天開殿。甲戌，賑熙河路。[1]戊子，皇子濟安生。[2]辛卯，宋使曹勳來許歲幣銀、絹二十五萬兩、匹，[3]畫淮爲界，世世子孫，永守誓言。改封蜀王劉豫爲曹王。[4]壬辰，以皇子生，赦中外。

〔1〕熙河路：宋路名。金初因之。皇統二年（1142）與原宋秦鳳路合并爲熙秦路。治所在今甘肅省臨洮縣。

〔2〕濟安：女真人。金熙宗嫡長子，悼平皇后所生。本書卷八〇有傳。

〔3〕曹勳：《宋史》卷三七九有傳。按，本書卷六〇《交聘表上》，"宋端明殿學士何鑄、容州觀察使曹勳來進誓表"；卷七七《宗弼傳》，"宋主遣端明殿學士何鑄等進誓表"；《宋史》卷三九七《曹勳傳》，"充金國報謝副使"；卷二九《高宗紀六》，"以何鑄簽書樞密院事充金國報謝進誓表使"。則此次使金曹勳爲副使，何鑄爲正使。依本紀行文體例，此處當作"何鑄"，或是在"曹勳"上加"何鑄"二字。

〔4〕曹王：封爵名。天眷格，爲大國封號第二十。

三月辛丑，還自天開殿。大雪。丙午，以宗弼爲太傅。[1]丙辰，遣左宣徽使劉筈以袞冕圭册册宋康王爲帝。[2]歸宋帝母韋氏及故妻邢氏、天水郡王并妻鄭氏喪于江南。[3]戊午，[4]立子濟安爲皇太子。[5]

[1]以宗弼爲太傅：按《三朝北盟會编》卷二〇六引兀术與宋
第三書中稱"皇叔太保"，卷二〇八引與宋第七書中稱"皇叔太
傅"，則在此之前已經加太保銜。另，與宋第七書中稱"監修國
史"，也應該是在此時。

[2]左宣徽使：宣徽院長官。掌朝會、燕享、殿庭禮儀及監知
御膳。正三品。　劉筈：劉彦宗之子。本書卷七八有附傳。　宋康
王：宋高宗，其爲帝前封號爲康王。據《宋史》卷二二宣和三年十
二月"封廣平郡王構爲康王"。

[3]邢氏：宋高宗憲節邢皇后。《宋史》卷二四三有傳。　鄭
氏：宋徽宗鄭皇后。《宋史》卷二四三有傳。

[4]戊午：按《大金集禮》卷八，"委司天臺選定，翦髥，三
月二十五日戊午"，則戊午是翦髥而非策立太子的時間。立太子策
文繫於二十六日，即己未，應以己未爲正。

[5]立子濟安爲皇太子：此爲金立太子之始。前此被確立爲儲
嗣者例爲諳班勃極烈。

四月丙寅，[1]以臣宋告中外。庚午，五雲樓、重明
等殿成。[2]

[1]四月丙寅：原脱"四月"，中華點校本據施國祁《金史詳
校》卷一補"四月"，是。

[2]五雲樓、重明等殿成：皆在上京會寧府皇宫。據本書卷二
四《地理志上》："凉殿，皇統二年構，門曰延福，樓曰五雲，殿
曰重明。東廡南殿曰東華，次曰廣仁。西廡南殿曰西清，次曰明
義。重明後，東殿曰龍壽，西殿曰奎文。"

五月癸巳朔，不視朝。上自去年荒于酒，與近臣
飲，或繼以夜。宰相入諫，輒飲以酒，曰："知卿等意，

今既飲矣，明日當戒。”因復飲。乙卯，賜宋誓詔。辛酉，宴群臣於五雲樓，皆盡醉而罷。

七月甲午，回鶻遣使來貢。北京、廣寧府蝗。[1]丁酉，賜宗弼金券。[2]

[1]北京：京路名，天眷元年（1138）改原上京爲北京，治所在今内蒙古自治區巴林左旗林東鎮南波羅城。　廣寧府：天輔七年（1127）升顯州置，治所在今遼寧省北寧市。

[2]金券：也稱誓券。本書卷七七稱“貸死誓券”，卷三稱“券書”，卷七三稱“鐵券”。卷五八稱：“以鐵爲之，狀如卷瓦。刻字畫欄，以金填之。外以御寶爲合，半留内府，以賞殊功。”

八月丁卯，詔歸朱弁、張邵、洪皓于宋。[1]辛未，復太宗子胡盧爲王。[2]賑陝西。

[1]朱弁、張邵、洪皓：皆宋使被留於金者。《宋史》卷二七三皆有傳。此繫三人南歸於皇統二年（1142）八月，按本書卷七九《王倫傳》，三人南歸的時間爲皇統二年七月，與此不同。《中州集》卷一〇《朱奉使弁》：“紹興十二年，皇子生，大赦，宋使洪浩、張邵、朱弁南歸。”宋紹興十二年即金皇統二年，未言幾月。而《宋史》卷三〇《高宗紀七》繫於皇統三年六月，《大金國志》卷一一《熙宗孝成皇帝三》繫於皇統三年八月，並稱：“洪皓以金國生子，大赦，方獲南歸。中興奉使幾三十人，生還者惟皓及張邵、朱弁三人而已。”考之本書，皇子濟安生於皇統二年二月，大赦亦在二月。則三人之被批准南歸應在是年二月，後因途中曾被元帥府扣留，故至宋時間較晚。本書所記應是其離境時間，而《宋史》《大金國志》所記則是其進見宋高宗的時間，故而相差較大。《大金國志》將皇子濟安出生繫於天眷三年（1140）六月應是

187

誤傳。

[2]胡盧：金太宗子宗固本名胡盧，本傳稱"胡魯"。本書卷七六有傳。按上文天眷二年九月，"降封太宗諸子"，則太宗諸子皆失王號。本書卷五九《宗室表》，太宗諸子王號皆與天眷元年所封王號同，而與大定二年（1162）追封王號異，參之卷七六《宗固傳》，"皇統二年，復封宗雅爲代王"，應是此時恢復了太宗諸子的王號。故胡盧下應有"等"字。

九月壬辰，詔給天水郡王子、姪、婿、天水郡公子俸給。

十一月甲寅，平章政事、漆水郡王昂薨，追封鄆王。[1]

[1]鄆王：封爵名。天眷格，《大金集禮》爲次國封號第二十三，《金史·百官志》爲第二十一。按本書卷六五《鄆王昂傳》，皇統"二年，制詔昂署銜帶'皇叔祖'字，封鄆王。是歲，薨"。則其生前已受封爲鄆王，不是死後追封。

十二月乙丑，高麗王遣使謝封册。庚午，宋遣使謝歸三喪及母韋氏。壬申，上獵于核耶呆米路。[1]癸未，還宮。甲申，皇太子濟安薨。

[1]核耶呆米路：路名。本書僅此一見。所在不詳。

三年正月己丑朔，以皇太子喪不御正殿，群臣詣便殿稱賀。宋、高麗、夏使詣皇極殿遙賀。[1]乙巳，萬壽節，如正旦儀。

[1]皇極殿：在上京會寧府皇宮中。始建於天會三年（1125），原名乾元殿，天眷元年（1138）改。

三月辛卯，以尚書左丞昂爲平章政事，殿前都點檢宗憲爲尚書左丞。[1]丁酉，太皇太后唐括氏崩。己酉，封子道濟爲魏王。[2]

[1]宗憲：女真人。本名阿懶，國相撒改之子。本書卷七〇有傳。

[2]道濟：女真人。金熙宗之子。見本書卷八〇。　魏王：封爵名。天眷格，爲大國封號第九。

五月丁巳朔，京兆進瑞麥。[1]癸亥，上致祭太皇太后。甲申，初立太廟、社稷。

[1]京兆：府名。京兆府路首府。治所在今陝西省西安市。

六月己酉，初置驍毅軍。[1]

[1]驍毅軍：軍名。爲侍衛親軍。

七月丙寅，上致祭太皇太后。庚辰，太原路進獬豸并瑞麥。[1]

[1]太原路：元太祖十一年（1216）始以太原府改置太原路，治所在今山西省太原市。金時應稱太原府，爲河東北路首府。按此處應是舉首府名代指該首府所在的路，亦即指河東北路。本書卷二

三　《五行志》繫此事於"丙寅"。

八月辛卯，詔給天水郡王孫及天水郡公婿俸禄。丙申，老人星見。乙巳，謚太皇太后曰欽仁皇后。戊申，葬恭陵。

十二月癸未朔，日有食之。

四年正月癸丑朔，宋、高麗、夏遣使來賀。甲寅，詔以去年宋幣賜始祖以下宗室。己未，以宋使王倫爲平州轉運使，[1] 既受命，復辭，罪其反覆，誅之。乙丑，陝西進嘉禾十有二莖，莖皆七穗。己巳，萬壽節，宋、高麗、夏遣使來賀。乙亥，上祭欽仁皇后，哭盡哀。

[1] 平州轉運使：平州轉運司長官。掌稅賦錢穀，倉庫出納，權衡度量之制。正三品。平州，治所在今河北省盧龍縣。

二月癸未，上如東京。[1] 丙申，次百泊河春水。[2] 丁酉，回鶻遣使來賀，以粘合韓奴報之。[3]

[1] 上如東京：九月己酉朔，又見"上如東京"。又"十二月甲午，至東京"。二月癸未之"上如東京"當是"上發東京"，從"次薰風殿"，"殺魏王道濟"看，尚未離上京。九月己酉朔"上如東京"，當是已至東京，而十二月甲午"至東京"，當是"發東京"，即自東京返回。從先次"濟州春水"，又"次天開殿"，"發天開殿"，"至自東京"可知。

[2] 百泊河：舊釋在東京，誤，當在上京，下文"次薰風殿"可證。

[3] 粘合韓奴：女真人。本書卷一二一有傳。

五月辛亥朔，次薰風殿。[1]

[1]薰風殿：據本書卷二四《地理志上》注文可知，此殿在會
寧府境內。

六月辛巳朔，日有食之。
七月庚午，建原廟于東京。
八月癸未，殺魏王道濟。
九月乙酉，[1]上如東京。[2]壬子，畋于沙河，[3]射虎
獲之。乙卯，[4]遣使祭遼主陵。辛酉，詔薰風殿二十里
內及巡幸所過五里內，並復一歲。癸酉，行臺左丞相張
孝純薨。

[1]九月乙酉：中華點校本疑"乙"當作"己"，即本月初一。
按，是年九月己酉朔，無乙酉。月份或干支有誤。
[2]上如東京：應是已達東京。詳參上文本年二月"上如東
京"條注。
[3]沙河：據《讀史方輿紀要》，在復州衛（今遼寧省瓦房店
市）南八里，合麻河，西注海。
[4]乙卯：原"乙卯"上有"十月"二字。施國祁《金史詳
校》卷一指出，此乙卯及以下的辛酉、癸酉，都在九月，據此刪
"十月"二字。

十月壬辰，[1]立借貸飢民酬賞格。[2]甲辰，以河朔諸
郡地震，詔復百姓一年，其壓死無人收葬者，官爲斂藏
之。陝西、蒲、解、汝、蔡等處因歲饑，[3]流民典雇爲

奴婢者，官給絹贖爲良，放還其鄉。

[1]十月壬辰："十月"，原作"十一月"，據施國祁《金史詳校》卷一改。

[2]貸：原作"俟"，同"貸"，徑改。

[3]陝西：指陝西四路。據本書卷二六《地理志下》："皇統二年省併陝西六路爲四，曰京兆，曰慶原，曰熙秦，曰鄜延。" 蒲：州名。治所在今山西省永濟市蒲州鎮。 解：州名。治所在今山西省運城市西南解州。 汝：州名。治所在今河南省汝州市。 蔡：州名。治所在今河南省汝南縣。

十一月己酉，上獵于海島。

十二月甲午，至東京。[1]

[1]至東京：當作"發東京"，即自東京出發，返回上京。詳參上文本年二月"上如東京"條注。

五年正月丁未朔，宋、高麗、夏遣使來賀。癸亥，萬壽節，宋、高麗、夏遣使來賀。

二月乙未，次濟州春水。[1]

[1]濟州：舊名黃龍府，天眷三年（1140）改爲濟州，大定二十九年（1189）更名爲隆州。治所在今吉林省農安縣。

三月戊辰，次天開殿。

五月戊午，初用御製小字。[1]壬申，以平章政事勗諫，上爲止酒，仍布告廷臣。

[1]初用御製小字：據本書卷四《熙宗紀》載，女真小字於天
眷元年（1138）頒行，前後經歷七年多的時間，至此纔正式投入
使用。

六月乙亥朔，日有食之。

八月戊戌，發天開殿。

九月庚申，至自東京。

十月辛卯，[1]增謚太祖。

[1]十月辛卯：施國祁《金史詳校》卷一據本書《禮志》，認
爲"十下當加一"。但本書卷三二《禮志五》也作"十月三日"。
可能是施國祁所據《金史》版本有誤。

閏月戊寅，[1]大名府進牛生麟。[2]壬辰，懷州進
嘉禾。[3]

[1]閏月戊寅：據《宋史》卷三〇《高宗紀七》，是年閏十
一月。

[2]大名府：大名府路首府。治所在今河北省大名縣東。

[3]懷州：遼世宗時曾置懷州，治所在今内蒙古自治區巴林左
旗西崗廟古城。皇統三年（1143）廢。舊懷州在今河南省沁陽市，
天會六年（1128）更名爲南懷州，至天德三年（1151）始復名爲
懷州。此懷州不知何指。

十二月戊申，增謚始祖以下十帝及太宗、徽宗。[1]
丁巳，赦。

[1]始祖以下十帝：指德帝、安帝、獻祖、昭祖、景祖、世祖、蕭宗、穆宗、康宗、太祖。　徽宗：廟號。即熙宗生父景宣皇帝完顏宗峻。見本書卷一九《世紀補》。

六年正月辛未朔，宋、高麗、夏遣使來賀。壬申，封太祖諸孫爲王。[1]乙亥，畋于謀勒。[2]甲申，還京師。丁亥，萬壽節，宋、高麗、夏遣使來賀。庚寅，以邊地賜夏國。[3]壬辰，如春水。帝從禽，導騎悞入大澤中，[4]帝馬陷，因步出，亦不罪導者。乙未，封偎喝爲王。[5]

[1]封太祖諸孫爲王：據本書卷七六《完顏充傳》，"皇統間，封淄國公，爲吏部尚書，進封代王"，另卷七七《完顏亨傳》，"熙宗時，封芮王"，太祖孫熙宗時封王，可考者僅此二人。

[2]謀勒：地名。《中國歷史地圖集》謂在今黑龍江省齊齊哈爾以西梅里斯附近。或謂謀勒即《宣和乙巳奉使行程録》中"冒離納鉢"的"冒離"，在今哈爾濱市莫力街（參見王禹浪《金代黑龍江述略》，哈爾濱出版社1993年版）。

[3]以邊地賜夏國：此事不見於本書卷一三四《外國傳》。考之本書卷六〇《交聘表上》，皇統五年（1145）"四月庚辰，以右衛將軍撒海、兵部郎中耶律福爲橫賜夏國使"，而不見於本書卷四《熙宗紀》，疑即爲此事。

[4]悞：同"誤"。

[5]偎喝：女真人，一名隈可。本書卷六六有傳。是年封王事不見於本傳。

二月丙寅，右丞相韓企先薨。[1]

[1]右丞相：即尚書右丞相。爲宰相，掌丞天子，平章萬機。

從一品。　韓企先：本書卷七八有傳。

三月壬申，以阿离補爲行臺右丞相。[1]

[1]阿离補：女真人。一作阿魯補。本書卷八〇有傳。　行臺
右丞相：行臺尚書省屬官。正二品。此處阿离補爲行臺右丞相凡兩
見。而本書卷五九《宗室表》，"阿魯補，係出景祖，行臺左丞
相"；卷八〇《阿离補傳》，"六年，爲行臺左丞相"；卷一三二
《烏帶傳》，"行臺左丞相阿魯補子也"。皆作行臺左丞相。

四月庚子朔，上至自春水。以同判大宗正事宗固爲
太保、右丞相兼中書令。[1]戊午，行臺右丞相阿离補薨。

[1]同判大宗正事：大宗正府屬官。協助判大宗正事掌敦睦親
族、欽奉王命。泰和六年（1206）改爲同判大睦親事。從二品。
中書令：中書省長官。例由右丞相兼任，亦爲金之宰相。據本書卷
五五《百官志一》："天會四年，建尚書省，遂有三省之制。"此官
應設於天會四年（1126）。正隆元年（1156），海陵"罷中書、門
下省"後，此官成爲宰相的加銜。

五月壬申，高麗王楷薨。辛卯，以左宣徽使劉筈爲
行臺右丞相。[1]六月乙巳，殺宇文虛中及高士談。[2]乙
丑，遣使弔祭高麗，并起復嗣王晛。

[1]以左宣徽使劉筈爲行臺右丞相：按本書卷七八《劉筈傳》，
"五年，爲行臺尚書右丞相"，繫年與此異。
[2]宇文虛中：本書卷七九與《宋史》卷三七一有傳。　高士
談：字子文，一字季默。仕宋爲忻州戶曹，入金仕至翰林直學士。

有《蒙城集》行於世。《中州集》卷一有傳。因宇文虚中案牽連被殺。本書僅見於此及卷七九。

九月戊辰朔，以許王破汴，[1]睿宗平陝西，[2]鄭王克遼及婁室、銀术可皆有大功，[3]並爲立碑。戊寅，曹王劉豫薨。

[1]許王：封爵名。天眷格，爲大國封號第十二。

[2]睿宗：廟號。即完顏宗輔。女真人。金太祖之子，世宗之父。本書卷一九《世紀補》有傳。世宗即位後始追上尊號，廟號爲睿宗，於此不應有此稱。

[3]鄭王：封爵名。天眷格，《大金集禮》爲次國封號第三，《金史·百官志》爲第二。　婁室：女真人。本書卷七二有傳。銀术可：女真人。字斡里衍。本書卷七二有傳。

是歲，遣粘割韓奴招耶律大石，[1]被害。

[1]耶律大石：契丹人。遼太祖八代孫。事見《遼史》卷三〇。按本書卷一二一《粘割韓奴傳》："皇統四年，回紇遣使入貢……詔遣韓奴與其使俱往……奉使大石。韓奴去後不復聞問。"此繫於皇統六年（1146），誤。

七年正月乙丑朔，宋、高麗、夏遣使來賀。辛巳，萬壽節，宋、高麗、夏遣使來賀。癸未，以西京鹿囿爲民田。[1]丁亥，太白經天。

[1]以西京鹿囿爲民田：許子榮認爲，金兩處鹿囿皆在京西，故此處"西京"應爲"京西"之誤（許子榮《金史點校拾補》，

《北方文物》1988 年第 3 期）。

三月戊寅，高麗遣使謝弔祭、起復。

四月戊午，宴便殿，上醉酒，殺戶部尚書宗禮。[1]

[1]戶部尚書：尚書省戶部長官。掌戶口、錢糧、田土的政令及貢賦出納、金幣轉通、府庫收藏等事。正三品。　宗禮：女真人。事見於此及本書卷六九。

六月丁酉，殺橫海軍節度使田彀、左司郎中奚毅、翰林待制邢具瞻及王植、高鳳廷、王倣、趙益興、龔夷鑒等。[1]

[1]橫海軍節度使：州官名。節度州長官。掌本州民政，兼管鎮撫諸軍防刺，總判本鎮兵馬之事，兼本州管內觀察使事。從三品。橫海軍，治所在今河北省滄州市東南。　左司郎中：尚書省左司負責人。掌本司奏事，總察吏、戶、禮三部受事付事，兼帶修起居注。正五品。　奚毅：僅見於此及本書卷八九。　翰林待制：翰林學士院屬官。分掌詞命文字，分判院事，凡應奉文字，銜內帶同知制誥。不限員。正五品。　邢具瞻及王植、高鳳廷、王倣、趙益興、龔夷鑒等：以上諸人皆僅見於此及本書卷八九。

七月己巳，太白經天，曲赦畿內。

九月，太保、右丞相宗固薨。[1]以都元帥宗弼爲太師、領三省事，都元帥、行臺尚書省事如故，平章政事勗爲左丞相兼侍中，都點檢宗賢爲右丞相兼中書令，[2]行臺右丞相劉筈、右丞蕭仲恭爲平章政事，[3]李德固爲尚書右丞，祕書監蕭肄爲參知政事。[4]

[1]右丞相宗固薨：本書卷七六《宗固傳》繫此事於皇統六年（1146），與此異。

[2]宗賢：女真人。本名賽里。本書卷七〇有傳。

[3]行臺右丞相劉筈、右丞蕭仲恭爲平章政事：按本書卷七八《劉筈傳》，劉筈拜平章政事在皇統九年（1149）九月，與此異。

[4]祕書監：官名。秘書監長官。從三品。　蕭肄：奚人。本書卷一二九有傳。

十月壬子，平章行臺尚書省事奚寶薨。[1]

[1]奚寶：本書僅此一見。應即前文之"蕭寶"。

十一月癸酉，以工部侍郎僕散太彎爲御史大夫。[1]乙亥，兵部尚書秉德進三角羊。[2]己卯，詔減常膳羊豕五之二。癸未，以尚書左丞宗憲爲行臺平章政事，[3]同判大宗正事亮爲尚書左丞。[4]

[1]工部侍郎：尚書工部屬官。協助工部尚書掌修造營建法式、諸作工匠、屯田、山林川澤之禁、江河堤岸、道路橋樑等事。正四品。　僕散太彎：本書僅此一見。僕散爲女真人姓氏，太彎是漢語"大王"的音寫。　御史大夫：御史臺長官。掌糾察朝儀、彈劾官邪、勘鞫官府公事，審斷所屬部門理斷不當引起上訴的案件。正三品。大定十二年（1172）升爲從二品。

[2]兵部尚書：尚書兵部長官。掌兵籍、軍器、城隍、鎮戍、廄牧、鋪驛、車輅、儀仗、郡邑圖志、險阻、障塞、遠方歸化等事。正三品。　秉德：本名乙辛。本書卷一三二有傳。按，本書卷

二三《五行志》作“完顏秉德進三角牛”。

　　[3]宗憲：女真人。本名阿懶，國相撒改次子。本書卷七〇
有傳。

　　[4]亮爲尚書左丞：亮，即金海陵王完顏亮。見本書卷五《海
陵紀》。尚書左丞，本書卷五《海陵紀》作“尚書右丞”。

　　十二月戊午，參知政事韓昉罷。兵部尚書秉德爲參
知政事。

　　八年正月庚申朔，宋、高麗、夏遣使來賀。丙子，
萬壽節，宋、高麗、夏遣使來賀。

　　二月壬子，以哥魯葛波古等爲橫賜高麗、夏國
使。[1]甲寅，以大理卿宗安等爲高麗王晛封册使。[2]乙
卯，上如天開殿。

　　[1]哥魯葛波古：人名。本書僅此一見。本書卷六〇《交聘表
上》不載。

　　[2]大理卿：大理寺長官。掌審斷天下奏案，詳核疑獄。正四
品。　宗安：女真人。完顏杲之子。見本書卷七六、八四。

　　四月戊子朔，日有食之。辛丑，遣參知政事秉德等
廉察官吏。庚戌，至自天開殿。甲寅，《遼史》成。[1]

　　[1]《遼史》成：按金修《遼史》有二。本書卷一二五《蕭永
祺傳》，耶律“固作《遼史》未成，永祺繼之，作紀三十卷、志五
卷、傳四十卷，上之”。即爲此書。另一部《遼史》於大定二十九
年（1189）始修，泰和七年（1207）成書。見於本書卷一二《章
宗紀》、卷一二五《党懷英傳》。

六月乙卯，平章政事蕭仲恭爲行臺左丞相，左丞亮爲平章政事，都點檢唐括辯爲尚書左丞。[1]高麗王遣使謝封册。

[1]唐括辯：女真人。本名斡骨剌。本書卷一三二有傳。辯，原作“辨”，從中華點校本改。

七月乙亥，御史大夫僕散太彎罷，以侍衛親軍都指揮使阿魯帶爲御史大夫。[1]戊寅，以尚書左丞唐括辯奉職不謹，杖之。

[1]侍衛親軍都指揮使：侍衛親軍司長官。全稱爲侍衛親軍馬步軍都指揮使，例由殿前都點檢兼任。掌行從宿衛，關防門禁，督攝隊仗。正三品。海陵正隆五年（1160）罷侍衛親軍司以後并入殿前都點檢司。　阿魯帶：本書同名阿魯帶者共有九人，此人僅此一見。

八月戊戌，宗弼進《太祖實録》，[1]上焚香立受之。庚子，以尚書左丞相勗領行臺尚書省事，右丞相宗賢爲太保、尚書左丞相。丙午，以行臺左丞相蕭仲恭爲尚書右丞相。

[1]《太祖實録》：金實録之一。二十卷。按，本書卷七七《宗弼傳》無進《太祖實録》之事，卷六六《勗傳》稱，皇統“八年，奏上《太祖實録》二十卷”，此處誤。

閏月庚申，宰臣以西林多鹿，請上獵，上恐害稼，不允。丙寅，太廟成。

九月丙申，尚書左丞唐括辯罷。以左宣徽使稟爲尚書左丞。[1]

[1]稟：女真人。本名胡里改，一作胡离改。金太宗之孫。曾任平陽尹。天德二年（1150）爲海陵王所殺。

十月辛酉，太師、領三省事、都元帥、越國王宗弼薨。[1]

[1]宗弼薨：《建炎以來繫年要録》繫於皇統五年（1145）十月，誤。本傳與此同爲皇統八年。

十一月壬辰，太白經天。乙未，左丞相宗賢、左丞稟等言，州郡長吏當並用本國人。上曰：“四海之內，皆朕臣子，若分別待之，豈能致一。諺不云乎，‘疑人勿使，使人勿疑’。自今本國及諸色人，量才通用之。”辛丑，以尚書左丞相宗賢爲左副元帥，平章政事亮爲尚書左丞相兼侍中，[1]參知政事秉德爲平章政事。庚戌，左副元帥宗賢復爲太保，左丞相、左副元帥如故。

[1]平章政事亮爲尚書左丞相兼侍中：按本書卷五《海陵紀》，皇統八年（1148）“十一月，拜右丞相”，與此不同。

十二月乙卯，以右丞相蕭仲恭爲太傅、領三省事，左丞相亮爲尚書右丞相。乙亥，以左丞相宗賢爲太師、領三省事兼都元帥。

九年正月甲申朔，宋、高麗、夏遣使來賀。戊戌，太師、領三省事、都元帥宗賢罷。領行臺尚書省事勗爲太師、領三省事，同判大宗正事充爲尚書左丞相，[1]右丞相亮兼都元帥。庚子，萬壽節，宋、高麗、夏遣使來賀。壬寅，左丞相充薨。丙午，以右丞相亮爲左丞相，判大宗正事宗本爲尚書右丞相，[2]左副元帥宗敏爲都元帥，南京留守宗賢爲左副元帥兼西京留守。[3]己酉，宗賢復爲太保、領三省事。

[1]充：女真人。本名神土懣。宗幹之子。本書卷七六有傳。

[2]判大宗正事：大宗正府長官。以皇族中屬親者充。掌敦睦親族欽奉王命。泰和六年（1206）改爲判大睦親事。從一品。　宗本：女真人。本名阿魯，金太宗之子。本書卷七六有傳。

[3]南京留守：南京留守司長官，例兼本府府尹、本路兵馬都總管。正三品。按本書卷七〇《宗賢傳》，“出爲南京留守，領行臺尚書省事”，則此南京應指的是汴京。據卷二五《地理志中》，“南京路，國初曰汴京，貞元元年更號南京”，卷五《海陵紀》同。則此處與《宗賢傳》都應作汴京。

二月甲寅，會寧牧唐括辯復爲尚書左丞，尚書左丞稟爲行臺平章政事。

三月癸未朔，日有食之。辛丑，以司空宗本爲尚書右丞相兼中書令，左丞相亮爲太保、領三省事。

四月壬申夜，大風雨，雷電震壞寢殿鴟尾，有火入上寢，燒幃幔，帝趨別殿避之。丁丑，有龍鬥於利州榆林河水上。[1]大風壞民居、官舍，瓦木人畜皆飄颺十數里，死傷者數百人。

[1]利州：遼統和二十六年（1008）置。治所在今遼寧省喀喇沁左翼蒙古族自治縣。　榆林河：本書卷二四《地理志上》利州龍山縣條下云："遼故潭州廣潤軍縣故名，熙宗皇統三年廢州來屬。有榆河。"與此榆林河名稱不同，實則爲一。即今大凌河支流，發源于河北省平泉縣境内，經今遼寧省凌源市至今喀喇沁左翼蒙古族自治縣東南與狗河匯合。　鬬：同"鬥"。

五月戊子，以四月壬申、丁丑天變，肆赦。命翰林學士張鈞草詔，[1]參知政事蕭肄摘其語以爲誹謗，上怒，殺鈞。是日，曲赦上京囚。庚寅，出太保、領三省事亮領行臺尚書省事。戊申，武庫署令耶律八斤妄稱上言宿直將軍蕭榮與胙王元爲黨，[2]誅之。

[1]翰林學士：翰林學士院屬官。分掌詞命文字，分判院事。正三品。　張鈞：始事遼，爲鴻臚少卿、遼興軍節度掌書記，因張覺歸降來朝，除徽猷閣待制。後仕齊。齊廢後爲行臺禮部侍郎。關於張鈞之死，《桯史》卷一二記載："亶大怒，亟召鈞至，詰其説，未及對，以手劍劙其口，棘而醢之。"與本書記載小異。《建炎以來繫年要録》卷一五九記張鈞當時的官職是翰林學士承旨，《桯史》則稱其爲當制學士。按本書《百官志》無當制學士，此應是宋人對金國翰林學士承旨的俗稱。故張鈞的官職應以翰林學士承旨爲是。
[2]武庫署令：武庫署長官。隸殿前都點檢司，掌收貯諸路常課甲仗。從六品。　耶律八斤：契丹人。本書僅此一見。　宿直將軍：殿前都點檢司屬官。掌總領親軍，宮衛門禁，行從宿衛之事。從五品。　蕭榮：本書僅此一見。　胙王：封爵名。天眷格，爲小國封號第二十三。　元：女真人。本名常勝，金熙宗之弟。本書卷六九有傳。《三朝北盟會編》卷二一六引《神麓記》稱"長勝馬"。

六月己未，以都元帥宗敏爲太保、領三省事兼左副元帥，左丞相宗賢兼都元帥。

八月庚申，以劉筈爲司空，行臺右丞相如故。宰臣議徙遼陽渤海之民於燕南，[1]從之。侍從高壽星等當遷，[2]訴於后，后以白上，上怒議者，杖平章政事秉德，殺左司郎中三合。[3]

[1]遼陽勃海之民：指遼陽府一帶的渤海族，中華標點本中間加頓號，誤。遼陽，府名。治所在遼寧省遼陽市。

[2]高壽星：本書僅此一見。聯繫上下文，可知其人爲渤海族。

[3]三合：事見於此及卷六三、一三二。

九月丙申，以領行臺尚書省事亮復爲平章政事。戊戌，以右丞相宗本爲太保、領三省事，左副元帥宗敏領行臺尚書省事，平章政事秉德爲尚書左丞相兼中書令，[1]司空劉筈爲平章政事。庚子，以御史大夫宗甫爲參知政事。[2]

[1]秉德爲尚書左丞相：按本書卷一三二《言傳》："右丞相秉德、左丞相唐括辯謀廢立。"又同卷《秉德傳》："殺曹國王宗敏、左丞相宗賢。"是時左丞相爲宗賢，海陵既立，始封"秉德爲左丞相，兼侍中"。故此處"左丞相"疑爲"右丞相"之誤。

[2]宗甫：本書僅此一見。

十月乙丑，殺北京留守胙王元及弟安武軍節度使查剌、左衛將軍特思。[1]大赦。癸酉，以翰林學士京爲御史大夫。[2]

[1]北京留守：北京留守司長官，例兼本府府尹與本路兵馬都
總管。正三品。北京，京路名，原名上京，熙宗天眷元年（1138）
改名爲北京，海陵天德二年（1150）改爲臨潢府路，治所在今內蒙
古自治區巴林左旗林東鎮南波羅城。　安武軍節度使：州官名。安
武軍設在冀州，治所在今河北省冀州市。　查剌：女真人。金熙宗
之弟。　左衛將軍：即殿前左衛將軍。殿前都點檢司屬官。掌宮禁
及行從警衛，總領護衛。　特思：女真人。見於本卷及卷五、六
九、八三、一三二。其官職亦作護衛將軍。曾密奏海陵等謀反之
事。因海陵誣告其審胙王一案不實而被殺。《三朝北盟會編》卷二
一六稱“廣威宿直將軍特賽”，《建炎以來繫年要錄》卷一六〇稱
“廣威宿直將軍塔斯”。

[2]京：女真人。本名忽魯，宗望之子，金太祖孫。本書卷七
四有傳。

十一月癸未，殺皇后裴滿氏。召胙王妃撒卯入
宮。[1]戊子，殺故鄧王子阿懶、達懶。[2]癸巳，上獵于忽
剌渾土溫。[3]遣使殺德妃烏古論氏及夾谷氏、張氏。[4]

[1]撒卯：本書卷六三《悼平皇后傳》：“熙宗積怒，遂殺后，
而納胙王常勝妃撒卯入宮繼之。”說明熙宗是依照女真人收繼婚的
舊俗娶弟媳撒卯爲正妻，所以才會有立之爲皇后之議。“卯”，原作
“夘”，據殿本改。

[2]鄧王：封爵名。天眷格，《大金集禮》爲次國封號第二十
二，《金史·百官志》爲第二十。此處指宗傑長子奭。見本書卷六
九《宗傑傳》。　阿懶、達懶：本書卷六九作“阿楞、撻楞”，卷
五九達懶又作“撻懶”。本書卷六九《太祖諸子傳》：“是時，阿楞

方爲奉國上將軍。"則阿懶死時官爲奉國上將軍。《三朝北盟會編》
卷二一六引《神麓記》，"鄧王子阿术、輔國兄弟二人"，則達懶死
時官爲輔國上將軍。

[3]忽刺渾土溫：地名。具體地點不詳。

[4]烏古論氏、夾谷氏、張氏：皆人名。本書皆僅此一見。

　　十二月己酉朔，上至自獵所。丙辰，殺妃裴滿氏於
寢殿。而平章政事亮因群臣震恐，與所親駙馬唐括辯、
寢殿小底大興國、護衛十人長忽土、阿里出虎等謀爲
亂。[1]丁巳，以忽土、阿里出虎當内直，命省令史李老
僧語興國。[2]夜二鼓，興國竊符，矯詔開宮門，召辯等。
亮懷刀與其妹夫特厮隨辯入至宮門，[3]守者以辯駙馬，
不疑，内之。及殿門，衛士覺，抽刃劫之，莫敢動。忽
土、阿里出虎至帝前，帝求榻上常所置佩刀，不知已爲
興國易置其處，忽土、阿里出虎遂進弒帝，亮復前手刃
之，血濺滿其面與衣。帝崩，時年三十一。左丞相秉德
等遂奉亮坐，羅拜呼萬歲，立以爲帝。降帝爲東昏王，
葬于皇后裴滿氏墓中。貞元三年，[4]改葬于大房山蓼香
甸，諸王同兆域。大定初，[5]追謚武靈皇帝，廟號閔宗，
陵曰思陵。[6]別立廟。十九年，升祔于太廟，[7]增謚弘基
纘武莊靖孝成皇帝。二十七年，改廟號熙宗。二十八
年，以思陵狹小，改葬于峨眉谷，仍號思陵，詔中外。

[1]寢殿小底：殿前都點檢司下屬機構近侍局所屬辦事人員。
即本書卷五六《百官志二》所載之入寢殿小底，大定十二年
(1172)更爲奉御。定員十六人。無品級。　大興國：渤海人。本
書卷一三二有傳。《三朝北盟會編》卷二一六、《大金國志》卷一

二稱興國奴,《建炎以來繫年要録》卷一六〇稱興國努。　護衛十
人長:護衛下級首領。本書《百官志》不載。　忽土:女真人。即
僕散忽土,又名僕散師恭。本書卷一三二有傳。《三朝北盟會編》
卷二一六、《建炎以來繫年要録》卷一六〇稱其官職爲護衛將軍。
阿里出虎:即徒單阿里出虎。女真人。拔改之子。本書卷一三二有
傳。據《三朝北盟會編》卷二一六與《建炎以來繫年要録》卷一
六〇,參與弒熙宗的還有尚厩局使高景山,本書未載。

　　[2]省令史:即尚書省令史,尚書省辦事員,爲無品級小官。
李老僧:渤海人。本書卷一三二有傳。

　　[3]特厮:徒單貞本名。亦作特思。本書卷一三二有傳。

　　[4]貞元:金海陵王年號(1153—1155)。

　　[5]大定:金世宗年號(1161—1189)。

　　[6]大定初:按《建炎以來繫年要録》,大定中,追尊爲武靈
皇帝,廟號閔宗,後改謚。大定二十八年改葬思陵。

　　[7]祔:祭名。新死者附祭於先祖。

　　贊曰:熙宗之時,四方無事,敬禮宗室大臣,委以
國政,其繼體守文之治,有足觀者。末年酗酒妄殺,人
懷危懼,所謂前有讒而不見,後有賊而不知,馴致其
道,[1]非一朝一夕故也。

　　[1]馴致其道:殿本作"馴致其禍"。

金史　卷五

本紀第五

海陵

廢帝海陵庶人亮，字元功，本諱迪古廼，[1]遼王宗幹第二子也。[2]母大氏。[3]天輔六年壬寅歲生。[4]

[1]本諱迪古廼：《大金國志》卷一三《海陵煬王上》："幼時名孛烈，漢言其貌類漢兒。"

[2]遼王：封爵名。天眷格，爲大國封號第一。　宗幹：女真人。本名斡本，金太祖庶長子。本書卷七六有傳。宗幹於熙宗天眷三年（1140）進太師，封梁宋國王，此稱遼王乃世宗削其帝號之後所降封。

[3]大氏：渤海人。本書卷六三有傳。

[4]天輔：金太祖年號（1117—1123）。

天眷三年，[1]年十八，[2]以宗室子爲奉國上將軍，[3]赴梁王宗弼軍前任使，[4]以爲行軍萬户，[5]遷驃騎上將軍。[6]

[1]天眷：金熙宗年號（1138—1140）。

[2]年十八：施國祁《金史詳校》卷一認爲，當作"年十九"。

[3]奉國上將軍：武散官。爲從三品上階。

[4]梁王：封爵名。天眷格，《大金集禮》爲大國封號第三，《金史·百官志》爲第二。　宗弼：女真人。本名兀术，一作斡出、晃斡出。金太祖第四子。本書卷七七有傳。

[5]行軍萬户：官名。行軍作戰時統領猛安、謀克，隸屬於都統。與萬户的區别在於不能世襲。

[6]驃騎上將軍：武散官。即驃騎衛上將軍。正三品下階。

　　皇統四年，[1]加龍虎衛上將軍，[2]爲中京留守，[3]遷光禄大夫。[4]爲人慓急，多猜忌，殘忍任數。

[1]皇統：金熙宗年號（1141—1149）。

[2]龍虎衛上將軍：武散官。正三品上階。

[3]中京留守：中京留守司長官，例兼本府府尹與本路兵馬都總管。正三品。中京，京路名，治所在今内蒙古自治區寧城縣西大明城。

[4]光禄大夫：文散官。從二品上階。

　　初，熙宗以太祖嫡孫嗣位，[1]亮意以爲宗幹太祖長子，而己亦太祖孫，遂懷覬覦。在中京，專務立威，以厭伏小人。猛安蕭裕傾險敢决，[2]亮結納之，每與論天下事。裕揣知其意，因勸海陵舉大事，語在《裕傳》。

[1]熙宗：廟號。即完顔合剌，漢名亶。1135年至1149年在位。　太祖：廟號。即完顔阿骨打，漢名旻。1115年至1123年

在位。

[2]猛安：女真族地方行政設置及長官名稱。相當於防禦州，
同時也是軍事編制及軍官名稱，也用於榮譽爵稱。　蕭裕：奚人。
本名遥折。本書卷一二九有傳。

　　七年五月，召爲同判大宗正事，[1]加特進。[2]十一
月，拜尚書左丞，[3]務攬持權柄，用其腹心爲省臺要職，
引蕭裕爲兵部侍郎。[4]一日因召對，語及太祖創業艱難，
亮因嗚咽流涕，熙宗以爲忠。八年六月，拜平章政
事。[5]十一月，拜右丞相。[6]

[1]同判大宗正事：大宗正府屬官。協助判大宗正事掌敦睦親
族欽奉王命。泰和六年（1206）改爲同判大睦親事。從二品。

[2]特進：文散官，爲從一品中次階。

[3]尚書左丞：原作“尚書右丞”，據施國祁《金史詳校》卷
一改爲“左丞”。尚書省屬官。爲執政官，宰相之貳，佐治省事。
正二品。

[4]兵部侍郎：兵部屬官。協助兵部尚書負責兵籍、軍器、城
隍、鎮戍、厩牧、鋪驛、車輅、儀仗、郡邑圖志、險阻、障塞、遠
方歸化等事。正四品。

[5]平章政事：爲尚書省宰相，掌丞天子，平章萬機。始設於
天眷元年（1138）。從一品。

[6]右丞相：即尚書右丞相。爲宰相，掌丞天子，平章萬機。
從一品。按本書卷四《熙宗紀》，皇統八年（1148）十一月，“平
章政事亮爲尚書左丞相兼侍中”，十二月，“左丞相亮爲尚書右丞
相”。則其爲左丞相是十一月，至十二月已改任右丞相，此處誤。

　　九年正月，兼都元帥。[1]熙宗使小底大興國賜亮生

日,[2]悼后亦附賜禮物,[3]熙宗不悦,杖興國百,追其賜物,海陵由此不自安。三月,拜太保、領三省事,[4]益邀求人譽,引用勢望子孫,結其驩心。[5]四月,學士張鈞草詔忤旨,[6]死,熙宗問:"誰使爲之?"左丞相宗賢對曰:[7]"太保實然。"熙宗不悦,遂出爲領行臺尚書省事。[8]過中京,與蕭裕定約而去。至良鄉,[9]召還。海陵莫測所以召還之意,大恐。既至,復爲平章政事,由是益危迫。

[1]都元帥:都元帥府長官。金太宗天會三年（1125）設都元帥府,掌征討之事。設都元帥一名,位在左右副元帥、元帥左右監軍、元帥左右都監之上。從一品。

[2]小底:按本書卷五六《百官志二》,殿前都點檢司下屬機構近侍局所屬奉御,舊名入寢殿小底;奉職,舊名不入寢殿小底,又名外帳小底。皆大定十二年（1172）更名。據本書卷四《熙宗紀》作"寢殿小底大興國",此時大興國當是入寢殿小底。　大興國:渤海人。本書卷一三二有傳。

[3]悼后:即熙宗悼平皇后。本書卷六三有傳。

[4]太保:三師之一。正一品。　領三省事:官名。屬於金初中央官制改革期間,由勃極烈制向三省制轉變過程中的過渡性官稱。原勃極烈以三師的身份出任領三省事,爲三省實際負責人。

[5]驩:同"歡"。

[6]學士:即翰林學士,翰林學士院屬官。掌制撰詞命,凡應奉文字,衘內帶知制誥。正三品。　張鈞:始事遼,爲鴻臚少卿、遼興軍節度掌書記,因張覺歸降來朝,除徽猷閣待制。後仕齊。齊廢後爲行臺禮部侍郎。關於張鈞之死,《桯史》卷一二記載:"宣大怒,亟召鈞至,詰其說,未及對,以手劍劈其口,棘而醢之。"與本書記載有異。《建炎以來繫年要錄》卷一五九記張鈞當時的官

職是翰林學士承旨，《桯史》則稱其爲當制學士。按本書《百官志》無當制學士，應是宋人對金國翰林學士承旨的俗稱。故張鈞的官職應以翰林學士承旨爲是。

　　[7]左丞相：即尚書左丞相。爲宰相，掌丞天子，平章萬機。從一品。　宗賢：女真人。本名賽里。本書卷七〇有傳。

　　[8]領行臺尚書省事：爲行臺尚書省負責人。

　　[9]良鄉：縣名。治所在今北京市房山區東南。

　　熙宗嘗以事杖左丞唐括辯及右丞相秉德，[1]辯乃與大理卿烏帶謀廢立，[2]而烏帶先以此謀告海陵。他日，海陵與辯語及廢立事，曰：“若舉大事，誰可立者？”辯曰：“昨王常勝乎？”[3]問其次，曰：“鄧王子阿懶。”[4]亮曰：“阿懶屬疏，安得立？”辯曰：“公豈有意邪？”海陵曰：“果不得已，捨我其誰！”於是旦夕相與密謀。護衛將軍特思疑之，[5]以告悼后曰：“辯等公餘每竊竊聚語，竊疑之。”后以告熙宗。熙宗怒，召辯謂曰：“爾與亮謀何事，將如我何？”杖之。亮因此忌常勝、阿懶，且惡特思。因河南兵士孫進自稱皇弟按察大王，[6]而熙宗之弟止有常勝、查剌，[7]海陵乘此構常勝、查剌、阿懶、達懶。[8]熙宗使特思鞫之，無狀。海陵曰：“特思鞫不以實。”遂俱殺之。

　　[1]唐括辯：女真人。本名斡骨剌。本書卷一三二有傳。　秉德：女真人。本名乙辛。本書卷一三二有傳。

　　[2]大理卿：大理寺長官。掌理斷天下奏案、詳讞疑獄。正四品。　烏帶：女真人。一名言，阿魯補之子。本書卷一三二有傳。《三朝北盟會編》卷二一六稱其官爲“太常大卿”，《建炎以來繫年

要録》卷一六〇則爲“太常卿”。皆誤。

　　[3]胙王：封爵名。天眷格，爲小國封號第二十三。　常勝：女真人。一名元，金熙宗之弟。本書卷六九有傳。

　　[4]鄧王：封爵名。天眷格，《大金集禮》爲次國封號第二十二，《金史·百官志》爲第二十。此指宗傑長子完顏爽。　阿懶：女真人。本書卷六九作“阿楞”，爲鄧王長子。據本書卷六九《太祖諸子傳》，此時官爲奉國上將軍。《三朝北盟會編》卷二一六作“阿术”。

　　[5]護衛將軍：按本書卷四作“左衛將軍”。此處所稱的護衛將軍應該是對殿前左、右衛將軍與殿前左、右衛副將軍的泛指。《三朝北盟會編》《建炎以來繫年要録》皆稱其爲廣威宿直將軍。特思：女真人。見於本卷及卷四、六九、八三、一三二。其官職亦作左衛將軍。曾密奏海陵等謀反之事。因海陵誣告其審胙王一案不實而被殺。《三朝北盟會編》卷二一六作“特賽”，《建炎以來繫年要録》卷一六〇作“塔斯”。

　　[6]孫進：本書僅此一見。

　　[7]查剌：女真人。金熙宗之弟。是時官爲安武軍節度使。

　　[8]達懶：女真人。本書卷六九作“撻楞”，卷五九作“撻懶”。《三朝北盟會編》卷二一六引《神麓記》，“鄧王子阿术、輔國兄弟二人”，則達懶死時官爲輔國上將軍。

　　護衛十人長僕散忽土舊受宗幹恩。[1]徒單阿里出虎與海陵姻家。[2]大興國給事寢殿，時時乘夜從主者取符鑰歸家，以爲常。興國嘗以李老僧屬海陵，[3]得爲尚書省令史，[4]故使老僧結興國爲内應，[5]而興國亦以被杖怨熙宗，遂與亮約。十二月丁巳，忽土、阿里出虎内直。是夜，興國取符鑰啟門納海陵、秉德、辯、烏帶、徒單貞、李老僧等，入至寢殿，遂弑熙宗。秉德等未有所

屬。忽土曰：“始者議立平章，今復何疑。”乃奉海陵
坐，皆拜，稱萬歲。詐以熙宗欲議立后，召大臣，遂殺
曹國王宗敏、[6]左丞相宗賢。是日，[7]以秉德爲左丞相兼
侍中、左副元帥，[8]辯爲右丞相兼中書令，[9]烏帶爲平章
政事，忽土爲左副點檢，[10]阿里出虎爲右副點檢，[11]貞
爲左衛將軍，[12]興國爲廣寧尹。[13]於是，自太師、領三
省事勗以下二十人進爵增職各有差。[14]

[1]護衛十人長：官名。本書《百官志》不載。當是護衛下層
首領。　僕散忽土：女真人。又名僕散師恭。本書卷一三二有傳。
《三朝北盟會編》稱其官爲護衛將軍。

[2]徒單阿里出虎：女真人。拔改之子。本書卷一三二有傳。

[3]李老僧：渤海人。本書卷一三二有傳。

[4]尚書省令史：尚書省左、右司辦事人員。爲無品級小官。
定員七十人，漢人、女真人各半。

[5]故使老僧結興國爲内應：據《三朝北盟會編》卷二一六引
《神麓記》，參與弒熙宗者還有尚廐局使高景山，《建炎以來繫年要
録》卷一六〇同。本書失載。

[6]曹國王：封爵名。天眷格，爲大國封號第二十。　宗敏：
女真人。本名阿魯補，金太祖子。本書卷六九有傳。據其本傳，宗
敏死前官爲太保，領三省事，兼左副元帥，領行臺尚書省事，《三
朝北盟會編》卷二一六引《神麓記》稱其爲右丞相，誤。據本書
卷七〇《宗賢傳》，宗賢死時官爲左丞相，兼都元帥，《建炎以來
繫年要録》卷一六〇稱宗敏爲都元帥，誤。《建炎以來繫年要録》
卷一六〇稱宗賢爲沂王。本書不載。

[7]是日：承上文，則是日指丁巳日，另據本書卷一三二《逆
臣傳》，秉德等人受封都是在海陵即位之後，則海陵即位當在丁巳
日，即弒熙宗當日。《三朝北盟會編》卷二一六則稱：“皇統九年

十二月二十日登位改元。"《建炎以來繫年要録》卷一六〇則記海陵於戊午日即位,即弑熙宗次日。《大金國志》卷一二《熙宗孝成皇帝》載,"薄曉,諸官成班,諸王與駙馬共立亮爲主。蕭玉仗劍,謂衆曰:'主上暴薨,岐王亮仁孝,可以治國,故立爲君。今岐王已升殿,汝等何不拜?'衆拜,亮遂即位",則海陵即位當如《建炎以來繫年要録》所云爲戊午,即皇統九年(1149)十二月十日。

[8]侍中:門下省長官。金初例由左丞相兼任,亦爲金之宰相。據本書卷五五《百官志一》,"天會四年,建尚書省,遂有三省之制",此官應始設於天會四年(1126)。正隆元年(1156)"罷中書、門下省",此官成爲宰相的加銜,故本書《百官志》不載。左副元帥:都元帥府屬官。金太宗天會三年(1125)設都元帥府,掌征討之事。設左副元帥一員,位僅次於都元帥,正二品。

[9]中書令:中書省長官。金初例由右丞相兼任,亦爲金之宰相。據本書卷五五《百官志一》,"天會四年,建尚書省,遂有三省之制",此官應設於天會四年。正隆元年,海陵"罷中書、門下省"後,此官成爲宰相的加銜,故本書《百官志》不載。

[10]左副點檢:即殿前左副都點檢。殿前都點檢司屬官,兼侍衛親軍副都指揮使。掌宮掖及行從宿衛。從三品。

[11]右副點檢:即殿前右副都點檢。殿前都點檢司屬官,兼侍衛親軍副都指揮使。掌宮掖及行從宿衛。從三品。

[12]貞:徒單貞,女真人。本名特思,亦作特厮。本書卷一三二有傳。 左衛將軍:即殿前左衛將軍。殿前都點檢司屬官。掌宮禁及行從警衛,總領護衛。

[13]廣寧尹:府官名。廣寧即廣寧府,金天輔七年(1127)升顯州置,治所在今遼寧省北寧市。尹即府尹,掌宣風導俗,肅清所部,總判府事,正三品。

[14]太師:三師之一。正一品。 昂:女真人。本名烏野,字勉道,金穆宗第五子。本書卷六六有傳。

　　己未，大赦。改皇統九年爲天德元年。[1]參知政事
蕭肄除名。[2]鎮南統軍孛極爲尚書左丞。[3]賜左丞相秉
德、右丞相辯、平章政事烏帶、廣寧尹興國、點檢忽
土、阿里出虎、左衛將軍貞、尚書省令史老僧、辯父刑
部尚書阿里等錢絹馬牛羊有差。[4]甲子，誓太祖廟，召
秉德、辯、烏帶、忽土、阿里出虎、興國六人賜誓
券。[5]丙寅，以燕京路都轉運使劉麟爲參知政事。[6]癸
酉，太傅、領三省事蕭仲恭，[7]尚書右丞稟罷。[8]以行臺
尚書左丞溫都思忠爲右丞。[9]乙亥，追謚皇考太師憲古
弘道文昭武烈章孝睿明皇帝，[10]廟號德宗，名其故居曰
興聖宮。宋、高麗、夏賀正旦使中道遣還。[11]

　　[1]天德：金海陵王年號（1149—1153）。此處改元繫於己未
日，即皇統九年（1149）十二月十一日。按《三朝北盟會編》卷
二一六爲“皇統九年十二月二十日登位改元”，並下引海陵詔書，
中有“可從皇統九年十二月十一日改爲天德元年”，可知改元一事
應在十二月二十日，但向前追溯，當以十二月十一日爲天德元年
之始。

　　[2]蕭肄：奚人。本書卷一二九有傳。

　　[3]鎮南統軍：官名。本書僅此一見。品秩不詳。　孛極：按
下文天德二年（1150）四月有“左丞宗義”爲平章政事。本書卷
七六：“宗義本名孛吉，斜也之第九子。天德間，爲平章政事。”卷
五九《宗室表》：“宗義，本名勃吉。平章政事。”此孛極應爲勃吉
的同音異譯，即宗義。宗義，女真人。本書卷七六有傳。

　　[4]刑部尚書：尚書刑部長官。正三品。掌律令、刑名、監戶、
官戶、配隸、功賞、捕亡等事。考之本書卷一三二《唐括辯傳》，
其父名重國，且爲彰德軍節度使，遷東平尹，未曾爲刑部尚書。又

本書卷一二〇《唐括德温傳》載，德温本名阿里，皇統七年"授殿前右副都點檢，天德初，改殿前左副都點檢，遷兵部尚書"，亦未曾爲刑部尚書。

[5]誓券：本書卷七七稱"貸死誓券"，卷三稱"券書"，卷七三稱"鐵券"。卷五八《百官志四》稱："以鐵爲之，狀如卷瓦。刻字畫欄，以金填之。外以御寶爲合，半留内府，以賞殊功。"

[6]燕京路都轉運使：燕京路都轉運司長官。掌稅賦錢穀，倉庫出納及度量之制。正三品。燕京，京路名。遼開泰元年（1012）建號燕京，金初因之。治所在今北京市。海陵貞元元年（1153）遷都於此，更名爲中都。　劉麟：劉豫之子。見本書卷七七。

[7]太傅：三師之一。正一品。　蕭仲恭：契丹人。本名术里者。見本書卷八二。

[8]尚書右丞：尚書省屬官。爲執政官，宰相之貳，佐治省事。正二品。　稟：女真人。即完顏稟。熙宗皇統九年（1149）自尚書左丞爲行臺平章政事。

[9]行臺尚書左丞：行臺尚書省屬官。位在領行臺尚書省事、行臺尚書省左右丞相、行臺尚書省平章政事之下。從二品。　温都思忠：女真人。即耨盌温都思忠，本名乙刺補，又作移刺保。本書卷八四有傳。

[10]太師：此處指宗幹，海陵生父。本書卷七六有傳。

[11]宋：指南宋（1127—1279）。　高麗：指王建建立的王氏高麗政權（918—1392）。　夏：指西夏（1038—1227）。

二年正月辛巳，以同知中京留守事蕭裕爲秘書監。[1]癸巳，尊嫡母徒單氏及母大氏皆爲皇太后。[2]名徒單氏宫曰永壽，大氏宫曰永寧。乙巳，以勵官守、務農時、慎刑罰、揚側陋、恤窮民、節財用、審才實七事詔中外。遣侍衛親軍步軍都指揮使完顏思恭等以廢立事報

諭宋、高麗、夏國。[3] 以左丞相兼左副元帥秉德領行臺
尚書省事。

[1]同知中京留守：中京留守司屬官，兼同知本府尹及本路兵
馬都總管。正四品。中京，京路名，治所在今内蒙古自治區寧城縣
西大明城。　秘書監：官名。秘書監長官。正三品。

[2]徒單氏：女真人。本書卷六三有傳。據施國祁《金史詳
校》，癸巳爲正月十五日，《大金集禮》繫此事於正月二十五日。

[3]侍衛親軍步軍都指揮使完顏思恭：按本書卷七〇《完顏思
敬傳》，皇統七年（1147），“入爲工部尚書，改殿前都點檢。無
何，爲吏部尚書。天德初，爲報諭宋國使……使還，拜尚書右丞”。
則其出使時的官職應爲吏部尚書。卷六〇《交聘表上》與此同爲
“侍衛親軍步軍都指揮使”，且本卷下文，本年七月“侍衛親軍步
軍都指揮使完顏思恭爲右丞”，似他未曾任過吏部尚書。未詳孰是。
又，下文正隆二年（1157）十一月，“以侍衛親軍副指揮使高助不
古等爲賀宋正旦使”，十二月“以侍衛親軍都指揮使紇石烈良弼爲
參知政事”。本書卷六〇《交聘表上》則爲“侍衛親軍馬步軍副都
指揮使高助不古”，卷八八《紇石烈良弼傳》則作“侍衛親軍馬步
軍都指揮使”，如此，則侍衛親軍馬步軍都指揮使爲侍衛親軍都指
揮使的全稱。卷五六《百官志二》，殿前都點檢例兼侍衛親軍都指
揮使，完顏思恭也曾爲都點檢一職，故其官職應爲侍衛親軍馬步軍
都指揮使，《建炎以來繫年要録》卷一六一即稱其爲“龍虎衛上將
軍侍衛親軍馬步軍都指揮使”，本卷兩處與《交聘表》皆漏一
“馬”字。侍衛親軍馬步軍都指揮使爲侍衛親軍司長官，始設於何
時不詳，例由殿前都點檢兼任。負責統領侍衛親軍，行從宿衛。正
隆五年罷侍衛親軍司，以所屬騎兵隸點檢司，步兵歸入宣徽院，本
官成爲殿前都點檢加銜。完顏思恭，女真人，本名撒改，又名思
敬，本書卷七〇有傳。

二月戊申朔，封子元壽爲崇王。[1]庚戌，降前帝爲東昏王。給天水郡公孫女二人月俸。[2]甲子，以兵部尚書完顏元宜等充賀宋生日使。[3]戊辰，群臣上尊號曰法天膺運睿武宣文大明聖孝皇帝，[4]詔中外。永壽、永寧兩太后父祖贈官有差。以右丞相唐括辯爲左丞相，平章政事烏帶爲右丞相。

[1]元壽：女真人。海陵王次子。見本書卷八二。　崇王：封爵名。天眷格，爲小國封號第七。按本書卷八二《海陵諸子傳》，"元壽，天德元年封崇王"，所記時間與此不同。

[2]天水郡公：即宋欽宗（1100—1156）。1127年爲金兵所俘，1128年金太宗封其爲重昏侯。熙宗加封爲天水郡公。

[3]以兵部尚書完顏元宜等充賀宋生日使：按《宋史》卷三〇《高宗紀七》，"三月庚辰，金遣完顏思恭等來報即位"，五月"甲午，金就遣完顏思恭等來賀天申節"。《建炎以來繫年要錄》卷一六一作："金國賀生辰使副侍衛馬步軍都指揮使完顏思恭、翰林直學士翟永固見於紫宸殿。"則此次是擬議而未成行，原因不詳。兵部尚書，爲尚書兵部長官，掌兵籍、軍器、城隍、鎮戍、廄牧、鋪驛、車輅、儀仗、郡邑圖志、險阻、障塞、遠方歸化等事。正三品。完顏元宜，契丹人。本名阿列，一名移特輦。本姓耶律，賜姓完顏。本書卷一三二有傳。

[4]睿武宣文：《大金集禮》卷一《天德貞元册禮》作"睿文宣武"。

三月丙戌，宋、高麗遣使賀即位。[1]以弟充爲司徒兼都元帥。[2]詔以天水郡王玉帶歸宋。

〔1〕宋、高麗：中華點校本認爲，按上文，本年正月乙巳“遣侍衞親軍步軍都指揮使完顏思恭等以廢立事報諭宋、高麗、夏國”。《宋史》卷三〇《高宗紀七》，是年三月丙戌，遣使“賀金主即位”，行程約兩月，進賀當在五月以後，此處“宋”字疑衍。施國祁《金史詳校》認爲，“三月丙戌宋高麗遣使賀即位”十二字當删。

〔2〕充：女真人。本名梧桐，宗幹第三子。本書卷七六有傳。司徒：三公之一。正一品。

四月戊午，殺太傅、領三省事宗本，[1]尚書左丞相唐括辯，[2]判大宗正府事宗美。[3]遣使殺領行臺尚書省事秉德，[4]東京留守宗懿，[5]北京留守卞及太宗子孫七十餘人，[6]周宋國王宗翰子孫三十餘人，[7]諸宗室五十餘人。辛酉，以尚書省譯史蕭玉爲禮部尚書，[8]秘書監蕭裕爲尚書左丞，司徒充領三省事、封王，都元帥如故，右丞相烏帶爲司空、左丞相兼侍中，[9]平章政事劉筈爲尚書右丞相兼中書令，[10]左丞宗義、右丞温都思忠爲平章政事，[11]參知政事劉麟爲尚書右丞，殿前左副點檢僕散忽土爲殿前都點檢。[12]

〔1〕宗本：女真人。本名阿魯，金太宗子。本書卷七六有傳。《建炎以來繫年要録》卷一六一稱宗本此時爲“晋國王”，據本書卷七六《宗固傳》，宗本於天會十五年（1137）受封爲原王，卷五九《宗室表》同。卷七六《宗本傳》，大定二年（1162）追贈爲潞王。所記不同。考之上文“自太師、領三省事勗以下二十人進爵增職各有差”，宗本由太保、領三省事進爲太傅、領三省事，爵位提高也應在此時。依皇統格，原王爲次國封號第十七，晋王爲大國封

號第十。

[2]尚書左丞相唐括辯：《建炎以來繫年要録》卷一六一稱唐括辯此時官爲“尚書左丞相兼中書令”，誤。金初例以右丞相兼中書令，左丞相兼侍中。考之本書上文與卷一三二本傳，唐括辯在海陵即位後官爲尚書右丞相兼中書令，天德二年（1150）二月升爲左丞相，此時官職應爲左丞相兼侍中。《建炎以來繫年要録》卷一六一稱唐括辯此時爲“越國王”，本書不載。

[3]判大宗正事：大宗正府長官。以皇族中屬親者充。掌敦睦親族，欽奉王命。泰和六年（1206）改爲判大睦親事。從一品。宗美：女真人。本名胡里甲，金太宗之子，熙宗時受封爲豐王，大定二年追贈衛王。《建炎以來繫年要録》卷一六一稱“判大宗正事衛王宗義”，誤。考之本書，宗義爲斜也之子，未封王，僅在大定時贈特進。

[4]領行臺尚書省事秉德：《建炎以來繫年要録》卷一六一稱秉德此時爲“楚國王”，本書卷一三二《秉德傳》則稱“蕭王”。

[5]東京留守：東京留守司長官，例兼本府尹與本路兵馬都總管。正三品。東京，京路名，治所在今遼寧省遼陽市。　宗懿：女真人。本名阿鄰，金太宗之子。熙宗時受封爲薛王，大定時追贈鄭王。

[6]北京留守：北京留守司長官，例兼本府尹與本路兵馬都總管。正三品。北京，京路名，即原中京大定府，貞元元年（1153）改爲北京，治所在今内蒙古自治區寧城縣西大明城。　卞：女真人。本名可喜，金太宗之孫。

[7]周宋國王：封爵名。皇統格，周爲大國封號第四，宋爲大國封號第八。　宗翰：女真人。本名粘罕，宋人又稱宗維。國相撒改之長子。本書卷七四有傳。

[8]尚書省譯史：尚書省辦事人員。按本書卷七六《蕭玉傳》“自尚書省令史爲禮部尚書”。與此稱譯史不同。　蕭玉：奚人。見本書卷七六。　禮部尚書：禮部長官。掌禮樂、祭祀、燕享、學

校、貢舉、儀式、制度、符印、表疏、圖書、冊命、祥瑞、天文、漏刻、國忌、廟諱、醫卜、釋道、四方使客、諸國進貢等事。正三品。

［9］司空：三公之一。正一品。

［10］劉筈（kuò）：劉彥宗之子。本書卷七八有傳。

［11］宗義：女真人。本名孛吉，斜也第九子。本書卷七六有傳。

［12］殿前都點檢：殿前都點檢司長官，兼侍衛親軍都指揮使。掌行從宿衛，關防門禁，督攝隊仗，總判司事。正三品。

五月戊子，以平章行臺尚書省事、右副元帥大㚖爲行臺尚書右丞相，[1]元帥如故。壬辰，以左副元帥撒离喝爲行臺尚書左丞相，[2]元帥如故。同判大宗正事宗安爲御史大夫。[3]

［1］平章行臺尚書省事：行臺尚書省屬官。又作行臺平章政事、平章行臺事。位在領行臺尚書省事、行臺左右丞相之下。正二品。右副元帥：都元帥府屬官。位次於都元帥、左副元帥。正二品。大㚖（zé）：渤海人。本名撻不野。本書卷八〇有傳。㚖，據《說文》："古文以爲澤字。"　行臺尚書右丞相：行臺尚書省屬官。位在領行臺尚書省事、行臺左丞相之下。正二品。

［2］撒离喝：女真人。一名杲，安帝六代孫。本書卷八四有傳。行臺尚書左丞相：行臺尚書省屬官。位僅次於領行臺尚書省事。正二品。

［3］宗安：女真人。杲之子。見本書卷七六、八四。　御史大夫：御史臺屬官。掌糾察朝儀、彈劾官邪、勘鞫官府公事，審斷所屬部門理斷不當引起上訴的案件。正三品。大定十二年（1172）升爲從二品。

六月丙午朔，高麗遣使賀即位。[1]甲子，太廟初設四神門及四隅罘罳。[2]

[1]高麗賀即位：按高麗賀即位已見上文三月中，本書卷六〇《交聘表上》同，此處重出。又，《宋史》卷三〇《高宗紀七》，是年三月丙戌，遣使"賀金主即位"，行程約兩月，進賀當在五月。中華點校本校勘記疑此"高麗"爲"宋國"之誤。施國祁《金史詳校》認爲，高麗前當加"宋"字。

[2]罘（fú）罳（sī）：古代宮門上的屏，也指一般的門屏，漢代稱罘罳，後又叫照壁。

七月己丑，司空、左丞相兼侍中烏帶罷。以平章政事溫都思忠爲左丞相，[1]尚書左丞蕭裕爲平章政事，右丞劉麟爲左丞，侍衛親軍步軍都指揮使完顏思恭爲右丞。參知政事張浩丁憂，[2]起復如故。戊戌，夏國遣使賀即位及受尊號。

[1]左丞相：本書卷八四《耨盌溫敦思忠傳》爲"進拜左丞相兼侍中"。

[2]張浩：渤海人。本書卷八三有傳。

八月戊申，以司徒充爲太尉，[1]領三省事、都元帥如故。以禮部尚書蕭玉爲參知政事。

[1]太尉：三公之一。正一品。

九月甲午，立惠妃徒單氏爲皇后。[1]

[1]惠妃徒單氏：女眞人。本書卷六三有傳。

十月癸卯，太師、領三省事勗致仕。辛未，殺太皇太妃蕭氏及其子任王偎喝。[1]使使殺行臺左丞相、左副元帥撒離喝于汴，[2]并殺平章政事宗義、前工部尚書謀里野、御史大夫宗安，[3]皆夷其族。以魏王斡帶之孫活里甲好修飾，[4]亦族之。

[1]蕭氏：即金太祖崇妃蕭氏。見本書卷六三。　任王：封爵名。天眷格，爲小國封號第二十四。　偎喝：女眞人。金太祖之子。不見於本書《宗室表》，事迹不詳。

[2]汴：即汴京。原爲北宋都城。治所在今河南省開封市。

[3]工部尚書：工部長官。掌修造營建法式、諸作工匠、屯田、山林川澤之禁、江河堤岸、道路橋樑等事。正三品。　謀里野：女眞人。謾都訶之子，金景祖孫。因誣謀反被殺。

[4]魏王：封爵名。天眷格，爲大國封號第九。　斡帶：女眞人。金太祖弟。見本書卷六五。　活里甲：女眞人。參見本書卷七六《宗義傳》。

十一月癸未，尚書右丞相劉筈罷。以會寧牧徒單恭爲平章政事。[1]尚書左丞劉麟、右丞完顏思恭罷。以參知政事張浩爲尚書右丞。乙酉，以行臺尚書左丞張通古爲尚書左丞。[2]丙戌，白虹貫日。丁亥，以太后旨稱令旨。戊子，以十二事戒約官吏。[3]己丑，命庶官許求次室二人，百姓亦許置妾。

[1]會寧牧：府官名。會寧即會寧府，治所在今黑龍江省阿城市白城。牧爲京府長官，職同府尹，正三品。　徒單恭：女真人。本名斜也。本書卷一二〇有傳。

[2]張通古：本書卷八三有傳。

[3]以十二事戒約官吏：即"禁外官任所閑雜人條約"。事詳本書卷一二〇《裴滿達傳》。

十二月癸卯朔，詔去群臣所上尊號。丙午，初定襲封衍聖公俸格。命外官去所屬百里外者不許參謁，百里内者往還不得過三日。癸丑，立太祖射碑于紇石烈部中，[1]上及皇后致奠于碑下。甲寅，野人來獻異香，却之。乙卯，有司奏慶雲見，上曰："朕何德以當此。自今瑞應毋得上聞，若有妖異，當以諭朕，使自警焉。"己未，罷行臺尚書省。[2]改都元帥府爲樞密院。[3]詔改定繼絶法。以右副元帥大㚖爲尚書右丞相兼中書令，參知行臺尚書省事張中孚爲參知政事，[4]都元帥充爲樞密使，[5]太尉、領三省事如故，元帥左監軍昂爲樞密副使，[6]刑部尚書趙資福爲御史大夫。[7]

[1]紇石烈部：女真部族名。居住地不在一處。此爲活离罕所領之紇石烈部。另，本書卷二《太祖紀》："天德三年立射碑以識焉。"時間與此異。

[2]行臺尚書省：官署名。管理原僞齊統治區。天眷元年（1138）以河南地與宋，改燕京樞密院爲行臺尚書省。天眷三年復移置於汴京。行臺尚書省各官品級較尚書省相應各官品級低一級。

[3]都元帥府：官署名。金太宗天會三年（1125）設都元帥

府，掌征討之事。設都元帥一員，從一品；左、右副元帥各一員，正二品；元帥左、右監軍各一員，正三品；元帥左右都監各一名，從三品。　樞密院：官署名。掌武備機密之事。長官爲樞密使，從一品。下設樞密副使，從二品；簽書樞密院事，正三品；同簽樞密院事，正四品。

[4]參知行臺尚書省事：行臺尚書省屬官。位在領行臺尚書省事、行臺尚書省左右丞相、平章行臺尚書省事、行臺左右丞之下。掌佐治省事。正三品。　張中孚：本書卷七九有傳。

[5]樞密使：樞密院長官。掌武備機密之事。從一品。

[6]元帥左監軍：都元帥府屬官。位在都元帥、左右副元帥之下。正三品。　昂：女真人。本名奔睹。本書卷八四有傳。　樞密副使：樞密院屬官。協助樞密使掌武備機密之事。從二品。

[7]趙資福：本書僅見此處與本書卷七六。

　　三年正月癸酉朔，宋、夏、高麗遣使來賀。乙亥，參知政事蕭玉丁憂，起復如故。癸未，立春，觀擊土牛。丁亥，初造燈山于宮中。戊子，生辰，宋、高麗、夏遣使來賀。甲午，初置國子監。[1]謂御史大夫趙資福曰：“汝等多徇私情，未聞有所彈劾，朕甚不取。自今百官有不法者，必當舉劾，無憚權貴。”乙未，上出獵，宰相以下辭於近郊。上駐馬戒之曰：“朕不惜高爵厚禄以任汝等，比聞事多留滯，豈汝等苟圖自安不以民事爲念耶？自今朕將察其勤惰，以爲賞罰，其各勉之。”丁酉，白虹貫日。

[1]國子監：官署名。下設國子學、太學。爲國家最高學府。國子監長官名祭酒，正四品。

二月丁巳，還宮。三月庚寅，以翰林學士劉長言等爲宋生日使。[1]壬辰，詔廣燕城，建宮室。己亥，謂侍臣曰："昨太子生日，皇后獻朕一物，大是珍異，卿試觀之。"即出諸絳囊中，乃田家稼穡圖。"后意太子生深宮之中，不知民間稼穡之艱難，故以爲獻，朕甚賢之。"

[1]翰林學士：翰林學士院屬官。掌制撰詞命，凡應奉文字，銜内帶知制誥。正三品。　劉長言：曾爲汝州郟城酒監，後仕至横海軍節度使、尚書右丞。《建炎以來繫年要録》卷一六二稱其時官爲"翰林學士崇政大夫知制誥兼太子少詹事"。

四月丙午，詔遷都燕京。辛酉，有司圖上燕城宮室制度，營建陰陽五姓所宜。海陵曰："國家吉凶，在德不在地。使桀、紂居之，[1]雖卜善地何益。使堯、舜居之，[2]何用卜爲。"丙寅，罷歲貢鷹隼。沂州男子吴真犯法，[3]當死，有司以其母老疾無侍爲請，命官與養濟，著爲令。

[1]桀：夏朝最後的君主，見《史記》卷二《夏本紀》。　紂：商朝最後的君主。見《史記》卷三《殷本紀》。
[2]堯、舜：皆爲五帝之一。見《史記》卷一《五帝本紀》。
[3]沂州：治所在今山東省臨沂市。　吴真：本書僅此一見。

閏月辛未朔，命尚書右丞張浩調選燕京，仍諭浩無私徇。丙子，命太官常膳惟進魚肉，舊貢鵝鴨等悉罷之。丁丑，罷皇統間苑中所養禽獸。歸德軍節度使阿魯補以撤官舍材木構私第，[1]賜死。戊戌，詔朝官稱疾不

治事者，尚書省令監察御史與太醫同診視，[2]無實者
坐之。

[1]歸德軍節度使：州官名。節度州長官。掌鎮撫諸軍防刺，
總判本鎮兵馬之事，兼本州管内觀察使。從三品。歸德軍設在來
州。來州爲遼聖宗時置，治所在今遼寧省綏中縣西南前衛鎮。金海
陵天德三年（1151）改名爲宗州，金泰和六年（1206）避睿宗諱，
又更名爲瑞州。　阿魯補：女真人。見本書卷六八。

[2]尚書省：官署名。爲金最高政務機關。下屬機構有吏、户、
禮、兵、刑、工六部及左、右司。長官爲尚書令，正一品。　監察
御史：御史臺屬官。掌糾察内外非違，刷磨諸司察帳並監祭禮及出
使之事。定員十二人，正七品。

　五月壬子，以戒勅宰相以下官詔中外。戊辰，宰臣
請益嬪御以廣嗣續。上命徒單貞語宰臣，前所誅黨人諸
婦人中多朕中表親，欲納之宮中。平章政事蕭裕不可，
上不從。遂納宗本子莎魯啜，[1]宗固子胡里剌、胡失
打，[2]秉德弟乣里等妻宮中。[3]

[1]莎魯啜：女真人。本書卷六三作“莎魯剌”。本書卷五九
《宗室表》失載。　宗固：女真人。本名胡魯。金太宗之子。本書
卷七六有傳。

[2]胡里剌：女真人。卷五九《宗室表》失載。　胡失打：按
本書卷六三《海陵諸嬖傳》作“胡失來”，卷七六《宗本傳》作
“京，宗固子，本名胡石賚”。“胡失打”“胡失來”“胡石賚”應爲
一人，其漢名爲京。

[3]乣里：女真人。其妻高氏，見於本書卷六三《海陵諸嬖
傳》。乣，音 jiǔ，或云音 zhā，錢大昕《十駕齋養新録》：“字書無

厾字，始見於《遼史·百官志》。"

六月丙子，殺太府監完顏馮六。[1]宋遣使祈請山陵，不許。

[1]太府監：官名。太府監長官。掌出納邦國財用錢穀之事。正四品。　完顏馮六：女真人。見本書卷七六《宗本傳》。

九月庚戌，賜燕京役夫帛，人一匹。以東京路兵馬都總管府判官蕭子敏爲高麗生日使，[1]修起居注蕭彭哥爲夏國生日使。[2]

[1]東京路兵馬都總管府判官：本書卷五七《百官志二》作"都總管判官"，爲東京留守司屬官。掌紀綱總府衆務，分判兵案之事。從五品。東京路，京路名，治所在今遼寧省遼陽市。　蕭子敏：僅見於此及本書卷六〇。
[2]修起居注：官名，屬記注院。負責記録皇帝的言行。例由左右司首領官兼。　蕭彭哥：僅見於此與本書卷六〇。

十月己巳，殺蘭子山猛安蕭拱。[1]以右副點檢不术魯阿海等爲宋正旦使。[2]

[1]蘭子山猛安：北京路契丹猛安。張博泉認爲在松山縣附近，松山縣在今內蒙古自治區赤峰市西境距城關區四十五里大營子東二十公里古城。　蕭拱：契丹人。本名迪輦阿不，蕭仲恭之子。見本書卷八二。
[2]不术魯阿海：女真人。字术魯定方，本名阿海。見本書卷八六。《宋史》卷三〇《高宗紀七》作"兀术魯定方"。《建炎以來

繫年要録》卷一六二作"驃騎大將軍殿前右副都點檢烏珠魯定方"。

十一月癸亥，詔罷世襲萬戶官，[1]前後賜姓人各復本姓。

[1]罷世襲萬戶官：萬戶爲官名。金太祖時，對"材堪統衆"的軍官授以萬戶官職，統領猛安、謀克，隸於都統、軍帥，子孫世襲。按，海陵罷世襲萬戶，一是罷萬戶世襲，二是世襲萬戶改設節度使，而一般軍事作戰萬戶並未取消。

十二月戊辰，杖壽寧縣主徐輦。[1]癸酉，獵于近郊。乙酉，還宮。是歲，子崇王元壽薨。

[1]壽寧縣主：封爵名。　徐輦：人名。本書卷六三作"什古"，爲宋王宗望之女。

四年正月丁酉朔，宋、高麗、夏遣使來賀。群臣請立皇太子，[1]從之。戊戌，初定東宮官屬。立捕盜賞格。癸卯，太白經天。壬子，生辰，宋、高麗、夏遣使來賀。癸亥，朝謁世祖、太祖、太宗、德宗陵。[2]甲子，還宮。

[1]群臣請立皇太子：此事承上文，繫於天德四年（1152）正月丁酉朔。《大金集禮》卷八："天德四年正月九日，詔立儲嗣，合行典禮。令有司條具以聞。稟定：正月二十七日，告天地宗廟；

二月二日，受册；三日，謝宗廟。""二月五日，以册禮畢，詔諭天下。"本書下文有"二月丁卯，立子光英爲皇太子，庚午，詔中外"。據錢大昕《宋遼金元四史朔閏考》，是年二月丙寅朔，二月二日爲丁卯，二月五日爲庚午。則此處的記事當以《大金集禮》爲確，繫正月九日事。正月丁酉朔，九日爲乙巳。

[2]世祖：廟號。女真人，名劾里鉢。見本書卷一《世紀》。太宗：廟號。女真人。本名完顏吳乞買，漢名晟。1123年至1135年在位。 德宗：廟號。海陵即位後，追尊其父宗幹爲帝，廟號德宗。本書卷七六有傳。

二月丁卯，立子光英爲皇太子，[1]庚午，詔中外。甲戌，如燕京。昭義軍節度使蕭仲宣家奴告其主怨謗。[2]上曰："仲宣之姪迪輦阿不近以誹謗誅，故敢妄愬。"命殺告者。迪輦阿不者，蕭拱也。戊子，次泰州。[3]

[1]光英：女真人。本名阿魯補，又名趙六。本書卷八二有傳。

[2]昭義軍節度使：州官名。爲節度州長官。從三品。昭義軍，軍鎮名。《大金國志》卷三八稱潞州昭義軍。而本書卷二六《地理志下》潞州："宋隆德府上黨郡昭德軍節度使。"《宋史》卷八六《地理志二》："隆德府，大都督府，上黨郡，昭義軍節度。太平興國初，改昭德……崇寧三年，升爲府，仍還昭德舊節。"似此時應稱昭德。潞州，州名，治所在今山西省長治市。 蕭仲宣：契丹人。本名野里補，蕭仲恭之弟。見本書卷八二。

[3]泰州：金初爲泰州路，置都統。初隸上京，後改隸北京。海陵正隆間置德昌軍，大定二十五年（1185）罷。治所在今吉林省洮南市東北雙塔鄉城四家子舊城址。一說在今黑龍江省泰來縣塔子城。金承安三年（1198）移治長春縣（今吉林省前郭爾羅斯蒙古族

自治縣西北塔虎村）。

三月丙申朔，以刑部尚書田秀穎等爲宋生日使。[1]

[1]田秀穎：僅見於此及卷六〇。《建炎以來繫年要録》卷一
六三記其出使時官職爲“宣奉大夫刑部尚書行大理卿”。

四月丙寅朔，有司請今歲河南北選人並赴中京銓
注，從之。壬辰，上自泰州如涼陘。[1]

[1]涼陘：地名。涼陘有二，一在黑河（今查幹木倫河上源），
《契丹國志》稱其地爲冷陘；另一在今河北省沽源縣西南閃電河上
源處。此涼陘似指前者。

五月丁酉，獵于立列只山。[1]甲寅，賜獵士人一羊。
乙卯，次臨潢府。[2]丁巳，太白經天。

[1]立列只山：《〈中國歷史地圖集〉釋文匯編·東北卷》置此
山於今查幹木倫河與烏里吉木倫河之間，“在今内蒙古巴林左旗西
北，接西烏珠穆沁旗界”（魏嵩山《中國歷史地名大辭典》，廣東
教育出版社 1995 年版）。一説即今内蒙古自治區巴林左旗北之小罕
山（史爲樂《中國歷史地名大辭典》，中國社會科學出版社 2005 年
版，第 822 頁）。
[2]臨潢府：治所在今内蒙古自治區巴林左旗林東鎮遼上京
舊址。

六月甲子朔，駐綿山。[1]戊寅，權楚底部猛安那野

伏誅。[2]

[1]綿山：《遼史》有緬山，爲遼帝清暑之地，聖宗改爲永安山，在慶州北，疑即此綿山。

[2]權楚底部猛安：楚底部猛安之長。從四品。楚底部所在地不詳。代理、攝守之官稱"權"。　那野：本書僅此一見。

七月癸卯，命崇義軍節度使烏帶之妻唐括定哥殺其夫而納之。[1]

[1]崇義軍節度使：州官名。爲節度州長官。從三品。崇義軍設在義州，治所在今遼寧省義縣。　唐括定哥：女真人。見本書卷六三《海陵諸嬖傳》。

八月癸亥朔，獵于途你山。[1]甲戌，以侍御史保魯鞫事不實，[2]杖之。丙子，次于鐸瓦。[3]

[1]途你山：亦見於本書卷一二九《佞幸傳》，"你"，他本或作"仐"，古"爾"字。疑即圖爾山，在慶州北。

[2]侍御史：御史臺屬官。掌奏事、判臺事。從五品。　保魯：僅見於此及本書卷一二〇。

[3]鐸瓦：地名。待考。

九月甲午，次中京。丙午，尚書右丞相大臬罷。殺太府少監劉景。[1]以都水使者完顏麻潑爲高麗生日使，[2]吏部郎中蕭中立爲夏國生日使。[3]

　　[1]太府少監：太府監屬官。掌出納邦國財用錢穀之事。從五品。　劉景：僅見於此及本書卷七六。

　　[2]都水使者：本書《百官志》不載。此外還見於卷七二《海里傳》，"再遷廣威將軍，除都水使者。改西北路招討都監"，《沃側傳》，"除迪列部族節度使，改迭剌部。用廉人爲都水使者，秩滿，同知燕京留守事"，卷七五《盧彦倫傳》，"天眷初，行少府監兼都水使者，充提點京城大內所，改利涉軍節度使"，可能爲從三品官。待考。　完顏麻瀋：後爲烏古敵烈招討使。見於本書卷五、六○、一三三。

　　[3]吏部郎中：吏部屬官。協助吏部尚書掌文武選授、勳封、考課、出給制誥等事。從五品。　蕭中立：正隆元年（1156）以大理卿爲賀宋生日使。

　　十月壬戌朔，使使奉遷太廟神主。御史大夫趙資福罷。甲申，以太子詹事張用直等爲賀宋正旦使。[1]殺太祖長公主兀魯，[2]杖罷其夫平章政事徒單恭，封其侍婢忽撻爲國夫人。[3]恭之兄定哥初尚兀魯，[4]定哥死，恭强納焉，而不相能，又與侍婢忽撻不協。忽撻得幸于后，遂譖于上，故見殺，而并罷恭。

　　[1]太子詹事：即詹事院太子詹事。掌總統東宮內外庶務。從三品。　張用直：本書卷一○五有傳。《宋史》卷三○《高宗紀七》、《建炎以來繫年要錄》卷一六三作"張利用"。

　　[2]兀魯：女真人。金太祖長女。參見本書卷一二○《徒單恭傳》、卷七七《完顏亨傳》。

　　[3]忽撻：僅見於此及本書卷七七、一二○。

　　[4]定哥：女真人。姓徒單。僅見於此及本書卷一二○。

十一月戊戌，以咸平尹李德固爲平章政事。[1]辛丑，買珠于烏古迪烈部及蒲與路，[2]禁百姓私相貿易，仍調兩路民夫，採珠一年。戊申，以前平章政事徒單恭爲司徒。

[1]咸平尹：府官名。咸平即咸平府。天德二年（1150）升咸州置。治所在今遼寧省開原市北老城鎮。尹即府尹。正三品。　李德固：熙宗時自參知政事升爲尚書右丞，海陵時升爲平章政事，又進爲司空。曾領有漢軍猛安。死於海陵王貞元元年（1153）。

[2]烏古敵烈部：指烏古敵烈統軍司，治所設在今黑龍江省雅魯河與綽爾河流域。　蒲與路：治所在今黑龍江省克東縣金城鄉舊城址。

十二月甲子，斬妄人敲仙于中京市。[1]辛未，以汴京路都轉運使左瀛等爲賀宋正旦使。[2]庚寅，太尉、領三省事、樞密使充薨。

[1]敲仙：亦見於本書卷七四《完顏文傳》："左淵爲中京轉運使，市中有穢術敲仙者，文與淵皆與之游。海陵還中京，聞，召敲仙詰問，窮竟本末。既而殺之于市，責讓文、淵。"

[2]汴京路都轉運使：汴京路都轉運司長官。掌賦稅錢穀，倉庫出納及度量之制。正三品。汴京，京路名，治所在今河南省開封市，貞元元年（1153）更爲南京路。　左瀛：左企弓次子。見於本書卷五、六〇、七五、八二。按，是年兩遣賀宋正旦使。據本書卷六〇《交聘表上》與卷一〇五《張用直傳》，是因爲張用直卒於途而繼遣左瀛。《宋史》卷三〇《高宗紀七》、《建炎以來繫年要錄》卷一六三稱張利用，誤。

貞元元年正月辛卯朔，[1]上不視朝。詔有司受宋、高麗、夏、回紇貢獻。[2]丙午，生辰，宋、高麗、夏遣使來賀。以中京留守高楨爲御史大夫。[3]

[1]貞元：金海陵王年號（1153—1155）。

[2]回紇：中國古族名。北魏時，東部鐵勒的袁紇部游牧於鄂爾渾河與色楞格河流域，隋稱韋紇，隋大業元年（605）與僕固、同羅、拔野古等成立聯盟，總稱回紇。唐貞元四年（788）改稱回鶻。唐開成五年（840）以後，分成三支西遷：一支遷至吐魯番盆地，稱高昌回鶻或西州回鶻；一支遷至蔥嶺西楚河一帶，即蔥嶺西回鶻；一支遷至河西走廊，稱河西回鶻。

[3]高楨：渤海人。見本書卷八四。

二月庚申，[1]上自中京如燕京。

[1]二月庚申：施國祁《金史詳校》卷一認爲，"庚申"下當加"朔"字。

三月辛亥，上至燕京，初備法駕。[1]甲寅，親選良家子百三十餘人充後宮。乙卯，以遷都詔中外。改元貞元。改燕京爲中都，府曰大興，[2]汴京爲南京，中京爲北京。丙辰，以司徒徒單恭爲太保、領三省事，平章政事蕭裕爲右丞相兼中書令，[3]右丞張浩、左丞張通古爲平章政事，參知政事張中孚爲左丞，蕭玉爲右丞，平章政事李德固爲司空，左宣徽使劉萼爲參知政事，[4]樞密副使昂爲樞密使，工部尚書僕散師恭爲樞密副使。

　　[1]初備法駕：按本書卷四一《儀衛志上》："天眷三年，熙宗幸燕，始備法駕，凡用士卒萬四千五十六人，攝官在外。海陵遷都于燕，用黃麾仗萬三百四十八人。"則海陵是時不過是對法駕作過一些改動，而不是"初備法駕"。另據《建炎以來繫年要録》卷一六四："亮又定車蓋之式，后妃車飾以金，三品以上飾以銀。自后妃至五品皆朱輪，六品以下黑緑而已。舊親王宰執用紫蓋，亮始削之。惟太子用紅，諸妃用紫。三品以上用青，皆以羅；四品、五品用青，皆以絹。餘不得用。"且注中説："此事必非一年所爲，今且因建都附見。"則本書此處或指海陵此舉。

　　[2]大興：按元好問《續夷堅志》卷三"永安錢"條："海陵天德初（當作貞元），卜宅於燕，建號中都，易析津府爲大興。始營造時，得古錢地中，文曰'永安一千'，朝議以爲瑞，乃取長安例，地名永安。改東平中都縣曰汶陽，河南永安曰芝田，中都永安坊曰長寧。"本書卷七《世宗紀》，大定十三年（1173）三月乙卯，有世宗謂宰臣"自海陵遷都永安"句，考之本書卷二五《地理志中》，南京路河南府"芝田，宋名永安，貞元元年更"。山東西路東平府"汶上，本名中都，貞元元年更爲汶陽"。皆與《續夷堅志》所記相合，知析津府在貞元元年（1153）時曾名永安府。又據本書二四《地理志上》中都路大興府"大興，倚。遼名析津，貞元二年更今名"。則貞元元年析津府更名爲永安府，至貞元二年即改爲大興府。

　　[3]平章政事蕭裕爲右丞相兼中書令：據《建炎以來繫年要録》卷一六四："亮至燕，以平章政事郜王蕭裕有參畫之功，拜裕尚書右丞相兼中書令。"本書失載。但其稱蕭裕爲郜王，不知何據。

　　[4]左宣徽使：宣徽院長官。掌朝會燕享，殿庭禮儀及監知御膳。正三品。　劉萼（è）：劉彦宗少子。見本書卷七八。萼，"蕚"的異體字。

四月辛酉，以右宣徽使紇石烈撒合輦等爲宋賀生日使。[1]辛未，特封唐括定哥爲貴妃。[2]戊寅，皇太后大氏崩。

[1]右宣徽使：宣徽院長官。掌朝會燕享，殿庭禮儀及監知御膳。正三品。　紇石烈撒合輦：女真人。又名紇石烈志寧。本書卷八七有傳。按，《宋史》卷三一《高宗紀八》作紇石烈大雅，《建炎以來繫年要錄》卷一六四作赫舍哩大雅，此名不見於《金史》。《建炎以來繫年要錄》卷一六四稱其出使時官職爲“中奉大夫秘書監兼右諫議大夫”，與此不同。

[2]貴妃：內命婦稱號。位僅次於元妃，在淑妃、德妃、賢妃之上。正一品。

五月辛卯，殺弟西京留守蒲家。[1]西京兵馬完顏謨盧瓦、編修官圓福奴、通進字迭坐與蒲家善，[2]并殺之。乙卯，以京城隙地賜朝官及衛士。

[1]西京留守：西京留守司長官，例兼本府府尹、本路兵馬都總管。正三品。西京，京路名。遼重熙十三年（1044）升雲州爲大同府，建號西京，金沿之。治所在今山西省大同市。　蒲家：女真人。又名蒲甲，漢名衮，宗幹幼子。本書卷七六有傳。

[2]西京兵馬：應是西京兵馬都總管的省稱。本書卷五七《百官志三》諸京留守司，“同知留守事一員，正四品，帶同本府尹兼本路兵馬都總管”，此處應是指此官。施國祁《金史詳校》卷一認爲，當於“兵馬”下加“都監”二字。　完顏謨盧瓦：僅見於此及卷七六。　編修官：國史院屬官。正八品。　圓福奴：僅見於此及卷七六。　通進：即御院通進，爲宣徽院下屬機構閤門屬官。掌諸進獻禮物及薦享編次位序。定員四人，從七品。　字迭：本書有

七人同名孛迭，此人僅此一見。本書卷七六記此事時未提及此人，事迹不詳。

六月乙丑，以安國軍節度使耶律恕爲參知政事。[1]

[1]安國軍節度使：州官名。節度州長官。從三品。安國軍設在邢州。治所在今河北省邢臺市。　耶律恕：契丹人。字忠厚，本名耨里。本書卷八二有傳。

七月戊子朔，元賜朝官京城隙地，徵錢有差。

八月壬戌，司空李德固薨。禁中都路捕射麆兔。[1]戊寅，賜營建宮室工匠及役夫帛。

[1]中都路：遼會同元年（938）爲西京，府曰幽都。開泰元年（1012）號燕京，更爲析津府。海陵貞元元年（1153）從上京會寧府遷都至此，改爲中都，治所在今北京市。此後成爲金朝的政治、經濟、文化中心。

九月丁亥朔，以翰林待制謀良虎爲夏國生日使，[1]吏部郎中宨合山爲高麗生日使。[2]

[1]翰林待制：翰林學士院屬官。分掌詞命文字，分判院事，銜內帶同知制誥。不限員，正五品。　謀良虎：僅見於此及本書卷六〇。

[2]吏部郎中：尚書吏部屬官。協助吏部尚書掌文武選授、勳封、考課、出給制誥等事。從五品。　宨（wā）合山：僅見於此及本書卷六〇。

十月丁巳，獵于良鄉。封料石岡神爲靈應王。[1]初，海陵嘗過此祠，持杯校禱曰：[2]"使吾有天命，當得吉卜。"投之，吉。又禱曰："果如所卜，他日當有報，否則毀爾祠宇。"投之，又吉，故封之。戊午，還宮。壬戌，有司言，太后園陵未畢，合停冬享及祫祭，[3]從之。丙子，命內外官聞大功以上喪，止給當日假，若父母喪，聽給假三日，著爲令。

[1]料石岡：山名，即遼石岡。在今北京市房山區良鄉鎮東。

[2]杯校：施國祁《金史詳校》卷一認爲，當作"杯珓"。

[3]祫（xiá）：集合遠近祖先神主於太廟大合祭，三年舉行一次。

十一月丙戌朔，定州獻嘉禾，[1]詔自今不得復進。己丑，瑤池殿成。丙申，以戶部尚書蔡松年等爲賀宋正旦使。[2]戊戌，左丞相耨盌溫都思忠致仕。[3]庚戌，以樞密使昂爲左丞相，樞密副使僕散師恭爲樞密使。

[1]定州：原宋中山府。金天會七年（1129）降爲州，屬河北西路。治所在今河北省定州市。

[2]戶部尚書：尚書戶部長官。掌戶口、錢糧、土地的政令及貢賦出納、金幣轉通、府庫收藏等事。正三品。　蔡松年：本書卷一二五有傳。《建炎以來繫年要錄》卷一六五稱其出使時官職爲宣奉大夫尚書左丞假戶部尚書。考之《金史》卷一二五《蔡松年傳》，"天德初，擢吏部侍郎，俄遷戶部尚書"，則此時蔡松年正是官爲戶部尚書，非借官出使。"以松年爲賀宋正旦使。使還，改吏部尚書，尋拜參知政事。是年，自崇德大夫進銀青光祿大夫，遷尚

書右丞，未幾，爲左丞"，則蔡松年之爲尚書左丞當是在其出使歸來以後很久的事。《建炎以來繫年要録》誤。

[3] 耨盌温都思忠：女真人。本名乙剌補，又作移剌保。本書卷八四有傳。按本書卷八四《耨盌温都思忠傳》："天德三年，致仕。"與此不同。

　　十二月，[1] 太白經天。戊午，特賜貴妃唐括定哥家奴孫梅進士及第。[2] 壬戌，以簽書樞密院事南撒爲樞密副使。[3] 辛未，封所納皇叔曹國王宗敏妃阿懶爲昭妃。[4] 丙子，貴妃唐括定哥坐與舊奴奸，賜死。

[1] 十二月：施國祁《金史詳校》卷一認爲，此下當加"乙卯朔"三字。

[2] 孫梅：本書僅此一見，事迹不詳。

[3] 簽書樞密院事：樞密院屬官。參掌軍興武備機密之事。正三品。　南撒：本書僅此一見。

[4] 阿懶：見本書卷六三《海陵諸嬖傳》。

　　閏月乙酉朔，殺護衛特謨葛。[1] 癸巳，定社稷制度。太白經天。[2] 癸卯，以太保、領三省事徒單恭爲太師，領三省事如故。命西京路統軍撻懶、西北路招討蕭懷忠、臨潢府總管馬和尚、烏古迪烈司招討斜野等北巡。[3]

[1] 護衛：皇帝的衛戍部隊。定員二百人，由五至七品官子孫及宗室、親軍、諸局分承應人中選拔，考試合格後方可録用。負責皇宫的警衛及行從宿衛。　特謨葛：本書僅此一見。

　　[2]太白經天：本書卷二〇《天文志》繫此事於是月乙酉，即初一。

　　[3]統軍：官名。按《金史》卷五七《百官志三》，統軍司長官爲統軍使，此處應是其簡稱。掌督領軍馬、鎮攝封陲，分營衛、視察奸。正三品。金於河南、益都、山西、陝西四處設統軍司，無西京。據本書卷七二《完顏彀英傳》，“元帥府罷，改山西路統軍使，領西南、西北兩路招討兵馬”，則此處應爲山西統軍司。　撻懶：女真人。完顏彀英本名。本書卷七二有傳。　西北路招討：即西北路招討司長官招討使。掌招懷降附、征討携離。正三品。西北路招討司最初設在撫州，後遷至桓州。撫州治所在今河北省張北縣，一說在今內蒙古自治區興和縣境內。桓州治所在今內蒙古自治區正藍旗南黑城子。後北遷三十里建新桓州城，在今內蒙古自治區正藍旗北四郎城。　蕭懷忠：奚人。又名蕭好胡。本書卷九一有傳。《大金國志》卷一三“以完顏誥弗簽樞密院事”。誥弗當即此“好胡”，而姓作“完顏”誤。　臨潢府總管：臨潢府路兵馬都總管的簡稱。總管府長官。掌統諸城隍兵馬甲仗，總判府事。正三品。臨潢府，路府名，治所在今內蒙古自治區巴林左旗林東鎮南波羅城。　馬和尚：本書共五人同名馬和尚，此人僅此一見。　烏古迪烈司招討：即烏古迪烈招討司長官招討使。掌招懷降服，征討携離。正三品。原爲烏古迪烈統軍司，改爲招討司，後改爲東北路招討司。治所在今黑龍江省雅魯河與綽爾河流域。　斜野：本書僅此一見。

　　二年正月甲寅朔，上不豫，不視朝。賜宋、高麗、夏使就館燕。庚申，太白經天。尚書右丞相蕭裕與前真定尹蕭馮家奴、前御史中丞蕭招折、博州同知遥設等謀反，[1]伏誅，詔中外。己巳，生辰，宋、高麗、夏遣使來賀。

　　[1]真定尹：府官名。真定即真定府，治所在今河北省正定縣。尹即府尹，正三品。　　蕭馮家奴：契丹人。遼天祚帝之婿，因參與蕭裕謀反事件，與其子一起被處死。本書僅見於卷五、一二九。御史中丞：御史臺屬官。協助御史大夫掌糾察朝儀、彈劾官邪、勘鞫官府公事。從三品。　　蕭招折：契丹人。曾上撻懶事變，後因與蕭裕合謀立遼天祚帝耶律延禧之子造反，並爲蕭裕游説蕭懷忠而被蕭懷忠所執，後被殺。本書僅見於卷五、九一、一二九。　　博州同知：州官名。即同知博州防禦使的簡稱。協助防禦使掌防捍不虞、禦制盜賊、蕭清所部。正六品。博州，州名，治所在今山東省聊城市。　　遙設：初爲都元帥府令史，因誣告撒离喝而被海陵升爲博州同知，並賜錢三百萬。至此以謀反被處死。

　　二月甲申朔，以平章政事張浩爲尚書右丞相兼中書令。[1]甲午，以尚書右丞蕭玉爲平章政事，前河南路統軍使張暉爲尚書右丞，[2]西北路招討使蕭好胡爲樞密副使。

　　[1]中書令：本書卷八三《張浩傳》作“尚書右丞相兼侍中”，與此不同。金初例由左丞相兼侍中，右丞相兼中書令，本傳誤。
　　[2]河南路統軍使：河南統軍司長官。掌督領軍馬、鎮攝封陲、分營衛、視察奸。正三品。　　張暉：女真人。即赤盞暉。本書卷八〇有傳。

　　三月戊辰，夏遣使賀遷都。[1]

　　[1]夏遣使賀遷都：本書卷六〇《交聘表上》載夏使名爲王公佐。

四月丙戌,^[1]幸大興府及都轉運使司。^[2]遣薦含桃于衍慶宮。^[3]

　　[1]四月丙戌:按,原無"四月",丙戌以下紀事都繫三月下。施國祁《金史詳校》卷一指出,"上文二月甲申朔,丙戌不得繫三月下","當加四月",據補。

　　[2]都轉運使司:官署名。據《百官志》,金唯於中都路設都轉運使司,其各路皆設轉運司。負責本路的稅賦錢穀,倉庫出納之事。長官爲都轉運使。

　　[3]衍慶宮:據《建炎以來繫年要錄》卷一六四:"名太府廟曰衍慶宮,以奉太祖旻、太宗晟、德宗宗幹神主。"

五月癸丑朔,日有食之,避正殿,勅百官勿治事。己未,詔自今每月上七日不奏刑名,尚食進饌不進肉。^[1]丁卯,始置交鈔庫,^[2]設使副員。丁丑,太原尹徒單阿里出虎伏誅,^[3]復命其子术斯剌乘傳焚其骨,^[4]擲水中。

　　[1]尚食:官署名。即尚食局。長官爲提點尚食局,正五品。下設尚食局使一員,從五品;尚食局副使一員,從六品;直長一員,正八品;都監三員,正九品。生料庫都監、同監,收支庫都監、同監各一員,負責總知御膳、進食先嘗,兼管從官食。

　　[2]交鈔庫:官署名。尚書省戶部下屬機構。負責諸路交鈔的發行、管理和檢勘。長官爲交鈔庫使,正八品,後升從七品。副使爲從八品。

　　[3]太原尹:府官名。太原即太原府,治所在今山西省太原市。尹即府尹。

　　[4]术斯剌：女真人。姓徒單氏，阿里出虎之子，本書僅見於
此及卷一三二。

　　七月庚申，初設鹽鈔香茶文引印造庫使副。[1]丙子，
參知政事耶律恕罷。[2]

　　[1]鹽鈔香茶文引印造庫使副：指鹽鈔香茶文引印造庫使與鹽
鈔香茶文引印造庫副使，本書《百官志》無，品級不詳。鹽鈔香茶
文引印造庫職責是發賣給隨路香茶鹽鈔引，應是榷貨務的前身。
　　[2]耶律恕：契丹人。原名耨里，字忠厚。本書卷八二有傳。

　　八月丙午，以左丞相昂去衣杖其弟婦，[1]命杖之。
戊申，以御史大夫高楨爲司空，御史大夫如故。

　　[1]以左丞相昂去衣杖其弟婦：按本書卷八四《昂傳》："昂怒
族弟妻，去衣杖其脊，海陵聞之，杖昂五十。"此處應少一
"族"字。

　　九月己未，常武殿擊鞠，[1]令百姓縱觀。辛酉，以
吏部尚書蕭頤爲參知政事。[2]癸亥，獵于近郊。丁卯，
次順州。[3]太師、領三省事徒單恭薨。是夜，還宮。乙
亥，復獵于近郊。

　　[1]常武殿：在中都大興府皇宮中，爲擊毬、習射之所。　鞠
（jū）：古代一種用革製的皮球。
　　[2]吏部尚書：吏部長官。掌文武選授、勳封、考課、出給制
誥等政事。正三品。　蕭頤：海陵時官爲吏部尚書、參知政事、尚

書右丞。後罷爲北京留守，統兵與契丹起義軍作戰。因戰事不利被處死，並被滅族，家屬没爲奴，至世宗大定二年（1162）始免爲良人。

　　［3］順州：治所在今北京市順義區。

　　十月庚辰朔，殺廣寧尹韓王亨。[1]庚寅，還宮。庚子，以左丞相致仕温都思忠起爲太傅、領三省事。[2]以刑部侍郎白彦恭等爲賀宋正旦使。[3]

　　［1］韓王：封爵名。大定格，《大金集禮》爲次國封號第五，《金史·百官志》爲第四。據本書卷七七《完顔亨傳》，“熙宗時，封芮王”，“大定初，追復亨官爵，封韓王”，則此處當稱芮王。亨：女真人。本名孛迭，宗弼之子。本書卷七七有傳。
　　［2］太傅：本書卷八四《耨盌温敦思忠傳》爲“拜太師兼勸農使”。
　　［3］刑部侍郎：刑部屬官。掌律令、刑名、監户、官户、配隸、功賞、捕亡等事。正四品。　　白彦恭：本名遥設，後更名彦敬。部羅火部族人。見本書卷八四。《建炎以來繫年要録》卷一六七載其出使時官爲“驃騎上將軍簽書樞密院事”。

　　十一月戊辰，上命諸從姊妹皆分屬諸妃，出入禁中，與爲淫亂，卧内遍設地衣，裸逐爲戲。是月，初置惠民局。[1]高麗遣使謝賜生日。

　　［1］惠民局：官署名。尚書省禮部下屬機構。負責修合、發賣湯藥。長官爲惠民令，從六品。

　　十二月乙酉，以太傅温都思忠爲太師，領三省事如

247

故，平章政事張通古爲司徒，平章政事如故。

三年正月己酉朔，宋、高麗、夏遣使來賀。辛酉，以判東京留守大杲爲太傅，領三省事。甲子，生辰，宋、高麗、夏遣使來賀。

二月壬午，以左丞相昂爲太尉、樞密使，右丞相張浩爲左丞相兼侍中，樞密使僕散師恭爲右丞相兼中書令。尚書左丞張中孚罷，右丞張暉爲平章政事。參知政事劉筈爲左丞，參知政事蕭頤爲右丞，吏部尚書蔡松年爲參知政事。

三月壬子，以左丞相張浩、平章政事張暉每見僧法寶必坐其下，[1]失大臣體，各杖二十。僧法寶妄自尊大，杖二百。乙卯，命以大房山雲峰寺爲山陵，[2]建行宮其麓。庚午，以左司郎中李通爲賀宋生日使。[3]

[1]法寶：人名。本書僅見於此及卷八三。
[2]大房山：在今北京市房山區。
[3]左司郎中：尚書省屬官。掌本司奏事，總察吏、戶、禮三部。正五品。　李通：本書卷一二九有傳。按本書卷六〇《交聘表上》，李通出使時官職爲左司郎中，與此同。本書卷一二九《李通傳》則爲"累官右司郎中，遷吏部尚書"，未見其爲左司郎中。未知孰是。《建炎以來繫年要錄》卷一六八則爲"正議大夫守秘書監兼右諫議大夫"。

夏四月丁丑朔，昏霧四塞，日無光，凡十有七日。[1]

[1]凡：百納本作"凣"，是"九"的訛字，"九"爲"凡"

的異體字。

　　五月丁未朔，日有食之。癸丑，南京大内火。乙
卯，命判大宗正事京等如上京，[1]奉遷太祖、太宗梓
宮。[2]丙寅，如大房山，營山陵。

　　[1]京：女真人。本名忽魯，宗望次子。本書卷七四有附傳。
　　[2]奉遷太祖、太宗梓宮：據《建炎以來繫年要錄》卷六七：
"金人舊無陵墓，自太宗晟以上，但葬於護國林，極草創。逮亮南
徙，始令司天改卜於燕。歲餘，乃得地於良鄉縣之西大洪山佛寺。
徙太祖旻、太宗晟、德宗宗幹於其中，其餘宗室以昭穆祔，惟東昏
王亶葬於山之陰，謂其刑餘之人，不入陵故也。"按本書卷七六
《宗幹傳》："上還上京，幸其第視殯事。及喪至上京，上臨哭之。
及葬，臨視之。"則宗幹也葬在上京，此次遷陵當有宗幹陵在内。
本書漏載。又據下文正隆元年（1156）十月"葬始祖以下十帝于大
房山"，此次遷陵涉及面相當之廣。

　　六月丙戌，登寶昌門觀角抵，[1]百姓縱觀。乙未，
命右丞相僕散師恭、大宗正丞胡拔魯如上京，[2]奉遷山
陵及迎永壽宮皇太后。

　　[1]寶昌門：宮門名。在中都大興府宮城中。
　　[2]大宗正丞：大宗正府屬官。分司上京及臨潢以東六司屬之
事。泰和六年（1206）改爲大睦親丞。從四品。　胡拔魯：本書僅
見於此及卷六三。

　　七月癸丑，太白晝見。辛酉，如大房山，杖提舉營

造官吏部尚書耶律安禮等。[1]乙亥，還宮。

[1]耶律安禮：契丹人。本名納合。本書卷八三有傳。

八月壬午，如大房山。甲申，啟土，賜役夫人絹一匹。是日，還宮。甲午，遣平章政事蕭玉迎祭祖宗梓宮於廣寧。乙未，增置教坊人數。庚子，杖左宣徽使敬嗣暉、同知宣徽事烏居仁及尚食官。[1]

[1]敬嗣暉：本書卷九一有傳。　同知宣徽事：宣徽院屬官。掌朝會燕享，殿庭禮儀，監知御膳。正四品。　烏居仁：見於本書卷五、六、九一、九七、一三三。

九月戊申，平章政事張暉迎祭梓宮于宗州。[1]乙卯，上謂宰臣及左司官曰：“朝廷之事，尤在慎密。昨授張中孚、趙慶襲官，[2]除書未到，先已知之，皆汝等泄之也。敢復爾者，殺無赦。”己未，如大房山。庚申，還宮。丙寅，以殿前都點檢納合椿年爲參知政事。[3]丁卯，上親迎梓宮及皇太后于沙流河，[4]命左右持杖二束，跽太后前，[5]曰：“某不孝，久失溫清，[6]願痛笞之。”太后掖起之，曰：“凡民有子克家，猶愛之，況我有子如此。”叱持杖者退。庚午，獵，親射獐以薦梓宮。壬申，至自沙流河。

[1]宗州：本名來州，天德三年（1153）改名宗州。治所在今遼寧省綏中縣西南前衛鎮。泰和六年（1206）更名爲瑞州。

　　[2]趙慶襲：本書卷七八《時立愛傳》記其官職爲“同簽書燕京樞密院事”。

　　[3]納合椿年：女真人。本名烏野。本書卷八三有傳。

　　[4]沙流河：當在北京市附近，具體所指不詳。

　　[5]跽（jì）：雙膝著地，上身挺直的一種跪姿。

　　[6]清（qìng）：冷，涼。《禮記·曲禮上》：“凡爲人子之禮，冬溫而夏清。”鄭玄注：“溫以禦其寒，清以致其凉。”

　　十月丙子，皇太后至中都，居壽康宮。[1]戊寅，權奉安太廟神主于延聖寺，致奠梓宮于東郊，舉哀。己卯，梓宮至中都，以大安殿爲丕承殿，[2]安置。壬午，命省部諸司便服治事，不奏死刑一月。辛卯，告于丕承殿。乙未，如菆宮，[3]册謚永寧皇太后曰慈憲皇后。丁酉，大房山行宮成，名曰磐寧。[4]戊戌，還宮。己亥，以翰林學士承旨耶律歸一等爲賀宋正旦使。[5]

　　[1]壽康宮：在中都大興府皇城中。在大安殿之正北，粹英門內，爲太后居所。

　　[2]大安殿：宮殿名。在中都大興府皇城應天門內，爲宮中第一重宮殿。

　　[3]菆（cuán）：殯殮。

　　[4]磐寧：行宮名。據本書卷二四《地理志上》，在涿州奉先縣。當在今北京市房山區境內。

　　[5]翰林學士承旨：翰林學士院長官。掌制撰詞命。凡應奉文字，銜內帶知制誥。正三品。　耶律歸一：本書僅見於此及卷六○。《建炎以來繫年要錄》卷一七○記其出使時官職爲“奉國上將軍太子詹事”，與此不同。

十一月乙巳朔，梓宫發丕承殿。戊申，山陵禮成。甲寅，詔内外大小職官覃遷一重，貞元四年租税並與放免，[1]軍士久於屯戍不經替換者，人賜絹三匹、銀三兩。群臣稱賀。丙辰，燕百官於泰和殿。[2]丁卯，奉安神主于太廟。戊辰，群臣稱賀。辛未，獵于近郊。

[1]貞元四年：貞元四年（1156）二月即改元正隆，故本書無貞元四年。

[2]泰和殿：在中都大興府皇城中。泰和二年（1201）更名爲慶寧殿。

十二月己丑，還宫。木冰。乙未，上朝太后于壽康宫。己亥，太傅、領三省事大臭薨，親臨哭之，命有司廢務及禁樂三日。

正隆元年正月癸卯朔，[1]宋、高麗、夏遣使來賀。己酉，群臣奉上尊號曰聖文神武皇帝。上自九月廢朝，常數月不出，有急奏，召左右司郎中省于卧内。庚戌，始視朝。戊午，生辰，宋、高麗、夏遣使來賀。乙丑，觀角抵戲。罷中書、門下省。[2]以太師、領三省事温都思忠爲尚書令，[3]太尉、樞密使昂爲太保，右丞相僕散師恭爲太尉、樞密使。左丞劉萼、右丞蕭賾罷，參知政事蔡松年爲尚書右丞。樞密副使蕭懷忠罷，吏部尚書耶律安禮爲樞密副使。平章政事蕭玉爲右丞相，平章政事張暉罷，不置平章政事官。

[1]正隆：金海陵王年號（1156—1161）。

［2］中書門下省：官署名。金太宗天會四年（1126）設，仿遼南面官之制。長官分別爲中書令、侍中，亦爲宰相，例由右、左丞相兼任。至此罷去。

［3］尚書令：尚書省長官。正一品。

二月癸酉朔，改元正隆，大赦。庚辰，御宣華門觀迎佛，[1]賜諸寺僧絹五百匹、彩五十段、銀五百兩。辛巳，改定内外諸司印記。乙未，司徒張通古致仕。庚子，謁山陵。辛丑，還都。

［1］宣華門：宮門名。在中都路大興府皇城中。

三月壬寅朔，始定職事官朝參等格。仍罷兵衞。庚申，以左宣徽使敬嗣暉等爲賀宋生日使。

四月，太尉、樞密使僕散師恭以父憂，起復如故。

五月辛亥，修容安氏閤女御爲妖所憑，舞譟宮中，命殺之。是月，頒行正隆官制。

六月庚辰，天水郡公趙桓薨。丙戌，以尚書右丞蔡松年爲左丞，樞密副使耶律安禮爲右丞，駙馬都尉烏古論當海爲樞密副使。[1]

［1］駙馬都尉：官名。正四品。　烏古論當海：烏古論蒲魯虎之父。本書僅見於此及卷一二〇。

七月己酉，命太保昂如上京，奉遷始祖以下梓宮。

八月丁丑，如大房山行視山陵。

十月乙酉，葬始祖以下十帝于大房山。丁酉，還宮。

閏月己亥朔，山陵禮成，群臣稱賀。甲辰，回鶻使使寅术烏籠骨來貢。[1]庚寅，[2]杖右丞相蕭玉、左丞蔡松年、右丞耶律安禮、御史中丞馬諷等。[3]

[1]寅术烏籠骨：人名。本書僅此一見。

[2]庚寅：按本月己亥朔，月內無庚寅，故施國祁《金史詳校》卷一認爲此干支有誤。

[3]馬諷：字良弼。本書卷九〇有傳。

十一月己巳朔，以右司郎中梁銖等爲賀宋正旦使。[1]癸巳，禁二月八日迎佛。

[1]右司郎中：尚書省屬官。掌本司奏事，總察兵、刑、工三部。正五品。　梁銖：一作梁球。海陵貞元末至正隆初爲右司郎中。大定元年（1161）升爲戶部尚書，大定三年因李石冒支倉粟事削官四階，降知火山軍。《建炎以來繫年要錄》卷一七五作“中奉大夫秘書監兼右諫議大夫”。

二年正月戊辰朔，宋、高麗、夏遣使來賀。庚辰，太白晝見。癸未，生辰，宋、高麗、夏遣使來賀。庚寅，以工部侍郎韓錫同知宣徽院事，[1]錫不謝，杖百二十，奪所授官。

[1]工部侍郎：工部屬官。掌修造營建法式、諸作工匠、屯田、山林川澤之禁、江河堤岸、道路橋樑等事。正四品。　韓錫：字難老。本書卷九七有傳。據本傳“四遷尚書戶部侍郎”，未提其爲

“工部侍郎”事。且云“以母喪解”，其去官原因也與此不同。

二月辛丑，初定太廟時享牲牢禮儀。癸卯，改定親王以下封爵等第，命置局追取存亡告身，存者二品以上，死者一品，參酌削降。公私文書，但有王爵字者，皆立限毀抹，雖墳墓碑志並發而毀之。

三月丙寅朔，高麗遣使賀受尊號。

四月戊戌，追降景宣皇帝爲遼王。[1]以簽書宣徽院事張喆爲橫賜高麗使，[2]宿直將軍温敦斡喝爲橫賜夏國使。[3]

[1]景宣皇帝：女真人。即宗峻，本名繩果，金太祖第二子。本書卷一九《世紀補》有傳。　遼王：本書卷一九《景宣紀》作“豐王”。

[2]簽書宣徽院事：宣徽院屬官。掌朝會燕享，殿庭禮儀，監知御膳。正四品。　張喆：本書僅見於此及卷六〇。

[3]宿直將軍：殿前都點檢司屬官。掌總領親軍，宮衛門禁，行從宿衛之事。從五品。　温敦斡喝：本書僅見於此及卷六〇。

六月乙未，參知政事納合椿年薨。以禮部尚書耶律守素等爲賀宋生日使。[1]

[1]耶律守素：按本書卷六〇《交聘表上》記載與此相同。中華點校本校勘記認爲，宋高宗生日爲五月二十日，金使例以五月十九日致賀。自海陵遷都後，例以三月遣使，偶或在四月，絶不可能在六月。《宋史》卷三一《高宗紀八》，紹興二十七年（1157）“五月癸未，金遣耶律守素等來賀天申節”。知此處繫月錯誤。

八月癸卯，始置登聞院。[1]甲寅，罷上京留守司。[2]

[1]登聞院：官署名。金有登聞檢院與登聞鼓院。據本書卷五六《百官志二》，登聞鼓院，掌奏進告御史臺、登聞檢院理斷不當事。則此處初設者當爲登聞檢院。掌奏御進告尚書省、御史臺理斷不當事。長官爲知登聞檢院，從五品。

[2]上京留守司：官署名。爲上京路最高政務機構。長官留守，例兼本府府尹、本路兵馬都總管，正三品。

九月乙丑，以宿直將軍僕散烏里黑爲夏國生日使。[1]戊子，罷護駕軍，[2]置龍翔虎步軍。[3]罷尚書省文資令史出爲外官。[4]

[1]僕散烏里黑：女真人。僅見於此及卷六〇。

[2]護駕軍：部隊名。皇帝禁軍。據本書卷四四《兵志》："選諸軍之材武者爲護駕軍。"不知創建於何時。

[3]龍翔虎步軍：部隊名。皇帝禁軍。始設於正隆二年(1157)，據本書卷四四《兵志》："於侍衛親軍四猛安內，選三十以下千六百人，騎兵曰龍翔，步兵曰虎步，以備宿衛。"

[4]文資令史：按本書卷五二《選舉志二》："省令史選取之門有四，曰文資，曰女真進士，曰右職，曰宰執子。"罷尚書省文資令史出爲外官是在海陵正隆元年。

是秋，中都、山東、河東蝗。[1]

[1]山東：路名。指山東東路與山東西路。山東東路北宋時爲京東東路，治益都，治所在今山東省青州市。山東西路治東平府，治所在今山東省東平縣。 河東：路名。指河東南路與河東北路。

河東北路治太原府，治所在今山西省太原市。河東南路治平陽府，
治所在今山西省臨汾市。

十月壬寅，命會寧府毀舊宫殿、諸大族第宅及儲慶
寺，仍夷其址而耕種之。丁未，禁賣古器入他境。乙
卯，初鑄銅錢。[1]

[1]初鑄銅錢：據本書卷四八《食貨志三》："正隆二年，歷四
十餘歲，始議鼓鑄。冬十月，初禁銅越外界，懸罪賞格。括民間銅
鍮器，陝西、南京者輸京兆，他路悉輸中都。三年二月，中都置錢
監二，東曰寶源，西曰寶豐。京兆置監一，曰利用。三監鑄錢，文
曰'正隆通寶'。"本卷下文正隆三年（1158）二月："都城及京兆
初置錢監。"則金之始鑄銅錢應在正隆三年二月。此時當是始議鑄
錢一事，鑄字上應脱"議"字。

十一月辛未，以侍衛親軍副指揮使高助不古等爲賀
宋正旦使。[1]

[1]侍衛親軍副指揮使：侍衛親軍司屬官，全稱爲侍衛親軍馬
步軍副都指揮使。掌宫掖及行從。從三品。例由殿前左、右副都點
檢兼任。正隆五年（1161）罷侍衛親軍司以後隸於殿前都點檢司。
高助不古：僅見於此與卷六〇。《宋史》卷三一《高宗紀八》作高
思廉。《建炎以來繫年要録》同。

十二月己亥，以侍衛親軍都指揮使紇石烈良弼爲參
知政事。[1]

　[1]侍衛親軍都指揮使：侍衛親軍司長官，全稱爲侍衛親軍馬步軍都指揮使。掌行從宿衛，關防門禁，督攝隊仗。正三品。例由殿前都點檢兼任。正隆五年（1161）罷侍衛親軍司以後隸於殿前都點檢司。　紇石烈良弼：女真人。本名婁室。本書卷八八有傳。

　　三年正月壬戌朔，宋、高麗、夏遣使來賀。丙寅，子矧思阿不死，[1]殺太醫副使謝友正及其乳母等。[2]丁丑，生辰，宋、高麗、夏遣使來賀。己卯，杖右諫議大夫楊伯雄。[3]

　[1]矧思阿不：女真人。海陵之子，本書卷八二有傳。按，本書卷八二《海陵諸子傳》作“矧思阿補”，卷一〇五《李伯雄傳》作“慎思阿不”。
　[2]太醫副使：太醫院屬官。掌諸醫藥。從六品。　謝友正：本書僅見於此及卷八二。
　[3]右諫議大夫：諫院屬官。正四品。　楊伯雄：本書卷一〇五有傳。

　　二月壬辰朔，都城及京兆初置錢監。[1]甲午，遣使檢視隨路金銀銅鐵冶。

　[1]錢監：官署名。負責銅錢的鑄造工作。按，本書卷四八《食貨志三》：“三年二月，中都置錢監二，東曰寶源，西曰寶豐。京兆置監一，曰利用。”

　　三月辛酉朔，司天奏日食，[1]候之不見，命自今遇日食面奏，不須頒告。辛巳，以兵部尚書蕭恭等爲賀宋生日使。[2]

[1]司天：官署名。即司天臺，秘書監的下屬機構。詳見本書卷五六《百官志二》。

[2]蕭恭：奚人。字敬之。本書卷八二有傳。《建炎以來繫年要錄》卷一七九作"驃騎上將軍殿前司副都點檢"。

四月丙辰，樞密副使烏古論當海罷，以北京留守張暉爲樞密副使。[1]

[1]以北京留守張暉爲樞密副使：《桯史》卷九作，"通爲右丞，暉爲參知政事"，《建炎以來繫年要錄》同。

六月壬辰，蝗入京師。

七月庚申，封子廣陽爲滕王。[1]甲申，以右丞相蕭玉爲司徒，尚書左丞蔡松年爲右丞相，右丞耶律安禮爲左丞，參知政事紇石烈良弼爲右丞，左宣徽使敬嗣暉、吏部尚書李通爲參知政事。[2]

[1]廣陽：女真人。本書卷八二有傳。　滕王：封爵名。天眷格，《大金集禮》爲次國封號第十四，《金史·百官志》爲第十二。

[2]吏部尚書：原作"户部尚書"，據施國祁《金史詳校》卷一改。

九月己未，太白經天。甲子，滕王廣陽薨。庚午，以宿直將軍阿魯保爲夏國生日使。[1]丁丑，以教坊提點高存福爲高麗生日使。[2]辛巳，遷中都屯軍二猛安於南京，[3]遣吏部尚書李惇等分地安置。[4]

[1]阿魯保：本書僅見於此及卷六〇。

[2]教坊提點：教坊長官。掌殿庭音樂，總判院事。正五品。高存福：後升爲東京副留守，監視時任東京留守的完顏雍，完顏雍起兵時被殺。

[3]南京：即汴京。治所在今河南省開封市。　二猛安：施國祁《金史詳校》卷一認爲當作“八猛安”。

[4]李惇：曾爲大興少尹，以貪贓去職。本書僅見於此及卷一二九。

十月戊戌，詔尚書省：“凡事理不當者，許詣登聞檢院投狀，院類奏覽訖，付御史臺理問。”[1]

[1]御史臺：官署名。掌糾察朝儀、彈劾官邪、勘鞫官府公事，並負責審斷内外刑獄所屬審斷不當者。長官爲御史大夫，從二品。

十一月辛酉，以工部尚書蘇保衡等爲賀宋正旦使。[1]癸亥，詔有司勤政安民。癸未，尚書左丞耶律安禮罷。參知政事李通以憂制，起復如故。詔左丞相張浩、參知政事敬嗣暉營建南京宮室。

[1]蘇保衡：字宗尹。本書卷八九有傳。

十二月乙卯，以樞密副使張暉爲尚書左丞。歸德尹致仕高召和式起爲樞密副使。[1]

[1]歸德尹：府官名。歸德即歸德府，治所在今河南省商丘市南。尹即府尹，正三品。　高召和式：渤海人。本名召和式，又作召和失，後賜名爲高彪。本書卷八一有傳。

四年正月丙辰朔，宋、高麗、夏遣使來賀。上朝太后于壽康宮。[1]丁巳，御史大夫高楨薨。庚申，更定私相越境法，並論死。辛酉，罷鳳翔、唐、鄧、潁、蔡、鞏、洮、膠西諸榷場，[2]置場泗州。[3]辛未，生辰，宋、高麗、夏遣使來賀。

[1]上朝太后于壽康宮：按本書卷八九《翟永固傳》，“正隆四年正月丁巳，海陵朝永壽宮”，與此異。

[2]鳳翔：府名。治所在今陝西省鳳翔縣。　唐：州名。治所在今河南省唐河縣。　鄧：州名。治所在今河南省鄧州市。　潁：州名。治所在今安徽省阜陽市。　蔡：州名。治所在今河南省汝南縣。　鞏：州名。治所在今甘肅省隴西縣。　洮：州名。治所在今甘肅省臨潭縣。　膠西：地名，在今山東省膠州市。　榷場：對外貿易市場。金先後在鄰接南宋、西夏、高麗、蒙古的沿邊重鎮設立榷場進行對外貿易，並兼有一定的政治作用。此處及下句“場”字，原皆作“塲”，顯誤。

[3]泗州：治所在今江蘇省盱眙縣西北，今已没入洪澤湖中。

二月己丑，以左宣徽使許霖爲御史大夫。[1]丁未，修中都城。造戰船于通州。[2]詔諭宰臣以伐宋事。調諸路猛安謀克軍年二十以上、五十以下者，[3]皆籍之，雖親老丁多亦不許留侍。

　　[1]許霖：天眷年間，曾與蔡松年等人結黨構陷田珏，釀成"田珏之獄"。海陵貞元二年（1154），曾以吏部侍郎使宋。後官至左諫議大夫、户部尚書、左宣徽使、御史大夫。大定二年（1162），金世宗將其降官，放歸田里。大定五年曾與高懷貞一起被金世宗再度起用。

　　[2]通州：天德三年（1151）置，治所在今北京市通州區。

　　[3]諸路：據本書卷一二九《李通傳》，此次徵兵共計二十路：上京、速頻路、胡里改路、曷懶路、蒲與路、泰州、咸平府、東京、婆速路、曷蘇館、臨潢府、西南招討司、西北招討司、北京、河間府、真定府、益都府、東平府、大名府、西京路。《三朝北盟會編》卷二四二："計女真、契丹、奚家三色之軍，不限丁而盡役之。"《建炎以來繫年要録》卷一八五："計女真、契丹、奚三部之衆，不限丁數，悉簽起之。"則此次徵兵是面向以上二十路中的女真、契丹、奚人猛安謀克組織。《三朝北盟會編》《建炎以來繫年要録》皆稱此次徵兵二十四萬。　謀克：金代地方行政組織名稱。最初由女真氏族組織轉化爲女真人特有的軍事組織，金建國前後，與女真村寨組織相結合，成爲地方行政組織。在金代的地方建置中，大體上相當於縣。長官爲謀克，從五品。

　　三月丙辰朔，遣兵部尚書蕭恭經畫夏國邊界。遣使分詣諸道總管府督造兵器。[1]

　　[1]總管府：官署名。掌統諸城隍兵馬甲仗等事。長官爲都總管，正三品。下設同知總管一員，從四品；副總管一員，正五品；總管判官一員，從六品；府判一員，從六品；推官一員，正七品。

　　四月辛丑，命增山東路泉水、畢括兩營兵士廩給。[1]庚戌，詔諸路舊貯軍器並致于中都。時方建宮室於南京，又中都與四方所造軍器材用皆賦於民，箭翎一尺至千錢，村落間往往椎牛以供筋革，至於烏鵲狗彘無不被害者。辛亥，尚書左丞張暉、御史大夫許霖罷。以大興尹徒單貞爲樞密副使。以秘書監王可道等爲賀宋生日使。[2]

[1]山東路泉水、畢括：待考。
[2]王可道：曾爲内藏庫使。見於本書卷五、六〇、八三。

八月，詔諸路調馬，以户口爲差，計五十六萬餘匹，[1]富室有至六十匹者，仍令户自養飼以俟。己卯，尚書右丞相蔡松年薨。

[1]計五十六萬餘匹：本書卷一二九《李通傳》同。但是這個數字甚爲可疑。據《三朝北盟會編》卷二四二引《正隆事迹記》，海陵徵發猛安謀克兵計二十四萬人，漢、渤海兵計十五萬人，共三十六萬人，而馬却有五十六萬匹之多。據本書卷六《世宗紀》，大定二年（1162）正月“命河北、山東、陝西等路征南步軍並放還家”，説明南征軍中還有相當一部分步兵。本書卷一三三《窩斡傳》，“此去賊八十里，比遇賊馬已憊”，卷八七《僕散忠義傳》，“選馬一萬二千，阿里喜稱是”，都證明女真騎兵爲一人一騎，無備用馬。則括馬數必不能如此之多。

九月，以翰林待制完顔達紀爲高麗生日使，[1]宿直將軍加古撻懶爲夏國生日使。[2]

[1]完顔達紀：女真人。本書僅見於此及卷六〇。

[2]加古撻懶：女真人。本書僅見於此及卷六〇。

十月乙亥，獵于近郊，觀造船于通州。賜尚書右丞紇石烈良弼、樞密副使徒單貞佩刀入宮。

十一月甲辰，以翰林侍講學士施宜生等爲賀宋正旦使。[1]

[1]翰林侍講學士：翰林學士院屬官。掌制撰詞命，凡應奉文字，銜内帶知制誥。從三品。　施宜生：本書卷七九有傳。

十二月乙卯，宋遣使告母韋氏哀。[1]甲子，太白晝見。乙丑，以左副點檢大懷忠等爲宋弔祭使。[2]乙亥，太醫使祁宰上疏諫伐宋，[3]殺之。

[1]韋氏：即宋徽宗韋賢妃。宋高宗生母。《宋史》卷二四三有傳。
[2]大懷忠：渤海人。本書僅見於此及卷六〇、六三。
[3]太醫使：太醫院屬官。掌諸醫藥。從五品。　祁宰：本書卷八三有傳。“祁”，原作“祈”，據本傳改。

五年正月庚辰朔，宋、高麗、夏遣使來賀。乙未，生辰，宋、高麗、夏遣使來賀。

二月壬子，宋遣使獻母后遺留物。丁卯，太白晝見。辛未，河東、陝西地震，鎮戎、德順軍大風，[1]壞廬舍，人多壓死。甲戌，遣引進使高植、刑部郎中海狗分道監視所獲盜賊，[2]並凌遲處死，或鋸灼、去皮、截手足。仍戒屯戍千户謀克等，後有獲者，並處死，總管府官亦決罰。

[1]鎮戎：軍名。大定二十二年（1182）升爲州。治所在今寧夏回族自治區固原市。　德順軍：治所在今甘肅省臨洮縣。

[2]引進使：引進司長官。掌進外方人使貢獻禮物事。正五品。高植：人名。本書僅此一見。　刑部郎中：刑部屬官。掌律令、刑名、監戶、官戶、配隸、功賞、捕亡等事。從五品。　海狗：人名。本書僅此一見。

三月辛巳，東海縣民張旺、徐元等反，[1]遣都水監徐文、步軍指揮使張弘信、同知大興尹事李惟忠、宿直將軍蕭阿㢆率舟師九百，[2]浮海討之，命之曰：“朕意不在一邑，將試舟師耳。”庚子，以司徒判大宗正事蕭玉爲御史大夫，司徒如故，尚書右丞紇石烈良弼爲左丞，橫海軍節度使致仕劉長言起爲右丞。[3]

[1]東海縣：治所在今江蘇省灌雲縣北南城鎮。　張旺、徐元：本書僅見於卷五、七九、一二九。

[2]都水監：官名。都水監長官。掌川澤、津梁、舟楫、河渠之事。正四品。　徐文：本書卷七九有傳。　步軍指揮使：諸總管府節鎮兵馬司長官。掌巡捕盜賊、提控禁夜、糾察賭博等事，總判司事。正五品。　張弘信：曾負責山東的通檢推排工作，以嚴酷出名。世宗時仕至泰寧軍節度使。　同知大興尹事：府官名。掌通判府事。從四品。大興即大興府，治所在今遼寧省朝陽市。　李惟忠：即李老僧。本書卷一三二有傳。　蕭阿㢆（yǔ）：僅見於此及卷七九。

[3]橫海軍節度使：節度州長官。從三品。橫海軍設在滄州，治所在今河北省滄州市。

四月庚戌，昭妃蒲察阿里忽有罪賜死。[1]甲寅，宿州防禦使耶律翼使宋失體，[2]杖二百，除名。甲戌，太白晝見。

[1]蒲察阿里忽：本書卷六三《海陵諸嬖傳》作"蒲察阿里虎"。

[2]宿州防禦使：州官名。防禦州長官。掌防捍不虞、禦制盜賊、蕭清所部。從四品。宿州治所在今安徽省宿州市。　耶律翼：本書僅此一見。

六月，徐文等破賊張旺、徐元，東海平。

七月辛巳，詔東海縣徐元、張旺詿誤者，並釋之。壬午，以張弘信被命討賊，稱疾逗遛萊州，[1]與妓樂飲燕，杖之二百。癸卯，遣使簽諸路漢軍。[2]

[1]逗遛：亦作逗留。　萊州：治所在今山東省萊州市。

[2]簽諸路漢軍：《三朝北盟會編》卷二四二、《建炎以來繫年要錄》卷一八五皆稱此次徵兵涉及五京十四總管府中的十七路，每路簽發漢、渤海士兵一萬人。其中南京路因負責營建新都宮室，中都路因負責打造兵器，故免徵差役。

八月丙午朔，日有食之。辛亥，命權貨務并印造鈔引庫起赴南京。[1]己巳，樞密副使徒單貞罷，以太子少保徒單永年爲樞密副使。[2]辛未，謁山陵，見田間穫者，問其豐耗，以衣賜之。

[1]権貨務：官署名。户部下屬機構。負責發賣給隨路香茶鹽鈔引。設権貨使一員，從六品；権貨副使一員，從七品。　印造鈔引庫：官署名。户部下屬機構。負責監視印造勘覆諸路交鈔、鹽引。長官爲印造鈔引庫使，從八品；下設印造鈔引庫副使，正九品；印造鈔引庫判官，正九品。

[2]太子少保：東宫屬官。宫師府三少之一。正三品。　徒單永年：女真人。海陵南征時爲浙西道監軍，死於完顏元宜兵變。

九月己卯，還宫。

十月庚午，遣護衛完顏普連等二十四人督捕山東、河東、河北、中都盜賊。[1]籍諸路水手，得三萬人。

[1]完顏普連：女真人。本書僅見於此與卷一二九。　河北：路名。天會七年（1129）析爲河北東、西路，各置本路兵馬都總管。河北東路治河間府，治所在今河北省河間市。河北西路治真定府，治所在今河北省正定縣。

十一月乙酉，以濟南尹僕散烏者等爲賀宋正旦使。[1]尚書右丞劉長言罷。命親軍司以所掌付大興府。[2]置左右驍騎都副指揮使，[3]隸點檢司。[4]步軍都副指揮使，[5]隸宣徽院。[6]

[1]濟南尹：府官名。濟南即濟南府，散府，屬山東東路。治所在今山東省濟南市。尹即府尹，正三品。　僕散烏者：女真人。僕散忠義本名烏者。本書卷八七有傳。《宋史》卷三一《高宗紀八》作“僕散權”。《建炎以來繫年要録》卷一八七作“奉國上將軍、兵部尚書僕散權”。

[2]親軍司：官署名。據本書卷四四《兵志》，全名應爲侍衛

親軍司。負責統領侍衛親軍。置於何時不詳。長官爲侍衛親軍馬步軍都指揮使，簡稱侍衛親軍都指揮使。據下文，此次撤親軍司，應是將其所掌親軍中的騎兵并入點檢司，步兵并入宣徽院。據本書卷五六《百官志二》，殿前都點檢例兼侍衛親軍都指揮使，證明侍衛親軍司取消後，其官與職掌未撤。

[3]左右驍騎都副指揮使：此處的記載與本書卷四四《兵志》相同，但卷五六《百官志二》中無左右驍騎都副指揮使，疑其爲點檢司下屬部隊中的將官稱號，故《百官志》不載。又，此前已出現侍衛親軍步軍都指揮使，疑點檢司所屬侍衛親軍中原無騎兵，此次是增設騎兵建置，以左右驍騎都副指揮使統騎兵，侍衛親軍步軍都副指揮使統步兵，皆隸於侍衛親軍都指揮使，即都點檢。下文有"遣都點檢耶律湛、右驍騎副都指揮使大磐討之"，也可證明這一點。據本書卷八〇《大磐傳》，未載其爲驍騎副都指揮使，但卷首云大磐"以大臣子累官登州刺史"，據卷五七《百官志三》，刺史爲正五品，則左右驍騎副都指揮使的品級應在五品以下。

[4]點檢司：官署名。始設於天眷元年（1138）。掌親軍，總領左右衛將軍、符寶郎、宿直將軍、左右振肅，負責行從宿衛、關防門禁、督攝隊仗。長官爲殿前都點檢，例兼侍衛親軍馬步軍都指揮使，正三品。下屬機構有宮籍監、近侍局、器物局、尚廐局、尚輦局、鷹坊、武庫署、武器署。

[5]步軍都副指揮使：官名。本書《百官志》無。待考。按卷五六《百官志二》，宣徽院下設拱衛直使司，"威捷軍隸焉，舊名龍翔軍，正隆二年更爲神衛軍"。按卷四四《兵志》，"騎兵曰龍翔，步兵曰虎步"，此軍應是騎兵建置。按，原脱"副"字，從施國祁《金史詳校》補。

[6]宣徽院：官署名。掌朝會、燕享、殿庭禮儀及監知御膳。長官爲左、右宣徽使，正三品。

　　十二月癸丑，禁中都、河北、山東、河南、河東、京兆軍民網捕禽獸及畜養雕隼者。[1]戊辰，禁朝官飲酒，犯者死，三國人使燕飲者非。[2]

　　[1]河南：路名。原是北宋都城所在。金初爲汴京，貞元元年（1153）更號南京，路治在開封府，即今河南省開封市。　京兆：路名，即京兆府路。治京兆府，即今陝西省西安市。

　　[2]非：殿本作"罪"。

　　六年正月甲戌朔，宋、高麗、夏遣使來賀。丁丑，判大宗正徒單貞、益都尹京、[1]安武軍節度使爽、金吾衛上將軍阿速飲酒，以近屬故，杖貞七十，餘皆杖百。壬午，上將如南京，以司徒、御史大夫蕭玉爲大興尹，司徒如故。樞密副使徒單永年罷，以都點檢紇石烈志寧爲樞密副使。己丑，生辰，宋、高麗、夏遣使來賀。癸巳，命參知政事李通諭宋使徐度等曰：[2]"朕昔從梁王軍，[3]樂南京風土，常欲巡幸。今營繕將畢功，期以二月末先往河南。帝王巡守，自古有之。以淮右多隙地，欲校獵其間，從兵不踰萬人。況朕祖宗陵廟在此，安能久于彼乎。汝等歸告汝主，令有司宣諭朕意，使淮南之民無懷疑懼。"庚子，詔自中都至河南府所過州縣調從獵騎士二千。辛丑，殺蒲察阿虎迭女义察。[4]义察，慶宜公主出，[5]幼鞠宮中，上屢欲納之，太后不可。至是，以罪殺之。

　　[1]益都尹：正三品。益都即益都府，治所在今山東省青州市。

尹即府尹。　安武軍節度使：從三品。安武軍設在冀州，治所在今河北省冀州市。　爽：女真人。本名阿鄰，宗强長子。本書卷六九有傳。　金吾衛上將軍：武散官。正三品中階。　阿速：女真人，又作阿瑣，宗强少子。事見本書卷六九。

[2]徐度：本書僅見於此及卷一二九。

[3]梁王：封爵名。天眷格，《大金集禮》爲大國封號第三，《金史・百官志》爲第二。此處指宗弼。女真人。本書卷七七有傳。

[4]蒲察阿虎迭：女真人。本書卷一二〇有傳。　乂察：女真人。一作叉察。見本書卷六三《海陵諸嬖傳》。

[5]慶宜公主：海陵之姊，名迪鉢，嫁與蒲察阿虎迭。本書卷六三《海陵諸嬖傳》所載封號與此相同。卷一二〇《外戚傳》則稱其爲遼國長公主，並載其卒於皇統三年（1143）以前，則慶宜應爲海陵即位後追封之號。

　　二月乙巳，杖衛王襄之妃及左宣徽使許霖。[1]甲寅，以參知政事李通爲尚書右丞。己未，禁扈從縱獵擾民。庚申，徵諸道水手運戰船。癸亥，發中都。丙寅，次安肅州。[2]

[1]衛王：封爵名。天眷格，《大金集禮》爲次國封號第四，《金史・百官志》爲第三。　襄：女真人。本名永慶，海陵母弟。天德二年（1150）追封衛王。其妃名僧醅。本書卷七六有傳。

[2]安肅州：天德三年（1151）改徐州置。治所在今河北省徐水縣。

　　三月己卯，改河南北邙山爲太平山，[1]稱舊名者以違制論。丁亥，將至獲嘉，[2]有男子上書言事，斬之，所言莫得聞。癸巳，次河南府，因出獵，幸汝州温

湯，^[3]視行宮地。自中都至河南，所過麥皆爲空。復禁
扈從毋輒離次及游賞飲酒，犯者罪皆死，而莫有從者。
詔內地諸猛安赴山後牧馬，^[4]俟秋並發。弟充之妻烏延
氏有罪，賜死。烏延氏之弟南京兵馬副都指揮使習泥烈
亦以罪誅。^[5]

[1]北邙山：一名北芒，即邙山。在今河南省洛陽市北。東漢
及魏王侯公卿多葬於此山。

[2]獲嘉：縣名。治所在今河南省獲嘉縣。

[3]汝州：治所在今河南省汝州市。

[4]山後：古地區名。五代劉仁恭據盧龍，在今河北省太行山
北端，軍都山以北地區，置山後八軍以防契丹。石敬瑭割燕雲十六
州時，才有山後四州的稱呼。北宋末年所稱山後包括宋人企圖收復
的山後、代北失地的全部，相當今山西、河北兩省內外長城之間的
地區。

[5]南京兵馬副都指揮使：南京總管府兵馬司屬官。正六品。
爲都指揮使之副，通判司事，分管內外，巡捕盜賊。南京治所在今
河南省開封市。　習泥：施國祁《金史詳校》卷一認爲，下脫
"烈"字，是。即烏延習泥烈，女真人。僅見於此及卷七六。

四月丁未，詔百官先赴南京治事，尚書省、樞密
院、大宗正府、勸農司、太府、少府皆從行，^[1]吏、户、
兵、刑部，^[2]四方館，^[3]都水監，^[4]大理司官各留一員。^[5]
以簽書樞密院事高景山等爲賀宋生日使。^[6]戊申，詔汝
州百五十里內州縣，量遣商賈赴溫湯置市。詔有司移問
宋人，蔡、潁、壽諸州對境創置堡戍者。^[7]庚戌，發河
南府。契丹不補自山馳下，^[8]伏道左，自陳破東海賊有

功，爲李惟忠所抑，立命斬之。丁卯，次温湯。誠扈從毋輒過汝水。[9]上獵，奔鹿突之墮馬，嘔血數日。遣使徵諸道兵。

[1]大宗正府：官署名。掌敦睦糾率宗屬欽奉王命。長官爲判大宗正事，從一品；泰和六年（1206），避睿宗諱，改名爲大睦親府。　勸農司：官署名。掌勸課天下力田之事。泰和八年罷，貞祐間復置，興定六年（1222）罷勸農司，改立司農司。長官爲勸農使，正三品。下設副使一員，正五品。　太府：官署名。即太府監。掌出納邦國財用錢穀之事。長官爲太府監，正四品。下屬機構有左藏庫、右藏庫、支應所、太倉、酒坊、典給署、市買司。　少府：官署名。即少府監。掌邦國百工營造之事。長官爲少府監，正四品。下屬機構有尚方署、圖畫署、裁造署、文繡署、織染署、文思署。

[2]吏：指尚書吏部，爲尚書省下屬機構。長官爲吏部尚書，正三品。掌文武選授、勳封、考課、出給制誥等事。　户：指尚書户部，爲尚書省下屬機構。長官爲户部尚書，正三品。掌户口、錢糧、田土政令及貢賦出納、金幣轉通、府庫收藏等事。　兵：指尚書兵部，爲尚書省下屬機構。長官爲兵部尚書，正三品。掌兵籍、軍器、城隍、鎮戍、厩牧、鋪驛、車輅、儀仗、郡邑圖志、險阻、障塞、遠方歸化等事。　刑部：官署名，即尚書刑部，爲尚書省下屬機構。長官爲刑部尚書，正三品。掌律令、刑名、監户、官户、配隸、功賞、捕亡等事。

[3]四方館：官署名。尚書兵部下屬機構。掌諸路驛舍、驛馬及陳設器皿等事。設四方館使一員，正五品；副使一員，從六品。

[4]都水監：官署名。掌川澤、津梁、舟楫、河渠之事。長官爲都水監，正四品。下屬機構有街道司。

[5]大理司：官署名。始設於天德二年（1150）。掌審斷天下

奏案、詳核疑獄。長官爲大理卿，正四品。

[6]高景山：世宗時官至延安尹、都統，領兵在西路與宋軍作戰，在商州一帶打過勝仗。據《三朝北盟會編》，熙宗時官爲尚厩局使，曾參與弑熙宗。《金史》失載。

[7]壽州：治所在今安徽省鳳臺縣。

[8]契丹不補：應爲契丹人。本書僅此一見。

[9]汝水：上游即今河南汝河。自郾城縣以下，故道南流至西平縣會舞水（今洪河），又南經上蔡縣西至遂平縣東會溱水（今沙河）。此下即今南汝河及新蔡縣以下的洪河。

五月庚辰，太師、尚書令耨盌温都思忠薨。契丹諸部反，遣右衛將軍蕭秃剌等討之。[1]

[1]右衛將軍：即殿前右衛將軍。殿前都點檢司屬官。掌宮禁及行從警衛，總領護衛。按，原脱"衛"字，從中華點校本補。蕭秃剌：契丹人。事見於本書卷五、九一、一三二、一三三。據卷九一，此時與蕭秃剌一起進兵的人爲護衛十人長幹盧保。

六月癸卯，命樞密使僕散師恭、西京留守蕭懷忠將兵一萬討契丹諸部。上自汝州如南京。壬戌，次南京近郊，左丞相張浩率百官迎謁。是夜，大風，壞承天門鴟尾。[1]癸亥，上備法駕入于南京。

[1]承天門：爲南京路開封府皇宫正北門。

七月丁亥，以左丞相張浩爲太傅、尚書令，司徒、大興尹蕭玉爲尚書左丞相，吏部尚書白彦恭爲樞密副

使，樞密副使紇石烈志寧爲開封尹，[1]安武軍節度使徒
單貞爲御史大夫。己丑，賜從駕、從行、從軍及千户謀
克錢帛。[2]大括天下贏馬。[3]殺亡遼耶律氏、宋趙氏子男
凡百三十餘人。

[1]開封尹：開封即開封府，治所在今河南省開封市。尹即府
尹，正三品。
[2]千户：即猛安，漢語意譯爲千户。
[3]贏馬：即騾馬。

八月壬寅，單州賊杜奎據城叛，[1]遣都點檢耶律湛、
右驍騎副都指揮使大磐討之。[2]以樞密副使白彦恭爲北
面兵馬都統，[3]開封尹紇石烈志寧副之，中都留守完顏
彀英爲西北面兵馬都統，[4]西北路招討使唐括孛古的副
之，[5]討契丹，癸丑，以諫伐宋弑皇太后徒單氏于寧德
宫，[6]仍命即宫中焚之，棄其骨水中，并殺其侍婢等十
餘人。癸亥，殺右衛將軍蕭禿剌、護衛十人長斡盧
保，[7]族樞密使僕散師恭、北京留守蕭賾、西京留守蕭
懷忠，杖尚書令張浩、左丞相蕭玉。以太常博士張崇爲
高麗生日使，[8]蕭誼忠爲夏國生日使。[9]甲子，封所幸太
后侍婢高福娘爲郇國夫人。[10]

[1]單州：治所在今山東省單縣南。　杜奎：本書僅此一見。
[2]耶律湛：正隆元年（1156）爲賀宋正旦副使。本書僅見於
此及卷六〇。　大磐：渤海人。本名蒲速越，大臭之子。本書卷
八〇有傳。
[3]北面兵馬都統：北面行營的負責人。北面行營設於正隆六

年（1161），是爲討契丹而設的臨時性軍事機構，爲與契丹作戰的兩路大軍之一的北路軍的最高指揮機關。兵罷取消，故本書《百官志》不載。白彦敬以樞密副使的身份任此職，當時官爲從二品。

［4］中都留守：中都留守司長官，例兼本府府尹、本路兵馬都總管。正三品。中都，金都城，治所在今北京市。　完顔轂英：女真人。銀术可之子，本名撻懶。本書卷七二有傳。“英”，原作“亨”，從施國祁《金史詳校》卷一改。　西北面兵馬都統：本書《百官志》無。西北面兵馬都統，也作西北面都統、西北面行營都統，爲西北面行營的最高長官。完顔轂英以中都留守的身份任此職，此時官爲正三品。西北路行營爲討契丹而設的臨時性軍事機構，爲與契丹作戰的兩路大軍之一的西北路軍的最高指揮機關。兵罷取消，故《百官志》不載。

［5］唐括孛古的：女真人。見於本書卷五、七〇、一三三。

［6］寧德宫：宫殿名。在中都路大興府皇宫中。

［7］右衛將軍：原脱“衛”字，從施國祁《金史詳校》卷一補。　斡盧保：女真人。見於本書卷五、九一、一三二。

［8］太常博士：太常寺屬官。掌檢討典禮。正七品。　張崇：本書僅見於此及卷六〇。

［9］蕭誼忠：本書僅此一見。

［10］高福娘：見本書卷六三《海陵嫡母徒單氏》。　鄖國夫人：命婦稱號。

　　九月庚午朔，以太保、判大宗正事昂爲樞密使，太保如故。戊子，殺前壽州刺史毛良虎。[1]

［1］壽州刺史：州官名。刺史州長官。負責本州政務。正五品。壽州，治所在今安徽省鳳臺縣。　毛良虎：本書僅此一見。

庚寅，大名府賊王九據城叛，[1] 衆至數萬，所至盜賊蜂起，大者連城邑，小者保山澤，或以十數騎張旗幟而行，官軍莫敢近。上又惡聞盜賊事，言者輒罪之。

[1] 大名府：治所在今河北省大名縣東北。　王九：本書僅此一見。

上自將三十二總管兵伐宋，[1] 進自壽春。[2] 以太保、樞密使昂爲左領軍大都督，[3] 尚書右丞李通副之，尚書左丞紇石烈良弼爲右領軍大都督，[4] 判大宗正烏延蒲盧渾副之，[5] 御史大夫徒單貞爲左監軍，[6] 同判大宗正事徒單永年爲右監軍，[7] 左宣徽使許霖爲左都監，[8] 河南尹蒲察斡論爲右都監，[9] 皆從。工部尚書蘇保衡爲浙東道水軍都統制，[10] 益都尹鄭家副之，[11] 由海道徑趨臨安。[12] 太原尹劉萼爲漢南道行營兵馬都統制，[13] 濟南尹僕散烏者副之，進自蔡州。河中尹徒單合喜爲西蜀道行營兵馬都統制，[14] 平陽尹張中彥副之，[15] 由鳳翔取散關，[16] 駐軍以俟後命。武勝、武平、武捷三軍爲前鋒。徒單貞別將兵二萬入淮陰。[17]

[1] 總管：海陵正隆六年（1161）始設。據本書卷一二九《李通傳》，海陵南侵，將天下各處的部隊分成三十二路，每路設都總管、副總管各一員，則此處應指每軍的都總管。爲本路部隊的最高指揮官，負責指揮部隊作戰。南征失敗後即取消，故本書《百官志》不載。

[2] 壽春：宋地名。治所在今安徽省壽縣。

[3] 左領軍大都督：海陵爲南征而設的臨時性機構左領軍都督

府的長官。負責指揮各總管的部隊對宋作戰。南征失敗後取消。故本書《百官志》不載。

　　[4]右領軍大都督：海陵爲南征而設的臨時性機構右領軍都督府的長官。負責指揮各總管的部隊對宋作戰。南征失敗後取消。故本書《百官志》不載。

　　[5]烏延蒲盧渾：女真人。本書卷八〇有傳。

　　[6]左監軍：都元帥府屬官。即元帥左監軍，位在都元帥、左右副元帥之下。正三品。

　　[7]右監軍：都元帥府屬官。即元帥右監軍，位在都元帥、左右副元帥、元帥左監軍之下。正三品。

　　[8]左都監：都元帥府屬官。位在都元帥、左右副元帥、左右監軍之下。從三品。

　　[9]河南尹：河南即河南府，治所在今河南省洛陽市。尹即府尹，正三品。　蒲察斡論：女真人。本書卷八六有傳。　右都監：都元帥府屬官。位在都元帥、左右副元帥、左右監軍和元帥左都監之下。從三品。

　　[10]浙東道水軍都統制：海陵南征時所設臨時性軍事機構浙東道水軍統制府長官。負責指揮水師作戰。南征失敗後取消，故本書《百官志》不載。

　　[11]鄭家：女真人。本書卷六五有傳。

　　[12]臨安：宋府名。建炎三年（1129）升杭州置。治所在今浙江省杭州市。

　　[13]太原尹：太原即太原府，治所在今山西省太原市。尹即府尹，正三品。《建炎以來繫年要錄》卷一九一稱劉萼爲尚書右丞。

　　漢南道行營兵馬都統制：海陵南征時所設臨時性軍事機構漢南道統制府的長官。爲三統制之一，負責統率各總管的部隊對宋作戰。南征失敗後取消，故本書《百官志》不載。《建炎以來繫年要錄》卷一九一稱"淮南道行營統軍"。

　　[14]徒單合喜：女真人。本書卷八七有傳。　西蜀道行營兵馬

都統制：海陵南征時所設臨時性軍事機構西蜀道統制府的長官。爲三統制之一，負責統率各總管的部隊對宋作戰。南征失敗後取消，故本書《百官志》不載。《建炎以來繫年要錄》卷一九一："平陽府總管張中彥爲西蜀道統軍，孟州防禦使王彥章副之。"

[15]平陽尹：平陽即平陽府，治所在今山西省臨汾市。尹即府尹，正三品。　張中彥：本書卷七九有傳。

[16]散關：唐以後稱大散關。在今陝西省寶鷄市西南大散嶺上。地當秦嶺南北交通孔道，歷代爲兵家必爭之地。宋金以此分界。

[17]淮陰：縣名。治所在今江蘇省淮陰市西南甘羅城。

甲午，上發南京，詔皇后及太子光英居守，尚書令張浩、左丞相蕭玉、參知政事敬嗣暉留治省事。丙申，太白晝見。將士自軍中亡歸者相屬于道。曷蘇館猛安福壽、東京謀克金住等始授甲于大名，[1]即舉部亡歸，從者衆至萬餘，皆公言於路曰："我輩今往東京，立新天子矣。"

[1]曷蘇館：路名。屬東京路。金初曷蘇館治所在遼陽府鶴野縣的長宜鎮，即今遼寧省蓋州市東南。天會七年（1129）徙治寧州，即今遼寧省熊岳城西南七十里永寧鎮。一說在今遼寧省金州區南。　福壽：女真人。姓完顏，本書卷八六有傳。　金住：本書僅此一見。

十月乙巳，陰迷失道，二鼓始達營所。丙午，慶雲見。東京留守曹國公烏禄即位于遼陽，[1]改元大定，[2]大赦。數海陵過惡：弑皇太后徒單氏，殺太宗及宗翰、宗弼子孫及宗本諸王，毀上京宮室，殺遼豫王、宋天水郡王、郡公子孫等數十事。[3]

[1]曹國公：封爵名。天眷格，爲大國封號第二十。　烏禄：金世宗本名。漢名爲雍。　遼陽：即東京遼陽府。治所在今遼寧省遼陽市。

[2]大定：金世宗年號（1161—1189）。

[3]遼豫王：即遼天祚帝（1075—1128）。天會三年（1125）爲金兵所擒，金太宗封其爲海濱王。後封爲豫王。豫王，封爵名。天眷格，《大金集禮》爲大國封號第十六，《金史·百官志》爲第十四。　天水郡王：即宋徽宗（1082—1135）。1127年爲金兵所俘，1128年金太宗封其爲昏德公，熙宗時改封爲天水郡王。　郡公：指天水郡公，即宋欽宗（1100—1156）。

丁未，大軍渡淮，將至盧州，[1]獲白鹿，[2]以爲武王白魚之兆。[3]漢南道劉萼取通化軍、蔣州、信陽軍。[4]徒單貞敗宋將王權于盱眙，[5]進取揚州。[6]前鋒軍至段寨，[7]宋戍兵皆遁去，敗宋兵于蔚子橋，[8]敗宋兵于巢縣，[9]斬二百級，至和州。[10]王權夜以兵千餘來襲，射却之。翼日，雨。宋人夜焚其積聚遁去。詰旦追之，宋人逆戰，猛安韓棠軍却，[11]遂失利。温都奧剌奔北，[12]武捷軍副總管阿散率猛安謀克力戰，[13]却之。王權退保南岸。癸亥，上次和州，阿散等進階賞賚有差。西蜀道徒單合喜駐散關，宋人攻秦州臘家城、德順州，[14]克之。浙東道蘇保衡與宋人戰于海道，敗績，副統制鄭家死之。[15]

[1]廬州：治所在今安徽省合肥市。

[2]獲白鹿：據本書卷一二九《佞幸傳》："將至廬州，見白兔，馳射不中。既而，後軍獲之以進，海陵大喜，以金帛賜之，顧謂李通曰：'昔武王伐紂，白魚躍於舟中。今朕獲此，亦吉兆也。'"爲"白兔"。按，今安徽一帶恐難發現野生鹿，似應以"兔"爲是。

[3]武王白魚之兆：詳見《史記》卷四《周本紀》。

[4]通化軍：宋軍鎮名。治所在今湖北省老河口市西北。 蔣州：宋紹興二十八年（1158）避金海陵王太子光英諱而改光州爲蔣州，治所在今河南省潢川縣。不久復名光州。 信陽軍：宋軍鎮名。治所在今河南省信陽市。

[5]王權：宋將名。本書僅見於卷五、七三、一二九。 盱眙：縣名。治所在今江蘇省盱眙縣。

[6]揚州：治所在今江蘇省揚州市。

[7]段寨：即段寨鎮。北宋時屬合肥縣，在今安徽省合肥市西北。

[8]蔚子橋：地名。具體地點不詳。本書卷七三《阿鄰傳》作"謂子橋"。《宋史》卷三二《高宗紀九》、卷四五三《姚興傳》及《建炎以來繫年要錄》卷一九三皆作"尉子橋"。

[9]巢縣：治所在今安徽省巢湖市。

[10]和州：治所在今安徽省和縣。

[11]韓棠：本書僅此一見。疑爲"韓常"之誤。韓常爲金初名將，領有漢人猛安，參與伐宋之役，爲宗弼部將，以能戰著名。曾爲許州都統，用法嚴酷。爲驃騎衛上將軍，衍慶宮圖像功臣之一。其所統部隊後被稱爲韓常之軍。

[12]溫都奧剌：女真人。官爲宿直將軍。僅見於此及卷一二九。

[13]阿散：女真人。蒲察世傑本名阿散，一作阿撒。本書卷九一有傳。

　[14]秦州：治所在今甘肅省天水市。　　臘家城：地名。所在不
詳。　　德順州：皇統二年（1142）以德順軍改置。治所在今寧夏回
族自治區隆德縣。

　[15]副統制：海陵南征時所設臨時性軍事機構浙東道水軍統制
府屬官，爲浙東道水軍統制的副手。南征失敗後取消，故本書《百
官志》不載。

　　十一月庚午，左司郎中兀不喝等聞赦，[1]入白東京
即位改元事，上拊髀歎曰：“我本欲滅宋後改元大定，
豈非天命乎。”出其書示之，即預志改元事也。

　[1]兀不喝：女真人。即完顏兀不喝。本書卷九〇有傳。

　　以勸農使完顏元宜爲浙西道兵馬都統制，[1]刑部尚
書郭安國副之。[2]上駐軍江北。遣武平總管阿鄰先渡江
至南岸，[3]失利。上還和州，遂進兵揚州。甲午，會舟
師于瓜洲渡，[4]期以明日渡江。乙未，浙西兵馬都統制
完顏元宜等軍反，帝遇弑，崩，年四十。

　[1]勸農使：勸農使司長官。掌勸課天下力田之事。正三品。
完顏元宜：契丹人。本姓耶律，賜姓完顏。本名阿列，一名移特
輦。本書卷一三二有傳。　　浙西道兵馬都統制：南征途中增設的臨
時性軍事機構浙西道兵馬統制府的長官。負責指揮各總管的部隊作
戰。南征失敗後取消，故本書《百官志》不載。

　[2]郭安國：郭藥師之子。本書卷八二有傳。《建炎以來繫年
要錄》卷一九四稱其此時官爲兵部尚書。據本書卷八二《郭安國
傳》：“海陵將伐宋，以安國將家子，擢拜兵部尚書，改刑部尚
書。”則此處所載正確，《建炎以來繫年要錄》誤。

[3]阿鄰：女眞人。阿鄰，宗雄子。本書卷七三有傳。

[4]瓜洲渡：地名。即今江蘇省揚州市長江北岸的瓜洲鎮。

海陵在位十餘年，每飾情貌以御臣下。却尚食進鵝以示儉，及游獵頓次，不時需索，一鵝一鶉，民間或用數萬售之，有以一牛易一鶉者。或以弊衾覆衣，以示近臣。或服補綴，令記注官見之。[1]或取軍士陳米飯與尚食同進，[2]先食軍士飯幾盡。或見民車陷泥澤，令衛士下挽，俟車出然後行。與近臣燕語，輒引古昔賢君以自況。顯責大臣，使進直言。使張仲軻輩爲諫官，[3]而祁宰竟以直諫死。比昵群小，官賞無度，左右有曠僚者，人或以名呼之，即授以顯階。常置黄金裯褥間，有喜之者，令自取之。而淫嬖不擇骨肉，刑殺不問有罪。至營南京宮殿，運一木之費至二千萬，牽一車之力至五百人。宮殿之飾，徧傅黄金而後間以五采，金屑飛空如落雪。一殿之費以億萬計，成而復毀，務極華麗。其南征造戰艦江上，毀民廬舍以爲材，煮死人膏以爲油，殫民力如馬牛，費財用如土苴，空國以圖人國，遂至於敗。

[1]記注官：記注院修起居注的官員。負責記録皇帝的言行。

[2]尚食：指宣徽院下屬機構尚食局。掌總知御膳，進食先嘗，兼管從官食。

[3]張仲軻：幼時名牛兒。本書卷一二九有傳。

都督府以其樞置之南京班荆館。[1]大定二年，降封爲海陵郡王，[2]謚曰煬。[3]二月，世宗使小底夔室與南京官遷其柩於寧德宮。[4]四月，葬于大房山鹿門谷諸王兆域中。二十年，熙宗既祔廟，有司奏曰："煬王之罪未正。准晉趙王倫廢惠帝自立，[5]惠帝反正，誅倫，廢爲庶人。煬帝罪惡過於倫，不當有王封，亦不當在諸王塋域。"乃詔降爲海陵庶人，改葬于山陵西南四十里。

[1]都督府：官署名。海陵南征時所設的臨時性軍事機構。長官爲左右領軍大都督，南征失敗後取消。故本書《百官志》不載。

[2]海陵郡王：海陵本漢舊縣名。宋屬淮南東路泰州，與海陵事迹不相牽涉。按，《海陵叢刻》第一種《退庵筆記》："自劉宋、南齊、李唐，以迄金源氏，率以廢帝廢王降封爲號。"

[3]煬：《逸周書》卷六《諡法解》："去禮遠衆、好內遠禮、好內怠政均曰煬。"

[4]婁室：本書共有十四人名婁室，此人僅此一見。

[5]趙王倫廢惠帝：見《晋書》卷五九《趙王倫傳》。

贊曰：海陵智足以拒諫，言足以飾非。欲爲君則弒其君，欲伐國則弒其母，欲奪人之妻則使之殺其夫。三綱絶矣，何暇他論。至於屠滅宗族，翦刈忠良，婦姑姊妹盡入嬪御。方以三十二總管之兵圖一天下，卒之戾氣感召，身由惡終，使天下後世稱無道主以海陵爲首。可不戒哉，可不戒哉！